개정판

# 디지털 시대 대학 글쓰기

**개정판 디지털 시대 대학 글쓰기**

개정판 1쇄 인쇄 2023년 2월 14일
개정판 1쇄 발행 2023년 2월 27일

지은이 김진희 김형규 박재연 석형락 이병훈 이숙희 이재원 이재황 이현석 이형진 정홍섭 최고원 최용찬
펴낸이 이대현
책임편집 이태곤
편집 권분옥 임애정 강윤경
디자인 안혜진 최선주 이경진
마케팅 박태훈

펴낸곳 도서출판 역락
출판등록 1999년 4월19일 제303-2002-000014호
주소 서울시 서초구 동광로 46길 6-6 문창빌딩 2층 (우06589)
전화 02-3409-2058
팩스 02-3409-2059
이메일 youkrack@hanmail.net
홈페이지 http://www.youkrackbooks.com

ISBN 979-11-6742-524-9 93800

책값은 뒤표지에 있습니다.
잘못된 책은 바꿔드립니다.

개정판

# 디지털 시대 대학 글쓰기

아주대학교
의사소통센터

역락

# 들어가는 말

디지털 시대는 글쓰기 교육의 환경을 크게 바꾸어 놓았다. 여기서 새로운 환경이란 디지털 언어와 멀티미디어의 등장과 밀접한 관련이 있다. 디지털 시대의 글쓰기는 이제 디지털 리터러시digital literacy, 미디어 리터러시를 동반하지 않고서는 제 역할을 다 할 수 없다. 대학이나 사회에서 요구하는 프레젠테이션이 대표적인 사례다. 멀티미디어를 최대한 활용하고 문자언어를 상대적으로 최소화해야 하는 프레젠테이션은 이미 디지털 시대의 가장 대표적인 의사소통 수단이 되었다. 이렇게 전통적인 리터러시로서의 글쓰기는 디지털 시대의 다양한 리터러시와 공존하게 된 것이다. 그러므로 글쓰기 교육은 이러한 새로운 환경변화를 고려하여 내용과 방법이 크게 달라져야만 한다. 〈디지털 시대 대학 글쓰기〉는 이런 문제의식을 반영하려는 노력의 결과물이다.

이 책은 크게 3부로 구성되어 있다. 1부에서는 디지털 시대 글쓰기의 의미와 역할에 대해 설명하고, 글쓰기의 윤리적 측면을 강조하고 있다. 2부는 대학 글쓰기에서 중요한 부분을 차지하고 있는 학술적 글쓰기의 구체적인 과정을 상세하게 소개하고 있다. 여기서 필자들은 글쓰기의 과정을 크게 세 부분으로 구분하고 있다. 첫째는 '계획하기'로 이는 주제를 설정하고 자료 조사를 하면서 글의 개요까지를 준비하는 과정이다. 학생들이 주제를 선정하는 과정을 특히 어렵게 생각한다는 점을 고려해 이전 교재보다 이 부분을 상세하게 서술하였다. 둘째는 '집필하기'인데, 여기서는 단락 만들기부터 퇴고하기, 올바른 인용법까지 실제 글쓰기 과정을 다각도로 설명하고 있다. 셋째는 말하기와 프레젠테이션을 포함하는 '발표하기'이다. 필자들은 글쓰기 과정이 글을 완성하는 것에 그치는 것이 아니라 발표하는 과정까지 이어진다고 보았다. 이것은 글쓰기가 디지털 시대의 리터러시와 밀접하게 연관되어 있다는 인식에서 연유하는 것이다. 끝으로 3부는 대학 글쓰기의 다양한 종류와 그것의 특징들을 서술하고 있다.

이 책의 특징과 새로움은 이미 지적했듯이 디지털 시대의 환경을 적극적으로 반영하고 있다는 점이다. 그리고 이 교재가 인문, 사회과학을 전공하는 학생뿐만 아니라 자연, 공학계열 학생들에게도 유용한 내용을 다루고 있다는 점도 새로움이 아닐 수 없다. 일반적으로 대학 글쓰기 교재는 어느 한쪽에 중심을 두고 서술된 경우가 대부분이다. 우리는 기존 교재의 장점을 살리면서도 자연, 공학계열 글쓰기 내용을 대폭 보완하려고 노력했다. 글쓰기 교재는 실습을 위한 안내서이자 동시에 워크북이어야만 하는 측면이 있다. 이런 점에서 필자들은 새롭고 다양한 읽기자료, 예문, 연습문제들을 교재에 수록하였다.

끝으로 이 책을 기획하고, 집필하는 과정에서 수고하신 모든 필자들에게 이 자리를 빌려 감사의 말을 전하고 싶다. 우리는 좀 더 완성된 교재를 만들기 위해 많은 수정과 보완을 할 생각이다. 독자들의 날카로운 지적과 훈수를 기대한다. 그리고 이 책의 출간을 흔쾌히 수락해주신 역락출판사 이대현 사장과 바쁜 일정에도 불구하고 좋은 책을 만들어주신 편집부 직원들께 감사의 마음을 전한다.

# 차례

## Ⅲ 대학 글쓰기의 유형



## Ⅳ 연습 문제

# I

# 디지털 시대의 글쓰기

# 1 디지털 시대의 글쓰기란 무엇인가

## 1. 디지털 시대의 정의와 특징

디지털 시대란 세상의 모든 지식과 정보를 디지털 방식으로 조합하여 생산, 유통, 소비하는 시대를 말한다. 여기서 디지털 방식이란 0과 1의 이진법 조합이 전기를 통해 기호화된 디지털 신호를 가리킨다. 디지털 방식에 기초한 대표적인 발명품은 바로 디지털 혁명의 아이콘이라고 불리는 컴퓨터와 인터넷이다. 우리는 지식과 정보의 생산, 유통, 소비와 관련하여 디지털 시대의 특징을 두 가지로 요약할 수 있다. 하나는 지식과 정보의 생산, 유통, 소비가 링크link를 통해 공유된다는 것(하이퍼텍스트)이고, 다른 하나는 지식과 정보가 과거와는 완전히 다른 새로운 미디어, 즉 멀티미디어에 의해 생산, 유통, 소비된다는 점이다.

새로운 디지털 환경은 지식과 정보의 순환 속도를 빠르게 만들었고, 그것의 생애 주기를 단축시켰다. 아날로그 시대에 지식과 정보의 생산은 비교적 느린 편이었고, 그것의 유통, 소비 또한 빠르지 않았다. 왜냐하면 지식과 정보를 생산하는 주체가 소수의 전문가들이었을 뿐만 아니라 한번 생산된 지식과 정보는 한 시대를 걸쳐 유통, 소비되었기 때문이다. 하지만 디지털 시대에 접어들어 이 과정은 급속하게 단축되었고, 지금도 그 주기는 점점 단축되고 있다. 그것은 디지털화된 지식과 정보가 소수의 지식인에 의해 생산되는 것이 아니라 수많은 네티즌들에 의해 만들어진다는 점과 연관이 깊다. 이런 점에서 디지털 시대의 지식과 정보는 다양성과 잡종성이라는 특성을 지니지만 반대로 그것의 창의성과 완결성은 약한 편이다. 지식과 정보의 윤리성 문제가 도마에 오르는 이유가 여기에 있다. 디지털 시대에는 지식과 정보의 생산자가 다수이고, 그것이 누구인지가 불분명하기 때문이다. 그것은 지식과 정보의 생산 주체가 모호한 디지털 시대의 피할 수 없는 운명이라고 할 수 있다.

## 2. 디지털 세대의 탄생

디지털 시대를 현대사회의 특징이라고 규정한 대표적인 인물로는 제러미 리프킨Jeremy Rifkin을 들 수 있다. 그는 현대사회를 '접속의 시대The Age of Access'라고 규정하면서 디지털 시대를 사는 새로운 인간형을 흥미롭게 묘사하고 있다. 우리는 그가 제시한 새로운 인간형을 통해 위에서 지적한 디지털 시대의 특징을 좀 더 구체적으로 이해할 수 있을 것이다.

리프킨에 따르면 새로운 인간형은 "① 사이버 스페이스에서 자기 인생을 즐기는 세대이고, ② 온라인 세계와 오프라인 세계를 자유자재로 넘나들 수 있는 세대이고, ③ 하나에 오래 집중하지 못하며 성찰적이기보다는 찰나적인 세대이고, ④ 근면하다는 말보다는 창조적이라는 말을 들을 때 뿌듯해하는 세대이고, ⑤ 임시직에 익숙하고 과제 해결을 중심으로 편성된 조직을 자연스럽게 받아들이는 세대이고, ⑥ 부모 세대처럼 단단히 뿌

리박은 삶보다는 아주 유연하고 순간적인 삶을 추구하는 세대이고, ⑦ 이념적이기보다는 심리적이고 글자보다는 이미지로 생각하는 쪽이며, 글쓰기 실력은 떨어질지 모르지만 전자 데이터를 처리하는 실력은 한 수 위인 세대이고, ⑧ 분석적이기보다는 감정적인 세대이고, ⑨ 하이퍼텍스트, 웹사이트 링크, 피드백 고리와 함께 자란 이들에게 접속은 생명인, 그래서 접속이 끊긴다는 것은 곧 죽음인 세대이다."(리프킨, 『소유의 종말』)

리프킨의 시니컬한 묘사에도 불구하고 디지털 시대를 살아가는 주인공, 즉 디지털 세대 Digital Generation가 위에서 언급된 새로운 인간형과 흡사하다는 것은 의문의 여지가 없다.

## 3. 전통적 리터러시로서의 읽기와 글쓰기

리프킨이 묘사한 새로운 인간형에서 우리가 주목할 부분은 디지털 세대가 글자(문자)보다 이미지를 선호한다는 사실이다. 그것은 그들이 디지털 미디어로 둘러싸인 생활, 교육환경에서 태어나고 자랐기 때문이다. 실제로 디지털 시대를 사는 현대인은 컴퓨터와 인터넷으로 구성된 세계를 벗어나기 힘들다. 더욱이 미래사회에서는 대부분 지식과 정보의 생산, 유통, 소비가 이러한 디지털 방식으로 이루어질 것이다. 이런 연유로 디지털 세대에게 글쓰기란 전통적 리터러시로서의 의미만을 지니고 있는 것은 아니다. 여기서 리터러시literacy란 '글을 읽고 쓸 줄 아는 능력'을 말하고, 전통적인 리터러시는 주로 문자로 기록된 지식과 정보를 이해하고 활용할 수 있는 능력을 의미한다. 하지만 디지털 시대라고 해서 전통적 리터러시로서의 읽기와 글쓰기의 중요성이 사라지는 것은 아니다. 아니, 도리어 디지털 세대에겐 역설적으로 전통적 리터러시가 매우 필요하다. 리프킨이 지적한 대로 그들은 디지털 미디어 환경 때문에 글쓰기 실력이 상대적으로 떨어지기 때문이다.

디지털 시대에 전통적 리터러시로서의 읽기와 글쓰기를 강조하는 이유는 무엇보다도 인류가 만들어놓은 방대한 지식과 정보가 대부분 문자로 기록되어 있다는 데서 찾을 수 있다. 만약 문자로 기록된 지식과 정보를 이해하고 활용할 수 있는 능력이 부족하다면 디지털 시대는 과거와 단절될 수 있을 뿐만 아니라 빈약한 지식과 정보만을 다루게 될 것이다. 이것은 새로운 문명의 탄생이 아니라 문명의 죽음이다. 이런 점에서 인류가 남긴 문자 기록은 디지털 문명의 토대이자 뿌리라고 할 수 있다. 여기서 읽기와 글쓰기는 디지털 문명의 토양을 비옥하게 만드는 기본적인 수단이자 능력인 것이다. 문자는 또한 새로운 디지털 문명을 담는 기록이자 매체임에 틀림없다. 문자는 그 특성상 디지털 혁명을 가장 객관적이고 정확하게 기록하는 매체가 될 것이다. 디지털 시대가 되었다고 해서 문자를 통한 기록과 의사소통이 사라지는 것이 아니라는 말이다. 이렇게 보면 전통적 리터러시는 디지털 시대에도 여전히 기초가 되는 능력이라고 할 수 있다.

## 4. 미디어 리터러시와 글쓰기

그런데 디지털 시대는 전통적인 리터러시뿐만 아니라 미디어 리터러시를 동시에 요구하고 있다. 디지털 세대에겐 문자뿐만 아니라 이미지, 동영상, 오디오 등 다양한 미디어가 지식과 정보를 담는 매체가 되었기 때문이다. 미디어 리터러시는 미디어media와 리터러시literacy가 조합된 용어로, 디지털 시대의 멀티미디어를 이용하고 해석하는 지식, 기술, 활용 능력을 가리킨다. 학자들마다 약간의 견해 차이가 있지만 미디어 리터러시는 크게 세 가지로 구성된다. 첫째, 멀티미디어에 담긴 지식과 정보를 이해하고 분석하는 능력, 둘째, 그 의미를 재구성하고 전달하는 능력, 셋째, 그것을 창의적으로 활용하는 능력이다.

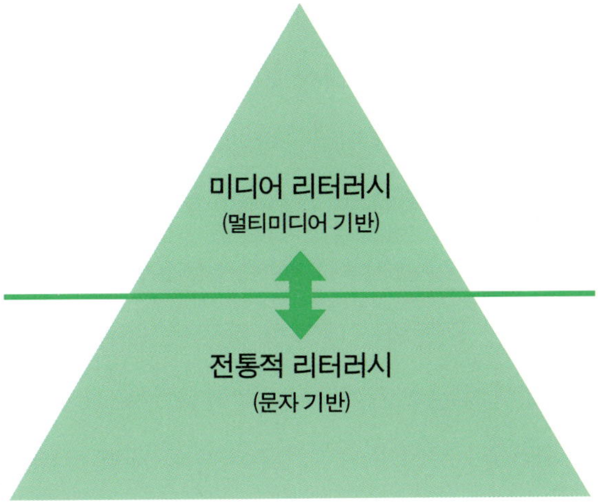


그림 리터러시의 구조

미디어 리터러시의 첫 번째 능력은 미디어를 읽는 능력이라고 할 수 있다. 그것은 전통적인 리터러시에서 요구되는 읽기 능력과는 많은 점에서 다르다. 우선 미디어 읽기는 멀티미디어를 다루는 지식과 기술을 필요로 한다. 멀티미디어는 고도의 테크놀로지로 텍스트를 조직한 것인데, 여기서 테크놀로지는 그 자체가 텍스트가 되기도 한다. 다시 말해 테크놀로지를 통해 텍스트와 매체가 통합된 형태라고 할 수 있다. 이런 이유로 미디어 리터러시로서의 읽기는 문자 해독 능력일 뿐만 아니라 테크놀로지 읽기이기도 하다. 디지털 시대의 읽기는 테크놀로지를 통해 의도적으로 왜곡되거나 변형될 수 있는 메시지를 읽는 능력까지를 포함하기 때문이다. 요컨대 테크놀로지 읽기 능력이 없는 미디어 리터러시는 불완전한 것이다. 미디어 리터러시의 첫 번째 능력은 또한 세 번째 능력인 창의적 활용 능력과 직결되어 있다. 멀티미디어에 담긴 지식과 정보의 활용은 테크놀로지에 대한 지식과 기술 없이는 실현될 수 없다.

미디어 리터러시의 두 번째 능력은 글쓰기와 밀접한 관련이 있다. 미디어에 대한 이해와 분석 결과를 목적에 맞게 재구성하고 전달하는 가장 효과적인 수단은 글쓰기이다. 하지만 여기서도 글쓰기가 전통적인 리터러시의 그것과 동일한 것은 아니다. 물론 미디어 리터러시에도 전통적 리터러시로서의 글쓰기 능력이 필요하지만 그것만으로 미디어 리터러시에 필요한 글쓰기 능력이 충족되었다고 보기는 어렵다. 다시 말해 전통적 리터러시로서의 글쓰기 능력이라면 능히 미디어 리터러시로서의 글쓰기 능력을 포괄할 수 있다는 생각은 자칫 시대착오적일 수 있다. 왜냐하면 멀티미디어에 담긴 의미를 전통적인 리터러시만으로 완전히 재구성하고, 효과적으로 전달할 수는 없기 때문이다. 이런 점에서 미디어 리터러시로서의 글쓰기는 다양한 미디어와 결합된 글쓰기가 되어야 하고, 그것은 기존의 글쓰기와는 구별되는 다양한 장르를 요구한다.

그럼 미디어 리터러시로서의 글쓰기가 갖는 특징을 살펴보자. 첫째, 미디어 리터러시로서의 글쓰기는 문자, 비디오, 이미지, 소리 등이 통합된 텍스트를 작성하는 특징을 지닌다. 프레젠테이션, 게임 시나리오, 앱App스토리, 동영상 텍스트 등이 대표적인 예가 될 수 있다. 전통적 리터러시에서 글쓰기는 문장 글쓰기였다. 문장 글쓰기는 오로지 문장만으로 글쓴이의 모든 생각과 감정을 표현하는 방법이다. 하지만 디지털 시대의 텍스트는 멀티미디어 텍스트이기 때문에 문장 글쓰기를 포함한 통합적 매체 글쓰기라고 할 수 있다. 이것은 글쓰기가 다양한 매체의 의미, 효과, 상호작용 등을 염두에 두어야 한다는 것을 의미한다.

둘째, 미디어 리터러시로서의 글쓰기는 사용자user와의 상호작용을 염두에 둔 글쓰기라는 특징을 지닌다. 전통적인 글쓰기에서 독자와의 상호작용은 극히 제한적이었다. 그리고 그 상호작용도 속도와 범위에 있어서 디지털 텍스트와는 비교가 안 된다. 이런 점에서 "상호작용성이 고도화된 디지털 미디어의 경우, 독자에게 상호작용성을 제공하기 위해서는 변경 가능한 요소들을 텍스트 쓰기에서 마련해 놓아야 한다."(이재현, 『디지털 시대의 읽기 쓰기』) 다시 말해 미디어 리터러시로서의 글쓰기는 사용자와의 상호작용을 통해 얼마든지 내용과 형식을 변화시킬 수 있는 글쓰기인 것이다.

## 5. 디지털 시대, 글쓰기가 왜 필요한가?

디지털 시대는 멀티미디어 시대이고, 인간의 의사소통 방법도 훨씬 다양해지겠지만 그렇다고 전통적인 리터러시로서의 글쓰기의 의미와 필요성이 사라지는 것은 아니다. 디지털 시대에도 글쓰기는 여전히 인간의 의사소통 방법 중 가장 기본적인 방법이 될 것이다. 글쓰기는 글쓴이의 생각과 감정을 구체적이고 다차원적으로 전달하는 장점을 지니고 있다. 일반적으로 인간의 생각과 감정은 단선적이지 않다. 예를 들어 우리가 어떤 사회적 현상에 대해 비판적인 입장을 취하는 데에는 매우 복잡한 이유들이 존재하기 마련이다. 거기에는 정치, 경제, 사회, 문화, 종교, 환경, 인종, 관습, 도덕, 언어 등과 관련된 복합적 이유들이 작동한다. 사회 구성원 간에 불필요한 오해와 갈등이 발생하는 것은 이와 같이 의사소통의 복합적 과정이 제대로 이해되지 못하기 때문인 경우가 많다. 만약 우리에게 글쓰기라는 의사소통 방법이 없다면 극심한 갈등과 비극적 파국을 피하기 어려울지도 모른다.

특히 디지털 시대는 인간의 예상을 뛰어넘는 사회변화로 인해 다양한 이해관계들이 충돌할 가능성이 높다. 이런 점에서 역설적으로 전통적인 리터러시로서의 글쓰기가 디지털 시대의 사회적 갈등을 해소하는 중요한 역할을 담당할 수 있다. 물론 어떤 글은 사회적 갈등과 파국을 일으키는 원인이 되기도 한다. 만약 그것이 새로운 문제 해결을 위한 밑거름이 된다면 모르겠지만, 그렇지 않다면 그런 글쓰기는 바람직하다고 할 수 없다. 왜냐하면 글쓰기는 사회적 갈등의 수단이 아닌 진정한 의사소통을 위한 도구여야 하기 때문이다.

전통적인 리터러시로서 글쓰기는 미디어 리터러시와는 구별되는 사고과정을 요구한다. 글쓰기는 비판적인 사고과정의 산물이다. 우리는 글을 쓰면서 대상에 대한 깊이 있는 분석과 문제에 대한 통찰에 도달한다. 이것은 글을 쓰는 시간과 속도 혹은 호흡과 밀접한 관련이 있다. 글쓰기는 대상에 대한 비판적 사고의 여유를 허락하며, 또 그것 없이는 불가능하다. 이에 비해 멀티미디어의 본질은 속도다. 찰나의 순간에 수많은 이미지들이 교차하는 멀티미디어를 접하는 사람은 속도에 종속될 수밖에 없다. 이런 이유 때문에 멀티미디어는 비판적인 사고를 위한 바람직한 환경을 제공하는 데 제한적이다. 만약 전통적인 리터러시로서의 글쓰기 없이 미디어 리터러시만으로 새로운 지식, 정보를 생산, 유통, 소비한다면 그것은 자칫 인간의 사고과정에서 비판이라는 무기를 무장해제하는 결과를 초래할지도 모른다.

## 2 디지털 시대의 글쓰기와 윤리

디지털 시대에 글쓰기 여건은 예전보다 좋아졌다. 인터넷에서 링크들을 따라가며 관련 자료를 찾을 수 있으니 수고스럽게 도서관에 가지 않아도 된다. 접속만 하면 물리적인 시공간에 구애받지 않고 다양한 네티즌들과 실시간으로 교류하며 아이디어를 공유할 수도 있게 되었다. 또 원고지가 아닌 문서 프로그램을 이용하니 문장이나 단어를 추가하거나, 수정, 삭제하기 쉽고, 도표나 그래픽을 만들고 관리하는 것도 수월해졌다. 그런데 편리한 디지털 환경이 학부생인 초보 연구자 및 학습자들에게 마냥 좋은 것만은 아닌 듯싶다. 학습 과정에서 비윤리적인 행위를 할 가능성이 커졌기 때문이다. 남의 글을 베끼거나 짜깁기하고 일부분을 변형해 본인이 작성한 글인 양 하기가 더 쉬워졌다. 미디어가 발달하면서 표절, 위조, 변조 등의 비윤리적 연구 행위의 발생 빈도는 한층 높아졌다.

## 1. 왜 윤리적이어야 할까?

대학에서는 다양한 연구 활동이 다층적으로 이뤄지고 있다. 단과 대학의 특성에 따라 문헌 연구, 실험, 현장 조사 가운데 어느 하나의 유형을 택하겠지만 어떤 유형이든 연구의 시작에서부터 결과 발표에 이르는 과정을 글로 기술한다. 연구 활동은 구체적으로 문제를 인식하고 해결해 가는 일련의 과정이다. 무엇이 문제인지 인식하고, 그 원인을 분석하여, 해결방안을 모색하는 가운데 분석력, 비판력, 창의력이 키워진다. 보고서를 포함한 각종 글쓰기 과정을 거치며 사고 역량을 꾸준히 키워가는 것이다. 그런데 비윤리적인 방법으로 글을 쓰거나 심지어 그런 행위를 반복한다면 창의적 사고, 문제 인식과 해결 능력을 키울 가능성은 점점 멀어진다. 그런 점에서 연구 및 학습 활동에는 결과물 못잖게 과정 그 자체도 중요하다.

연구 및 학습윤리를 준수하는 것은 개인을 위해서뿐만 아니라 대학 공동체를 위해서도 중요하다. 만약 학습 공동체 안에서 비윤리적인 태도로 임하는 학생들이 더 많고 이런 현상이 지속적이라면 교수자는 제출한 과제를, 학습자는 교수의 평가를 불신하게 되고, 학업 동료끼리조차도 서로 협업하는 과제활동은 피하려 할 것이다. 결과적으로 학습 과정에서 비윤리적 행위는 개인의 역량을 함양하지 못하는데 한정되지 않고, 교수와 학생 그리고 동료들이 서로를 신뢰하지 못해 전체 학문공동체의 발전도 저해하게 된다. 때문에 연구 및 학습에서, 구체적으로는 논문 및 보고서의 글쓰기에서 윤리적 태도를 갖는 것은 매우 중요하다.

## 2. 글쓰기의 윤리란?

이제 글쓰기에 한정해 연구윤리를 살펴보자. 글은 일련의 과정을 거쳐 완성된다. 글쓰기의 과정이 무엇인지 알면 무엇을, 어떻게 할지 예비하며 임할 수 있다. 첫 번째 과정은 선행연구, 곧 자료 찾기이다. 객관적이고 신뢰할 만한 자료를 찾았다면 좋은 글을 구성할 수 있는 가능성이 크다. 찾은 자료가 어느 정도 축적되면 이를 기반으로 해 글쓰기의 다음 과정으로 나갈 수 있다. 두 번째 과정은 선행연구를 읽고 요약하는 것이다. 요약은 내용 필사와 다르다. 선행 연구를 그대로 베껴 쓰거나 축약하는 것이 아니라 기존 논의를 비판적으로 검토하여 정리하는 것이 요약이다. 기존 논의들의 경향이 무엇인지, 그것들은 어떻게 평가되고 있는지, 한계가 무엇인지를 검토 이해하는 과정에서 연구자는 쟁점을 이해하게 되고, 자신이 하고 있는 연구 지점과 방향, 구성을 모색할 수 있다.

간단히 말하면, 선행 연구를 찾고 검토하는 작업은 기존의 것보다 진전된 글을 쓰려고 할 때 반드시 거쳐야 하는 과정이다. 그리고 이들 선행 연구는 어떤 방식으로든 자기 글의 일부를 이룬다. 때문에 선행 연구를 인용하면서 원저자를 포함한 서지 정보로 출처를 표기하는 것은 글쓰기의 중요한 단계이며 학문 및 연구 윤리의 핵심이 된다. 글쓰기에서 윤리적인가 비윤리적인가는 인용 출처를 제시했는가 그렇지 않은가에서 갈라진다.

## 3. 글쓰기의 비윤리적 행위

글 쓰는 과정에서 하게 되는 비윤리적인 행위에는 표절, 위조, 변조가 있다. 먼저 표절을 살펴본다.

### 1) 표절

**"표절은 타인의 아이디어, 연구내용 및 결과 등을 적절한 인용 없이 사용하는 행위"를 말한다.** (교육과학기술부훈령 제260호 제4조의 ③호)

#### 무엇이 표절인가?

글은 본인의 생각을 위주로 전개하는 것이다. 다른 사람의 생각과 표현은 본인의 글 안에서 이차적이다. 그런데 '다른 사람'의 글을 마치 자기의 독창적인 생각이거나 아이디어인 양, 또는 예전에 썼던 '본인'의 글을 이번에 새롭게 쓴 글인 체한다면 이것을 표절이라 한다. 본래 선행 연구의 내용과 아이디어는 오랜 시간을 들여 고군분투하며 만들어 낸 한 연구자의 지적 생산물이다. 수고 끝에 만들어낸 남의 아이디어와 내용을 내 글에 인용하면서 저자와 출처를 표기하지 않는다면 남의 지적 자산을 훔치는 것이다. 더 나아가 저작권 침해 문제가 발생할 수도 있다. 또 비록 자기 글일지라도 예전에 썼던 것을 마치 새 글인 양 한다면 자신과 남을 기만하는 것이다. 기억하자, 저자와 자료의 출처를 밝히는 '인용'은 학문 공동체의 기본 예의이고, 출처를 밝히지 않는 '표절'은 지식 절도라는 범법행위이다.

#### 표절을 하지 말아야 하는 하는 이유는?

내가 쓴 보고서나 논문이 선행 연구를 토대로 했듯, 후속 연구자 또한 나의 글이나 아이디어에서 얻은 통찰로 한 단계 전진할 것이다. 그렇다면 후학이 학문 선배의 것을 인용하고 서지 정보를 표시하는 것은 지극히 당연하다. 선행연구의 공적을 인정하고 이를 기반으로 본인의 후속 연구가 가능할 수 있었다는 점을 밝히는 태도는 반드시 정착되어야 한다.

인용 출처를 밝히면 본인에게도 이로운 점이 있다. 객관적이고 신뢰할 만한 선행연구들을 기반으로 한 보고서라는 인상을 준다. 무엇보다 본인의 연구지형도를 갖게 되어 이후의 후속 논문들을 준비할 때 자료 찾기와 집필 시간을 크게 절약할 수 있다.

## 표절의 대상은 ?

미디어 리터러시의 텍스트에는 문자의 종류뿐만 아니라 표, 수식, 사진, 그림 등의 이미지, 음향, 소리 등의 오디오 등이 있다. 때문에 멀티미디어의 온갖 종류의 자료가 표절의 대상이 될 수 있다. 표절은 자기가 신세를 진 다른 연구자의 모든 유형의 성과물을 인용하면서 출처를 공개적으로 밝히지 않는다는 점이 핵심이다.

주의할 점은 공개적이지 않은 자료들도 출처를 밝혀야 한다는 점이다. 예를 들면 전자 우편과 같은 사적인 서신에서 인용했거나, 수업에서 사용된 강의 자료, 연구 노트 및 초고, 보고서로 정제되지 않은 조사자료, 다른 사람의 일화 및 아이디어, 미출판 발표문, 연구 서비스에서 제공한 자료 등 비공식적이고 출판되지 않은 데에서 인용할 때에도 출처를 밝혀야 한다. 대상이 무엇이든 남이 만든 것을 원저자의 승인도 받지 않고, 출처도 밝히지 않는다면 그것은 표절이다.

## 표절의 양상은?

표절 사례들을 살펴보면 다음과 같이 분류할 수 있다. 우선 다른 사람이 쓴 글을 그대로 가져와 자기가 쓴 글인 체하는 텍스트 표절이 있다. 또 다른 사람이 쓴 글의 일부를 축약하거나, 다른 사람의 글에 자신의 말을 추가하거나, 표현 일부를 바꿔 자기가 쓴 것처럼 하는 모자이크 표절이 있다. 마지막으로 원저자의 공적을 인정하지 않고 출처를 밝히지 않은 채, 그 사람의 아이디어(설명, 이론, 결론, 가설 등)를 전체 혹은 일부, 그대로 혹은 피상적으로, 수정하거나 왜곡해 본인 아이디어인 양 쓰는 아이디어 표절이 있다.

〈빈번히 발생하는 표절 양상〉

- 요약한 내용인데 출처를 제시하지 않았다.
- 표, 그림, 슬라이드, 사진을 인용하면서 출처를 밝히지 않았다.
- 인터넷에서 여러 글을 짜깁기했다.
- 동료나 선배로부터 받은 보고서나 논문을 전부 혹은 일부분을 그대로 갖고 와 썼다.
- 비록 본인의 글이지만 예전에 보고서에 제출했던 글을 일부 변경하거나 그대로 다시 썼다. 이는 '자기 표절' 혹은 중복 게재에 해당한다.
- 같은 학기, 한 수업 시간에 제출한 글을 또 다른 수업의 과제로도 제출했다.
- 공동 보고서를 제출할 때 그 조의 독창적인 아이디어라면 아이디어 제공자의 이름을 밝혀야 한다. 공동 보고서는 함께 작성하는 글이지만, 각 조원의 기여도는 다르다. 어떤 한 학우가 가치 있는 아이디어를 제안해 그것을 썼다면 그 학우가 아이디어의 원출처라는 것을 기록해야 한다.
- 인터넷을 통해 보고서나 논문을 위탁하거나 구매해 제출했다.

## 2) 위조와 변조

**"'위조'는 존재하지 않는 데이터 또는 연구 결과 등을 허위로 만들어 내는 행위를, '변조'는 연구 재료 장비 과정 등을 인위적으로 조작하거나 데이터를 임의로 변형 삭제함으로써 연구 내용 또는 결과를 왜곡하는 행위"를 말한다.** (교육과학기술부훈령 제260호 제4조의 ①, ②호)

### 무엇이 위조 및 변조인가?

연구 및 학술 방법이 주로 텍스트일 경우 비윤리적인 행위로 표절이 많다. 그러나 연구 방법이 실험 및 현장 조사와 같이 실제 데이터를 다루는 경우에는 위조와 변조가 주로 발생한다. 실험 데이터를 모으는 작업은 매우 고되고 시간도 오래 걸린다. 예상한 결과가 나오지 않을 경우 실험 설계를 재검토해야 한다. 그런데 이 과정에서 실제 데이터가 없는데 기한 안에 연구 결과물을 만들어 내야 하는 상황에 처했다면, 보고서를 허위로 작성하려는 유혹에 빠지기 쉬울 것이다. 결괏값이 없는데 있는 것처럼 거짓으로 글을 작성한다면 이런 행위는 보고서 위조에 해당한다. 또 가설을 세우며 예상했던 결과가 달리 나올 경우 실제의 실험 데이터를 의도적으로 변경하거나, 아예 누락 또는 축소해 예상치의 근삿값이 나온 것처럼 왜곡하려는 경우도 있다. 고의적으로 실험의 과정과 결괏값을 조작한다면 이는 변조에 해당한다.

〈실험과 현장 조사에서 범하기 쉬운 위조, 변조〉

- 다른 사람의 문제 풀이 혹은 실험을 자기 것인 양 한다.
- 다른 이의 실험 보고서를 참고해 자신의 실험 보고서를 작성한다.
- 실제 나온 결괏값이 예상했던 것과 다를 경우 해석을 바르게 해야 하는데, 오히려 실험 결과를 조작한다. 혹은 데이터를 이론에 맞추어 조작한다.
- 데이터가 없는데 보고서를 쓴다.
- 나의 연구와 반대되는 결과를 다룬 논문들을 의도적으로 제시하지 않는 등 문헌 자료를 왜곡한다.
- 참여하지 않은 동료의 이름을 넣어준다. 반대로 참여한 동료의 이름을 제외한다.

## 4. 비윤리적 행위를 예방하려면

연구 및 학습 과정에서 비윤리적 행위를 한다면 초보 연구자는 지적 능력을 키울 기회를 잃는 것이다. 또 연구자의 경력을 위태롭게 하고, 학문 공동체에 불신을 쌓는다. 표절, 위조, 변조는 결코 하지 말아야 한다. 다른 연구자의 지적 생산물을 인용했다면 원저자와 출처를 인용 규칙에 따라 밝히자. 덧붙여 평소 다음과 같이 준비 한다면 표절, 위조, 변조를 사전에 예방할 수 있다.

❶ 연구자는 연구 및 보고서 주제를 미리 생각해 둔다. 그리고 충분한 시간을 두고 자료를 조사하는 습관을 들인다.

❷ 선행 자료를 읽을 때 내용을 요약하면서 인용 출처를 바로바로 적는다. 본론 결론을 다 쓴 후 인용 출처를 적는다면, 요약과 출처를 동시적으로 써나가며 작업할 때보다 시간이 더 걸린다.

❸ 비윤리적 행위는 출처를 밝히지 않아서라기 보다는 인용 규칙에 맞게 적지 않아서 일어나는 경우도 많다. 그러므로 올바른 인용 규칙을 숙지하는 것은 큰 도움이 된다.

❹ 텍스트뿐만 아니라 아이디어 및 표, 사진, 그래프, 슬라이드, 동영상 등에도 출처를 적어둔다.

❺ 실험 및 결과와 해석 등 실험의 전 과정을 정직하게 기록하고 사실 데이터에 입각해 보고서를 쓴다. 이것은 학습 및 연구의 기본이다.

# II

# 글쓰기의 과정

## 계획하기

# 1 주제의 특성과 설정 방법

## 1. 대학 글쓰기 주제의 특성과 범위

대학생들은 교양인이자 지식집단의 일원으로서 대학에서 여러 지적 자질을 함양해야 하며 그에 따라 다양한 글쓰기 방식을 학습할 필요가 있다. 하지만 대학에서 글쓰기 일반에 대한 교육적 요구를 모두 수용하기는 쉽지 않으며 그런 점에서 대학 글쓰기는 교양수업과 전공수업에서 필수적으로 요구되는 영역에 한정될 수밖에 없다. 대학에서 요구하는 엄밀한 범위의 글은 다양한 보고서, 학술 발표문, 논문, 기획서 등으로 제한된다. 다만 기초적 글쓰기 연습을 위한 일반 글쓰기의 사례들(수필, 칼럼, 메일 등)과 실제적 용도의 글쓰기(비평문, 자기소개서, 답사보고서 등)도 필요한 범위 내에서 학습된다. 그런데 이는 대학 글쓰기의 전반적인 성격에 대한 것이고 더 중요한 점은 이러한 형식의 글쓰기는 어떤 주제와 내용을 다루어야 하는가에 있다. 이를 먼저 현재 우리에게 주어진 지식의 특징적 일면을 이해하는 것에서부터 접근해보기로 하자. 우리는 흔히 빅데이터의 시대에 살고 있다고 말하며 그것은 단순히 기술적 혁신의 측면에서만 그러한 것이 아니다. 지금까지 생산된 많은 자료들data은 그것이 산출된 맥락에서 시효가 만료되면 더 이상의 효용이나 의미를 상실한 채 그저 방치되어 왔다. 자료에 내재된 정보는 소통되고 교환되지 않는다면 아무런 의미가 없다. 그러나 이처럼 파편화되어 있던 방대한 자료들을 체계적으로 다룰 수 있는 방법을 찾게 됨으로 해서 무의미하게 생각되었던 그 자료들이 새로운 가치를 생성해낼 수 있다는 사실을 우리는 알게 되었다.

예를 들어 분산되어 있던 경제학적 자료들과 공학적 기술들이 어느 지점에서 유사한 패턴을 구성하고 있음을 알게 되면 그에 따라 경제학적 자료들에 공학적 해석을 가할 수 있게 되는 것이다. 물가변동과 소비경향의 변화를 함께 읽어낼 수 있는 수학과 통계학적 방식이 공학적 기반 위에 마련되면 그것은 경제학과 수학 및 공학이 융합된 금융공학이라는 하나의 전문영역을 형성하게 된다. 다양한 문학작품들, 신문과 잡지의 기사들, SNS에서의 주요한 관심의 변동을 사회학적으로 해석할 수 있게 되면 그로부터 우리는 시민들의 정치-사회-문화적 입장의 미세한 변화를 추출할 수 있게 되고 그것은 문화연구라는 새로운 학문영역을 형성한다. 의학과 공학(의공학), 화학과 생물학(응용생화학), 예술과 의학(아트테라피) 등 우리는 다양한 학문영역들이 서로 융복합되어 새로운 전문영역이 생성되고 있는 것을 목격하고 있다. 자연과학과 공학, 인문학과 사회과학처럼 학문 간의 친연성이 가까울 수도 있지만 정치학과 IT처럼 서로 멀리 떨어져 있던 분과학문이 서로 접목되어 커다란 사회변화를 일으킬 수도 있다. 우리는 지난 10여 년간 한국과 미국의 대통령 선거에서 SNS 기술을 어떻게 효과적으로 활용하는가에 따라 한 사회의 정치지형이 완전히 달라질 수 있다는 점을 경험한 바 있다.

이는 대학 글쓰기가 지향하는 바가 무엇인가 하는 점과 직결되어 있다. 흔히 우리가 잘못 이해하는 것은 글쓰기가 인문학적 기초소양에 해당한다고 생각하는 것이다. 글쓰기는 보편적인 의미에서 의사소통의 매개체이며 특수하게는 정보와 가치의 전달수단이다. 문자화된 언어는 가장 중추적인 기호체계인 까닭에 이를 거치지 않는 방법은 없으며 다른 기호체계는 이로부터 파생되거나 접목되어 생성되는 것이다. 그러므로 학생들은 글쓰기를 하나의 기초교양으로 이해하거나 자신의 전공과 무관한 것으로 생각해서는 안 된다. 더 적극적인 의미에서 대학 글쓰기는 전공과의 밀접한 상관관계 하에서 인식되어야 하며 학생들은 자신의 전공을 중심으로 주제 범위를 확산시켜 나가기 위해 습득해야 하는 주요한 방법으로 글쓰기를 파악해야 한다.

### 1) 주제의 유형적 구분

그런 점에서 대학 글쓰기 주제는 크게 세 가지 유형으로 구분될 수 있는데 일반 교양 주제, 전공 연관 주제, 융합 주제로 대별된다. 먼저 일반 교양 주제는 단순히 상식적 범주에 속하거나 생활 체험의 영역에서 선택되는 주제를 의미하지 않는다. 대학에서 일반 교양이라 지칭하는 것은 전공영역 진입을 위해 요구되는 학문의 제반 토대와 관련된 내용들, 전공영역에 수렴되지 않는 개방적이고 창의적인 사고 함양을 위해 요구되는 포괄적 내용들, 학문 상호간의 새로운 관계 설정을 위해 파악되어야 하는 다양한 논점들이다. 이것은 전공영역에서 논의될 수 없는 것이거나 선결되어야 하는 과제에 해당한다.

다음으로 전공 연관 주제는 단순히 개별 전공 주제를 심도 깊게 논하는 것을 의미하지 않는다. 그러한 주제 영역은 일반 과정으로서의 대학 글쓰기에서 다룰 수 있는 부분이 아니며 그러한 주제가 가능하다고 해도 그에 대한 올바른 평가가 글쓰기 수업에서 현실적으로 주어지기 어렵다. 전공과 관련된 특수한 주제들은 각각의 전공수업 내에서 엄밀하게 논의되는 것이 적절할 것이다. 그렇다고 하여 전공 영역을 쉽게 풀어 설명하는 것도 올바른 접근이라 할 수 없다. 왜냐하면 그러한 글쓰기는 일반 독자를 위한 것이지 대학에서 요구되는 학술적인 것이 아닌 까닭이다. 대학 글쓰기 수업에서 지향하는 전공 연관 주제는 전공 영역의 확장으로서 실제에 적용될 수 있는 가능성에 대한 탐색, 전공을 활용한 창의적인 기획 방안, 다른 학문영역과의 유의미한 연계와 적용 방안 등이다. 다시 말해 전공 영역의 정보를 활용하여 새로운 논의를 생성할 수 있고 그를 통해 학술적 소통을 이룰 수 있는 주제들이라 할 수 있다.

마지막으로 융합 주제는 앞선 두 주제 범주의 상호관계를 통해 정의될 수 있다. 각기

상이한 교양 영역 및 전공 영역 사이의 융합은 서로 이질적인 정보와 관점 사이의 교환과 소통이 이루어지고 그에 따라 새로운 시야가 확보되어 창의적인 분석들이 창출될 수 있게 한다. 이는 앞서 설명한 우리 시대의 지식 수요 및 생산의 특성과 부합하는 점이라 할 수 있을 것이다. 그런데 융합 주제의 경우 복합적인 자료 활용 및 방법론 적용이 왜 필요한가에 대한 근거가 명확해야 한다. 다시 말해 균질의 자료와 단일한 관점보다 다층적 자료 활용이나 복합적인 분석이 더 효율적이거나 타당하다는 점이 설득력 있게 제시되어야 한다. 그리고 이질적인 범주의 주제 영역이 복합될 때는 자료 분류의 비체계성, 방법론상의 혼선, 분석의 비일관성, 피상적인 비교 검토, 전문성을 잃은 일반론적 결론 등에 주의해야 한다.

### 2) 주제 적합성 기준

하나의 주제가 학술적 글쓰기 주제로서 적합한가에 대하여 기준으로 삼을 수 있는 기본적인 조건들은 다음과 같다.

#### (1) 현실적 필요성 및 독자의 관심과 요구에 부합하는 주제

주제를 탐색할 때 가장 먼저 고려해야 할 것은 그것이 사적인 선호의 문제가 아니라 현실적으로 논의될 필요가 있는 것이어야 한다는 점이다. 그리고 학술 보고서의 가정된 독자가 교수나 그 분야의 전문가라는 점을 고려해야 하는데 이는 달리 말하면 보고서의 주제가 상식이나 통념을 다루는 수준을 넘어서는 것이어야 한다는 것이다. 이와 아울러 보고서가 제출되는 시점에 있어 시의적 적절성이 있는 것일수록 보고서의 관심도는 올라갈 것이다.

#### (2) 새로운 정보와 창의성을 갖춘 주제

학부 수준에서 요구되는 창의성이란 심도 깊은 전문성이나 탁월한 지성으로부터 나오는 혁신성 혹은 그로부터 창출되는 패러다임의 변혁 등 거시적인 것을 뜻하는 것은 아니다. 오히려 청년 지식 세대가 포착할 수 있는 시각의 새로움, 시대 변화에 대한 민감성, 지적 호기심으로부터 유발되는 신선한 질문, 이론에 대한 유연한 응용력 등으로부터 나오는 다양한 문제 제기의 방식으로 발산되는 창의적인 사고가 요점이다. 기존의 틀을 깨는 이러한 발산하는 구심력은 아직 미정형의 상태일 경우가 많으나 교수자의 조언과 협업을 통해 이론적 접목을 하게 되면 새로운 주제들을 구성할 수 있다.

### (3) 학술적 설명의 토대를 갖춘 주제

흥미로운 주제라 할지라도 관련 대상에 대한 합리적 논의가 어렵거나 단순 노하우 정도의 주제나 방법론은 대학 글쓰기의 주제로 적합하지 않다. 예를 들어 음모론이나 과학적으로 설명되지 않은 현상 그리고 생활 노하우 같은 것이 이에 해당된다. 관점은 기존의 논의와 호환 가능한 것이어야 하고 분석 대상은 이론적으로 해석 가능한 영역에 놓일 수 있는 것이어야 한다.

### (4) 실태 분석과 문제점 진단이 가능한 주제

학술적 주제는 기본적으로 관련 대상에 대한 객관적 자료가 확보되어 있고 그를 통해 현황과 실태 파악이 가능한 것이어야 한다. 이러한 실태 분석과 아울러 그로부터 파생되는 문제점이 무엇인지에 대한 진단도 이루어지게 되는데 이러한 작업이 전제되어야 새로운 논점이 제출될 수 있다. 논문 형식에서는 연구사 검토가 이에 해당하는데 이를 위해서는 해당 연구 분야에 대한 기초적인 학습이 전제되어야 한다.

### (5) 분석 과정과 논증이 체계적으로 제시될 수 있는 주제

문제된 대상에 대해 체계화된 접근이 가능하려면 이와 관련된 검증된 이론이나 방법론이 제시되어야 한다. 가설 수준이거나 검증되지 않은 해석은 문제에 대해 단편적, 피상적 논점을 제기하는 것에 그칠 수 있다. 기존에는 없었던 창의적이고 획기적인 관점을 제기하는 경우에도 그것이 너무 이상적이거나 비현실적인 것이어서는 안 되며 현실적으로 타당한 것이어야 한다.

#### (6) 해결방안이나 현실적 대안을 마련할 수 있는 주제

문제점이 체계적으로 분석되는 것으로 학술적인 글이 완결되는 것이 아니다. 새로운 자료나 이론을 통해서 대상에 다시 접근하게 되었을 때 그러한 관점을 통해서 대안이 제시될 수 있어야 한다. 분석의 심화, 효율성의 증대, 비용의 절감, 갈등의 조정 등이 그 기준이 될 수 있을 것이다.

#### (7) 논의의 확장과 기대효과를 얻을 수 있는 주제

학술적 주제는 대상의 범위와 이론 적용에 제한이 주어져 있기 때문에 해결방안은 한정된 현상에 국한되는 경우가 대부분이다. 하지만 이로부터 앞으로 논의가 어떤 방향으로 확장될 수 있고 앞으로의 기대효과가 무엇인가는 논해질 수 있다. 다시 말해 해결방안은 주어진 대상에만 국한되거나 고립된 것에 그쳐서는 안 된다.

## 2. 주제 설정의 방법

### 1) 학술 주제 설정의 과정

대학 글쓰기의 주제가 확정되는 데는 몇 가지 과정과 절차가 있다고 할 수 있는데 크게 보면 두 단계로 구분하여 살필 수 있다. 첫째는 주제 탐색과 기획 과정이며 둘째는 타당성 검토와 자료 검증 과정이다.

### (1) 주제 탐색 및 기획

주제는 처음부터 구체적인 논점이 정리된 상태로 구성되는 것이 아니며 포괄적인 형태의 관심으로부터 시작된다. 주제화되는 소재 내지 제재는 지적 호기심, 시사적인 이슈, 자신의 전공분야와의 연관성 등 다양한 방식으로 주어질 수 있으며 일상 현실에서의 필요, 수업의 과제, 연구 프로젝트 등 외부적 요인에 의해 제시될 수도 있다. 이를 쉽게 이해하기 위해서 구체적인 사례를 통해 접근하는 것이 좋을 것 같다. 예를 들어, 뉴스를 통해 세계경제가 침체국면에 접어들었으며 그에 따라 실업률이 크게 상승했다는 사실을 알게 되었다고 할 때, 우선 글쓰기의 포괄적인 주제로 상정될 수 있는 것은 "세계경제와 실업문제"와 같은 것이 된다. 그런데 이러한 거시적 주제는 대학생에게 부과된 보고서 형식의 글로는 소화되기 어려운 내용임에 분명하다. 세계 경제 지표나 실업과 관련된 통계 자료는 인터넷 검색을 통해 얻을 수 있고 그에 대한 전문가의 진단도 살펴볼 수 있으나 그것은 전문가의 분석일 뿐 자신의 연구를 통해 접근할 수 있는 성질의 것이 아니다. 그리고 세계경제와 실업문제가 매우 중요한 문제이지만 한국 대학생에게 직접적으로 와닿는 문제라고 보기는 어렵다. 이에 따라 주제영역은 우리의 현실과 좀 더 직접적인 연관을 가지는 "한국경제와 청년실업"으로 좁혀질 수 있다.

하지만 연구 대상이 '한국과 청년'이라는, 대학생이 처한 현실과 실재적 연관성을 확보했다고 해서 그것이 곧바로 분석 가능한 주제가 되는 것은 아니다. 한국 경제 전체를 조망하는 자료는 구해질 수 있으나 그것은 경제학자들이 분석한 것이며 연구자로서의 대학생이 분석적으로 개입할 수 있는 범위를 넘어서 있다. 또한 청년 실업의 문제 역시 관련 자료는 다양한 영역에 걸쳐 있다. 연령, 학력, 경력, 지역, 경제적 수준 등 여러 변수들이 존재하고 있어서 복합적인 분석이 필요하다. 그리고 청년실업 문제를 어떤 관점에서 접근할 것인가에 대해서도 다양한 시각이 존재할 수 있다. 여기에는 크게 대별하여 정부, 지자체, 기업, 취업자 등 청년 실업문제에 관여되어 있는 주체들의 문제 그리고 청년실업 문제 해결을 위한 대책과 프로그램, 대책을 시행하기 위해 필요한 예산과 비용 등 실업 문제 해결을 위한 방안들의 특수성이 있다.

그러므로 우리는 문제에 대한 접근 통로를 제한할 필요가 있다. 여기서는 청년실업 문제 해결의 주체와 그에 따른 해결방안으로 범위를 제한하기로 하고 이에 따라 "경기도의 청년실업대책"으로 주제를 더 구체화해 볼 수 있다. 그러나 이 제한으로도 아직 대학생이 연구하기에는 분석영역이 광범위하다. 광역지자체로서의 경기도는 다수의 기초지자체를 포함하고 있으며 그에 대한 대책들은 지역의 특성에 따라 상이하고 집행하는 예산도 차별화되어 있다. 그러므로 "경기도의 청년실업대책"은 분석해야 할 최소한의 기본 자료들만으로도 제한된 규모의 보고서 범위를 쉽게 넘어선다.

따라서 문제를 더 좁혀나가야 할 필요가 있는 바, 우리는 아주대가 있는 수원시로 지역을 제한해 보기로 하고 그 가운데서 수원시에서 주관하는 "청년지원센터"의 프로그램으로 대상을 특정화해 보자. 수원시 청년지원센터에서는 청년창업사업, 청년활동지원사업, 수원청년아카데미, 청년해외취업사업, 수원시청년기관협력사업 등 다양한 사업들을 수행하고 있다. 만약 보고서의 주제를 청년지원센터의 전체 사업으로 잡는다면 대상은 여전히 구체적으로 분석할 수 있는 범위를 넘어선다. 대상은 이제 분석자가 직접 자료를 접할 수 있는 영역으로 들어와 있으나 일반론의 층위를 벗어남에 따라 연구 대상들이 더 구체적인 형태로 나타나고 있다. 청년지원센터의 사업들은 각기 고유한 특성을 가지고 있기 때문에 이 모두를 다루려면 다시 전체를 조망하는 개관의 형태가 될 수밖에 없는 것이다.

하지만 글쓰기 주제 탐색이 이 단계에 이르면 어느 정도 기획이 가능한 형태가 되었다고 말할 수 있다. 연구 범위의 대략적인 윤곽이 그려졌고 대상이 확정된 것은 아니나 이제 연구자의 분석적 관심에 따라 선택할 수 있는 범위 내에 대상들이 놓여 있다. 이제는 연구자의 관심의 정도 그리고 자료 수집 능력과 이론적 역량에 따르는 연구 타당성 검토가 필요하게 되었다.

### (2) 타당성 검토와 자료 검증

대학 글쓰기 주제의 타당성 검토는 우선 글 쓰는 사람(대학에서 '필자'는 대개 연구자의 위치에 있다)의 역량에 크게 영향받는다. 대부분의 학부 대학생들은 연구의 기초역량 부분에서 취약한 상태에 있기 때문에 연구 대상을 선정하는 것은 쉽지 않은 일이라 할 수 있다. 보고서의 주제 선정이 학생 자율에 맡겨지는 경우, 학생들의 보고서 주제 선정에서의 어려움은 자신의 수준에 적합한 주제 선택의 어려움에 기인한다. 예를 들어 인공지능, 빅데이터, 4차 산업혁명이 우리 사회의 주요한 이슈가 되고 있다고 한다면, 혹은 과제가 이러한 문제와 관련된 것으로 주어진다면 대학생들이 어떤 방식으로 이러한 주제를 자신의 보고서 주제로 구성할 수 있는지 생각해 보자. 먼저 이 문제가 공학적, 경제적, 사회문화적 차원 등에서 다양하게 논의될 수 있는 것인 까닭에 학생들은 자신의 전공과 관련하여 어떤 측면에서 이 문제에 접근해야 하는가를 먼저 결정해야 한다. 인문 대학생의 경우 이 문제를 공학적인 측면에서 접근하는 것이 용이하지 않으며 반대로 공과 대학생의 경우 경제적 파급효과나 사회적 영향관계에서 파악하는 것이 쉽지 않은 일일 것이다.

이런 점에서 연구자로서의 필자는 자신의 전공으로부터 주제를 인식하고 그 영역에서 문제점을 파악하는 것이 올바른 접근방향이라 할 수 있다. 의과 대학생의 경우 인공지능의 문제는 의사들의 직업전망과 관계될 수 있는데 왓슨과 같은 인공지능 프로그램이 의사의 평균 진단 성공률을 능가하는 진단율을 보여주는 상황은 매우 심각한 현실적 문제가 아닐 수 없다. 그 경우 <의과대학 의공학 기초강좌 개설의 필요성: 아주대 의대에서의 R 프로그래밍 강좌 개설 문제를 중심으로>와 같은 주제는 시의성과 현실적 타당성을 가진 보고서 주제가 될 수 있을 것이다. 물론 이 경우 해당 의대생은 빅데이터 처리 기법으로서의 R 프로그래밍에 대한 기본적인 분석적 소양을 갖추고 있어야 한다. 의학이라는 전공 특성과 공학적 지식은 이 주제 선택에 있어서 필수적인 조건이 되며 주제 적합성의 문제는 이러한 조건들을 충족하는가에 따라 결정된다.

이제 앞서 제시한 사례를 좀 더 구체화시켜 보자. 주제 탐색과 기획 단계에서 우리는 청년실업 문제를 수원시 청년지원센터의 문제로까지 한정 지었으나 연구 범위를 좁혔을 뿐 아직 주제를 구체화시킨 것은 아니었다. 여기까지 확정된 것은 우리가 청년실업 문제 해결의 주된 행위주체로 중앙정부나 광역지자체, 기업, 청년 취업자를 제외한 기초지자체를 규정하였으며 지역적으로 자료수집이 용이한 수원시로 결정하고 청년취업대책을 수원시에서 주관하는 수원시 청년지원 센터에서의 사업내용들로 제한한 것이다.

그 사업 내용들은 다양한 형태가 있고 이 가운데 한 사업분야를 택하는 것은 자료 조사의 가능성과 연구자의 연구역량 및 관심에 따라 결정될 것이다. 그리고 한 사업분야를 택한 다음에도 주제 접근은 달라질 수 있는데 한 사업 내에도 구체적인 시행 프로그램들이 있기 때문이다. 예를 들어 수원시 청년지원센터의 사업 가운데 수원 청년 아카데미 사업을 선택했다고 한다면 그 가운데 여러 취업 관련 강좌들이 있을 수 있다. 보고서 주제로 이 전체를 다룰 수도 있지만 또 관심에 따라 세부 강좌들의 특성과 교육 내용에 관해 더 구체적으로 접근해 들어갈 수도 있을 것이다. 해외취업 강좌의 경우, 일본취업 관련 강좌를 예를 들어 본다면 IT기업 취업과정, 호텔서비스업 취업과정 등의 세부 강좌들이 존재하는 것이다. 지금까지의 과정을 도식화하여 보면 아래와 같다.

세계경제와 실업문제

↓

한국경제와 청년실업

↓

경기도의 청년실업대책

↓

수원시 청년지원사업의 현황과 문제점

↓

수원시 청년지원센터의
2018년도 수원 청년아카데미 프로그램의 문제점과 개선방안

↓

2018년도 청년 해외취업 수원 희망드림 아카데미의
운영방식의 문제점과 해결방안

-일본취업 프로그램의 문제점을 중심으로

이러한 과정에서 처음 포괄적이었던 주제가 명확하게 분석대상을 설정한 주제로 변

화되었다는 점은 분명해졌다. 그런데 이 과정을 되돌아보면 처음의 주제가 반드시 최종의 주제가 되어야 하는 필연성은 없으며 그 과정에서 다양한 갈림길이 있고 접근 방식과 연구 관점에 따라 주제가 다변화될 수 있음을 알게 된다. 이것은 구체적 주제가 생산되는 창발성의 영역이며 이는 연구자의 능력에 따른 선택과 결정에 의한 것이다. 연구자는 자신의 전문 소양과 자료수집 능력에 따라 전혀 다른 주제영역에 이를 수 있다. 만약 연구자가 수원시와 아주대의 협업문제에 관심이 있다면 <수원시 청년지원 인공위성 프로그램>의 일환으로 시행되는 아주대 창업지원단 "메이커 스페이스"와의 협업 사업으로 관심을 돌릴 수도 있을 것이다. 혹은 그 이전 단계에서 수원시가 아닌 특정 기업이나 취업자 자신의 진로 문제로 방향을 잡을 수도 있으며 이는 또 전혀 다른 주제로 구체화되었을 것이다. 물론 이러한 결정에는 선택한 대상에 대한 구체적인 접근 통로가 있어서 자료수집이 가능하고 그 문제에 접근할 수 있는 전문성이 확보되어 있어야 한다는 점이 전제되어 있다.

## 2) 주제 범주화에 따른 유형적 구분

크게 일반교양 주제, 전공 연관 주제, 융합 주제의 세 부분으로 범주화한 주제영역들을 몇 가지 학생 보고서 사례 예시를 통해 접근해 보기로 한다.

### (1) 일반교양 주제

일반교양 주제는 개별 전공에 수렴되지 않는 인문사회, 과학, 교육 일반 등 제반 분야에 포괄적으로 적용될 수 있는 주제영역이다. 개방적이고 창의적이며 학문 상호 간의 관계 속에서 함께 사고할 필요가 있는 주제라면 모두 이에 해당될 수 있을 것이다.

- 4차 산업혁명과 아주대 융복합 특성화 전략의 상관성 검토
- 아주대 노동조합의 현황과 개선방안

- 지역아동센터 아동교육의 문제점과 실용적 프로그램 제안: 인천 반디어린이도서관 사례를 중심으로

### (2) 전공 연관 주제

전공 연관성은 각 개별 전공의 특수성을 심화하는 것이라기보다(이는 전공수업이 수행하는 영역에 해당할 것이다), 앞서 설명했듯이 전공 주제를 새롭게 적용하여 그와 관련된 실용화 방안, 기획안, 설계안 등으로 전공 주제가 확장될 수 있는 가능성을 검토하는 것이다.

- 소규모 태양광 발전의 효용과 실제: 태양광 발전 시스템의 성호관 적용 방안
- 경기도 안성 바우덕이 축제 마케팅 전략: 2-30대 관광객 유치 방안을 중심으로
- 아주대 기숙사 공동 세탁기 운용 효율화를 위한 IOT Vision기반 실시간 모니터링 시스템 설계

### (3) 융합 주제

융합 주제는 교양과 전공, 전공과 전공 그리고 기존 학문들 사이의 확정되지 않은 경계에 속한 주제들의 융합과 관련된 영역으로, 이질적이고 다양한 자료와 관점 사이의 교환과 소통을 통해 새로운 시야와 정보 가치를 확보할 수 있도록 하는 것이라 하겠다.

- 파란학기제를 통한 교환학생 전공과목 부족 문제 해결방안
- 남제관 샤워시설 개선방안: 샤워실 리모델링 방식과 비용 예측
- 공유 경제를 위한 무인 대여 시스템의 활용: 성남시 분당구 자전거 이용 활성화 대책 연구
- 게임 아이템 거래량 분석을 통한 실물 경제 비즈니스 모델 수립: 마비노기 영웅전의 거래소 시스템을 중심으로

2

# 자료 조사

## 1. 자료 조사의 중요성

보고서나 논문 등 학술적 성격의 글을 쓰기 위해서는 자료 조사가 필수적이다. 간단한 글을 쓰더라도 내용을 탄탄하고 풍부하게 하려면 자료 조사를 바탕으로 하기 마련이다. 자료란 글의 주제와 관련된 정보를 담고 있는 온갖 종류의 기록물로서 자신의 견해와 주장을 객관적으로 뒷받침하고 정당화하는 근거로 쓰일 수 있기 때문이다. 구체적으로 책, 논문, 신문/잡지 기사, 사전, 사진, 동영상, 통계자료 등이 이에 해당한다. 자료의 뒷받침 없이 쓰인 글은 개인적 경험이나 사변을 늘어놓는 신변잡기 수준이나 에세이 성격을 탈피하기 어려우므로 글의 설득력과 가치를 높이기 위해서는 질 좋은 자료를 풍부하게 확보하는 것이 관건이다. 따라서 자료 조사와 자료 공부를 얼마나 착실히 했는지가 글쓰기의 성패를 좌우한다고 해도 과언이 아니다.

모든 글과 책은 사유의 결과물이지만 사유를 충실하게 엮어내기 위해 필요한 것이 바로 '자료'다. 자료의 양태는 실로 다양하다. 때로는 유명인의 명언 한 구절이 될 수도 있고, 논문 한 편이 될 수도 있고, 또 원전 자료나 실물이 될 때도 있다.

또한 자료는 세상 도처에 참으로 많다. 인터넷 때문에 지금은 누구나 손쉽게 연구 성과는 물론 원전 자료들도 접할 수 있다. 그러나 구슬이 서 말이라도 꿰어야 보배이듯, 그 많은 자료도 읽어낼 눈이 있고 또 적절하게 분류하고 가공해낼 기술이 있어야 비로소 보배가 되는 것이다. (중략)

혹자는 이 시대를 일러 '노하우know-how'가 아닌 '노웨어know-where'의 시대라고 말하기도 한다. 자료는 도처에 있다. 문제는 어디에 무엇이 있는지를 몰라서 사용하지 못하는 것일 뿐이다.

대개의 아날로그 자료는 도서관에 제일 많다. 특히 서초동 언덕에 있는 국립중앙도서관이나 여의도 국회 안에 있는 국회도서관이 이들 가운데는 가장 유용하다. 두 곳 모두 자료 가운데 상당수가 이미 디지털화되었다. 데이터베이스 검색을 통해 이용이 가능하며, 어떤 자료는 편집 상태의 원문 그대로 PDF로 볼 수도 있다. 특히 이 두 곳의 경우 도서 자료는 물론 고신문 등 다양한 형태의 자료도 소장돼 있다. 그다음으로 중요한 소장처는 대학도서관이다. 다만 대학도서관은 대개 본교 재학생에게만 한정적으로 이용을 허락하고 있다는 점이 아쉬움이다. (중략)

그러나 자료 수집에서 유념해야 할 점은 수집으로 끝나서는 안 된다는 점이다. 수천 권의 책이 있더라도 창고에 아무렇게나 널려 있으면 제대로 된 책 한 권을 갖지 못한 것과 같다. 자료는 양보다는 편리하게 활용할 수 있도록 분류, 가공하는 것이 더 중요하다. 굳이 문헌정보학과에서 가르치는 수준의 자료 가공 지식이 필요한 건 아니다. 때로는 자료를 관리하다 보면 저절로 이치를 터득하는 경우도 있다. (중략) 이처럼 대부분의 작가들은 나름의 독특한 자료 관리법을 가지고 있다. 자료 관리는 효율적인 집필을 도와준다는 점에서 눈여겨볼 대목이다.

정운현, 「노하우가 아닌 노웨어의 시대」, 『글쓰기의 힘』

## 2. 디지털 시대의 자료 조사

현재 우리는 인터넷을 필두로 하는 디지털 매체 환경 속에 살고 있다. 과거에는 자료를 주로 책, 신문, 잡지, 논문 등 종이와 잉크로 된 인쇄 매체들 속에서 찾았지만, 오늘날에는 대부분의 사람들이 인터넷을 통해 자료와 정보를 찾는다. 컴퓨터와 스마트폰으로 포털 사이트나 각종 앱을 방문하여 자료 찾기와 정보 검색을 하는 일이 삶의 확고한 일부로 자리 잡았고 다수의 사람들에게는 생활의 큰 부분을 차지하고 있다. 이 디지털 시대에 원하는 자료와 정보를 효율적으로 원활하게 수집하고 선별하고 관리하기 위해서는 우리가 살고 있는 매체 환경의 특성에 대해 이해할 필요가 있다.

매체의 차이는 정보나 자료를 제시하고 수용하는 방식에 영향을 미친다. 인쇄 매체에 담긴 자료는 대개 위에서 아래로, 왼쪽에서 오른쪽으로, 앞에서 뒤로, 즉 선형적線形的, linear으로 제시된다. 자료를 수용하는 독자도 제공자인 필자가 제시하는 방식에 따라 역시 선형적으로 읽어 나간다. 반면 디지털 매체의 대표격인 인터넷을 통해 제시되는 정보는 선형성의 제약으로부터 자유롭다. 네트워크 상에서 이른바 하이퍼링크라는 방식에 따라 데이터가 그물망처럼 연결되어 망형적網形的, reticular으로 조직되고 제시된다. 화면에 떠 있는 웹 자료 자체는 겉보기에 선형적으로 구성되어 있는 듯이 보이지만, 그 내부적인 구조를 보면 하나의 자료가 무수히 많은 자료와 온갖 정보들과 거미줄처럼 연결되어 망형 구조를 이루고 있다. 전 세계에서 생성되는 자료와 정보들이 이곳에 모여 서로 연결되어 있기 때문에 그 전체가 어느 정도 크기인지 도저히 가늠이 안 되어 마치 한도 끝도 없이 펼쳐진 망망대해와도 같은 느낌이 드는 것이다.

이 바다 같고 우주와도 같은 인터넷 세계에서 우리는 클릭이나 터치 몇 번만으로 애초에 생각도 못했던 전혀 뜻밖의 자료나 정보를 마주하게 되고, 특정 자료를 찾으려던 애초의 목적을 잊은 채 한참 동안 미아처럼 이 가상의 공간을 떠돌고 있는 우리 자신을 목격하게 된다. 목적 의식을 분명히 하고 정신을 똑바로 차리지 않으면 방향 감각을 잃고 엉뚱한 곳을 헤매는 일이 수시로 벌어지는 것이다. 정도 차이가 있지만 누구나 경험해 보았고 오늘도 경험하고 있는 일일 것이다. 이른바 '인터넷 미아' 내지는 '디지털 미아'

가 되는 경험이다. 또한 망에 접속만 하면 자료와 정보가 무한대로 펼쳐져 있기 때문에, 원하기만 하면 언제든지 많은 양의 자료를 손쉽게 수집할 수 있는 반면, 수집 욕구를 자제하지 못하면 필요 이상으로 많은 자료를 수집하여 감당하기가 힘든 일종의 과부하 또는 소화불량 현상이 일어날 수도 있다. 말하자면 정보 과잉의 덫에 걸려드는 것이다.

이처럼 하이퍼링크로 무한히 연결되어 시작이 어디고 끝이 어딘지 분간이 안 되는 디지털 매체 환경은 처음과 끝이 가시적으로 드러나 있는 인쇄 매체 환경과는 질적으로 크게 다르다. 이러한 환경에서는 위에서 언급한 바와 같은 방향감 상실이나 정보 과부하의 상황에 처하기 쉬우므로 무작정 자료 수집에 나서지 말고 수집의 목적을 명확히 설정하고 원하는 자료들이 각기 인터넷 공간의 어느 곳에 어떤 방식으로 존재하는지 체크할 필요가 있다. 결국 디지털 시대에는 더욱 더 나 자신을 조절하고 통제하는 일, 즉 나 자신과의 싸움이 중요하고도 근본적인 문제이다. 양질의 자료를 얻는 것이 자료 조사의 핵심적 관건이므로 넘치는 자료들 가운데서 좋은 자료를 선별할 줄 아는 능력이 무엇보다도 중요하며, 전략적인 사고를 통해 수집된 자료들을 분류하고 관리할 수 있는 능력도 필요하다.

디지털 매체가 급속도로 인쇄 매체를 흡수하고 대체하고는 있지만 온전히 대체할 수 없는 구석이 많고 우리 사회에서 주된 의사소통은 여전히 인쇄 매체를 통해 이루어지고 있다는 점도 간과해서는 안 될 것이다. 디지털 매체의 등장은 불과 몇 십 년에 불과하지만, 인쇄 매체를 비롯한 아날로그 매체가 수천 년에 걸쳐 이룩해 놓은 문화적 유산은 '은하계의 별들'만큼이나 찬란하며 어마어마하기 때문이다. 따라서 당연한 이야기이지만 디지털 시대의 자료 찾기와 자료 읽기는 인쇄 매체와 디지털 매체의 자료를 병행해서 다루어야 하는 과제를 안고 있다. 온고지신의 지혜가 필요한 상황이다.

## 3. 자료 조사와 주제의 구체화

주제의 선정과 구체화는 자료 조사의 정도와 밀접한 연관성을 갖는다. 기본적인 자료 조사를 통해 주제 또는 주제 범위가 어느 정도 정해졌다면 추가적인 자료 조사를 통해 주제를 구체화하는 것이 바람직하다. 주제가 너무 추상적이거나 주제 범위가 너무 넓으면 글을 쓰기가 어렵고 글을 쓰는 의미가 희미해지기 쉽기 때문이다. 예컨대 '일제 강점기 때 독립 운동가들'에 대한 글을 쓰고 싶다면, 그리고 독립 운동의 역사에 대한 책을 쓰고자 하는 것이 아니라면, 우리에게 덜 알려졌거나 잘 알려지지 않는 인물과 사건을 주제화하여 글을 쓰는 것이 의미가 있을 것이다. 그래서 가령 안중근 의사보다는 안중근 의사가 거사를 일으키는 데 중요한 기여를 했던 인물들에 초점을 두고 조사를 해보면 거사의 의미를 새롭게 조명할 수 있는 구체적인 주제를 얻을 수도 있을 것이다. 기본적으로 독립 운동의 역사 전체를 조망할 수 있는 자료도 물론 필요하고 읽어야 하겠지만, 의미 있고 가치 있는 글쓰기가 되기 위해서는 보다 치밀하고 섬세한 자료 조사와 자료 읽기를 통해 주제를 구체화하는 작업이 필요하다. 이후 글을 써 나가는 동안에도 자료 조사는 병행되어야 할 일이다. 주제 의식을 날카롭게 가다듬고 글의 품질을 높이기 위해서는 자료 조사에 들이는 공이 결정적이라 해도 과언이 아닐 것이기 때문이다.

## 4. 자료 조사의 방법

### 1) 인터넷 이용

인터넷 사용이 보편화되어 있는 만큼 자료 조사의 시작은 인터넷 검색으로부터 하게 될 것이다. 조사의 초점은 양질의 자료를 얻는 것에 있다. 문제는 양질의 자료를 가려낼 줄 아는 안목이다. 자칫 '인터넷 미아'가 되어 헤매거나 허접한 자료들의 공해에 시달리며 시간을 허비하지 않으려면, 앞에서도 강조했듯이 나 자신에 대한 경계를 늦추지 말아야 함은 물론이고 조사의 목표와 목적에 대한 의식을 뚜렷이 갖고 전략적인 사고를 해야 할 것이다. 양질의 자료를 얻기 위해서는 먼저 '똑똑한' 검색어를 입력해야 한다. 막연하고 광범위한 검색어를 입력하면 의도와 다른 검색 결과들 속에서 허우적대다 검부러기 같은 자료들만 손에 쥐기 십상이다. '똑똑한' 검색을 위해서는 구체적이고 다양한 검색어를 입력해야 한다. 단어들의 조합을 여러 가지로 만들어 입력해 보면 대체로 유용한 검색 결과를 얻을 확률이 높다. 매사에 공을 들여야 하듯 검색을 할 때에도 역시 공을 들여야 좋은 결과를 얻을 수 있는 것이다.

그러나 양질의 자료는 인터넷보다는 도서관에 있을 가능성이 훨씬 높다. 다수의 인터넷 자료, 특히 특히 블로그나 카페 등의 웹 사이트에 올라와 있는 글의 경우 출처와 내용이 불확실하거나 의심스러울 가능성이 많기 때문에 그런 글은 그저 참고로만 하는 것이 바람직하며 인용을 위한 자료로 삼는 것은 금물이다. 자칫 글의 신뢰성을 저해할 수 있기 때문이다. 인터넷 상의 그런 글들보다는 전문적인 고급 정보를 제공하는 책이나 논문 등이 양질의 자료에 속한다고 할 수 있다. 물론 이제는 인터넷 망 안에 거의 모든 도서관들의 사이트가 개설되어 있고 각종의 학술정보 사이트가 존재한다. 굳이 도서관을 찾아가는 수고를 하지 않고 온라인 접속만으로도 자료에 대한 접근이 가능한 경우가 허다하다. 하지만 인터넷을 통해 도서관 자료에 접근하는 데에는 아직 한계가 많기 때문에, 인터넷은 도서관 방문을 위한 사전 조사의 수단으로 활용하는 것이 좋을 듯하다.

도서관에 가기 전에 먼저 인터넷 서점을 방문하는 것도 좋은 방법이다. 인터넷 서점에서는 책에 대한 상세한 정보와 함께 '책소개' 코너, 저자에 대한 약력, 특히 목차가 대부분 상세하게 제시되어 있어서 책의 내용과 성격을 미리 상당한 정도로 파악할 수 있기 때문이다. 그리고 인터넷 서점에서는 검색한 책과 유사한 성격의 책들도 추천하고 있기 때문에 참고로 할 만하다. 사전에 미리 살피고서 어떤 책들을 빌려야 할지를 정한 후에 도서관을 찾아가는 것이 시간과 수고를 절약하는 현명한 길이다.

논문을 손쉽게 구할 수 있는 사이트로는 한국교육학술정보원KERIS에서 제공하는 한국연구정보서비스, 영문 약자로 RISSwww.riss.kr가 있다. 여기서는 계약이 체결된 해외 도서관의 자료도 통합 검색할 수 있으며, 논문의 경우 대부분 구매를 통해 PDF 파일의 형태로 다운받도록 되어 있으나 대부분의 대학들은 KERIS와 협약을 맺어 논문 자료를 비용 부담 없이 다운받을 수 있도록 서비스하고 있다. (다음 5절을 참조할 것) 또한 JSTORwww.jstor.org은 미국을 비롯해 세계 주요 대학과 기관들이 소장하고 있는 학술지들을 손쉽게 검색하고 다운받을 수 있는 비영리 검색 사이트 중 하나다.

그 밖에 자료 조사를 위해 유용한 사이트들은 이번 장의 끝 부분에 정리되어 있다.

### 2) 도서관 이용

요즘 대부분의 학생들은 주제와 관련된 자료를 조사할 때 인터넷 검색을 통해 자료를 확보하는 것만으로 조사를 다한 것으로 여기는 경향이 있다. 도서관에 가서 관련 서적과 논문, 잡지를 직접 조사하는 학생은 드문 편이다. 인터넷에도 물론 좋은 자료가 많지만, 자료 조사는 되도록 도서관을 이용하는 것이 바람직하다. 위에서도 언급했듯이 인터넷의 자료들 중에는 신뢰하기 어렵거나 너무 단편적인 경우도 많다. 이에 반해 도서관 자료는 이미 검증된 것들이 대부분이다. 도서관 자료는 책 전문가인 사서들에 의해 이미 분류된 것들이기 때문이다. 이 자료들은 도서관 사이트에 접속해서 손쉽게 그 소장 위치를 확인하여 대출받을 수 있다.

직접 도서관을 찾아가 구하는 책이 꽂혀 있는 서가를 둘러보면 온라인에서 발견하지 못한 좋은 책을 발견하는 뜻밖의 소득을 거둘 수도 있다. 도서관에는 대개 분야와 주제별로 책들이 분류되어 있기 때문에 빌리려는 책 주변에는 관련된 책들이 무수히 함께 배열되어 있기 때문이다. 일종의 자료 사냥터인 셈이다. 그리고 온라인 상의 책이나 논문 자료는 부분적이고 제한적인 경우가 많기 때문에 도서관에서 직접 관련 책이나 논문을 대출하여 시간 여유를 갖고 이리저리 훑어보면 보다 풍부한 내용을 접할 수 있다. 컴퓨터 앞에만 머물지 말고 발품을 팔아 도서관을 찾아가 양질의 자료를 손에 넣는 기쁨을

맛보았으면 한다. 세상 거의 모든 일이 그러하듯 온라인만으로는 부족하고 오프라인 상의 노력이 더해질 때 비로소 온전한 것이 된다.

대부분의 도서관들은 도서관마다 명칭이 다르지만 일반도서실, 참고도서실, 정기간행물실, 멀티미디어자료실 등으로 이루어져 있다.

- **일반도서실**: 학문의 분류 체계에 따라 도서들이 분류되어 있다.
- **참고도서실**: 백과사전과 같은 사전류와 통계자료 및 간행물 등이 비치되어 있다.
- **정기간행물실**: 석박사 논문과 학술잡지, 마이크로필름, 신문 등이 비치되어 있다.
- **멀티미디어자료실**: 각종 DVD와 오디오 자료 등이 비치되어 있다.

### 3) 책과 논문의 참고문헌 이용

일반적으로 학술 서적이나 논문의 경우 저자가 글을 쓰는 데 참고로 했거나 독자가 참고로 할 만한 자료들의 목록인 참고문헌reference을 따로 정리해 놓는다. 참고문헌은 대개 책이나 논문의 맨 뒷자리에 1차 자료와 2차 자료, 국내 자료와 국외 자료 등으로 구분하여 저자순으로 일목요연하게 정리되어 있다. 그 목록을 살펴보면 관심 있는 분야의 다른 책과 논문을 한 자리에서 손쉽게 접할 수 있다. 이렇게 참고문헌을 잘 활용하면 하나의 책이나 논문을 출발점으로 삼아 연관된 여러 자료들을 확보해 나갈 수 있기 때문에 상당히 유용한 방법이라고 할 수 있다.

### 4) 설문조사와 인터뷰

인터넷과 도서관 이용 외에 주제와 필요에 따라서는 설문조사나 인터뷰를 하는 방법도 있다. 예를 들어 '대학생 우울증'에 관한 글을 쓰고자 할 때 실제 대학생들을 상대로 한 설문조사 결과를 자료로 활용한다면 실감 있게 와닿는 효과적인 방법이 될 것이다. 또한 전문가나 교수를 직접 찾아가 인터뷰한 내용을 추가 자료로 활용할 수도 있다. 이 경우에도 책이나 논문 등의 자료들과는 다르게 현장의 생생한 목소리와 분위기를 전하는 '살아 있는' 자료를 얻을 수 있을 것이다.

---

※ 자료를 조사할 때 유의 사항

---

1. 신뢰할 만한 자료를 선별할 줄 알아야 한다.
   - 학술 논문, 저서, 학술 잡지의 글, 신문 기사, 정부 보고서 등을 참고하라.
2. 해당 분야의 권위자가 쓴 글을 먼저 찾아보아야 한다.
   - 검색을 통해 해당 분야의 저명한 학자들을 파악하라.
   - 글을 읽기 전에 저자의 약력을 확인하라.
3. 포털 사이트에 올라와 있는 온갖 정보에 거리를 두어야 한다.
   - 포털 사이트의 지식게시판이나 블로그 등의 글은 의심의 눈으로 보라.
4. 최신의 자료가 있는지 확인해야 한다.
   - 글을 읽을 때마다 언제 쓴 글인지 반드시 살펴라.

---

## 5. 도서관 사이트를 통해 RISS 논문 내려받는 방법

❶ 다음은 아주대학교 중앙도서관 홈페이지이다. 오른쪽 하단의 '학술정보관련사이트 보기'를 클릭할 것.

❷ 'RISS(KERIS학술정보연구서비스)'를 클릭하면 바로 RISS에 연결된다. 그 과정에서 로그인을 하여 아주대 재학생임을 입증해야 한다. 물론 시작할 때 먼저 로그인을 해도 된다.

③ RISS의 첫 화면이다. 오른쪽 상단에서 '아주대(직접접속) 님'이라는 표시를 확인할 수 있다. 검색창에 원하는 검색어를 넣어 보라. 아래쪽에 '해외DB통합검색' 아이콘도 보인다.

④ 임의로 '헤세 데미안'이라는 검색어를 입력한 통합검색 결과이다. 아래쪽으로 훨씬 더 많은 검색 결과가 있지만 아래 그림에는 보이지 않다. 왼쪽 세로 메뉴에서 '국내학술지논문'을 선택해 본다.

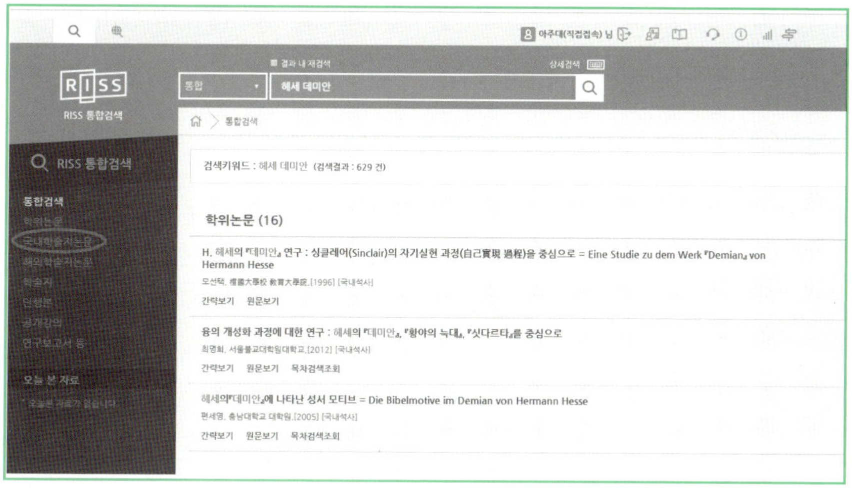

❺ 검색 결과 아래와 같이 34건이 나와 있고, 이 중 다시 1번 논문을 선택해 본다.

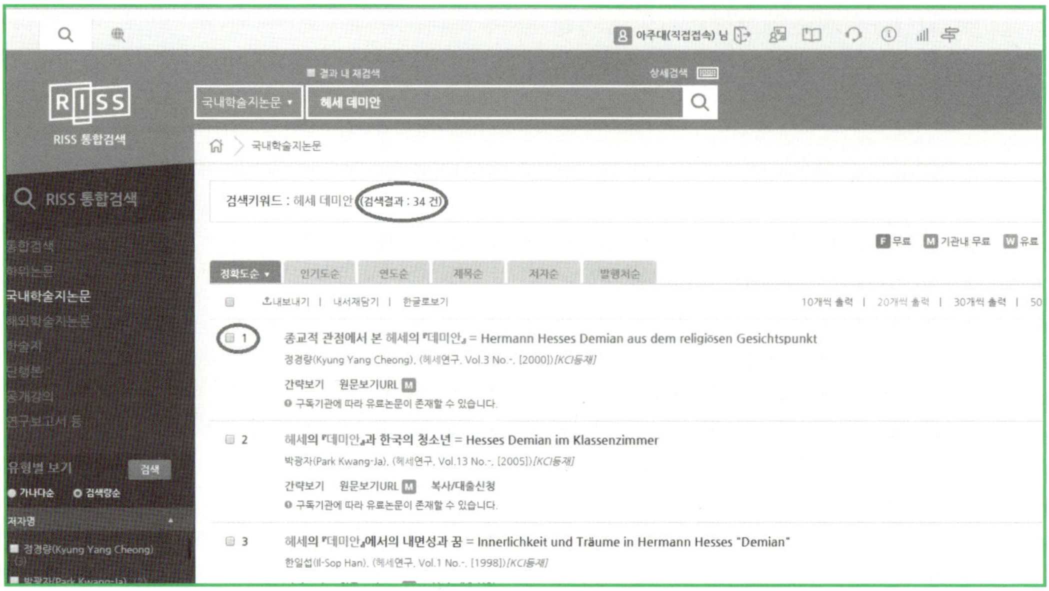

❻ 다시 왼쪽 상단의 '원문보기URL'을 클릭하면 이 논문의 원문을 볼 수 있다.

❼ 아래 그림처럼 'PDF View'를 선택하면 이 논문의 PDF 파일을 볼 수 있다.

❽ 아래 그림처럼 '원문저장'을 클릭하면 이제 논문 파일을 내려받을 수 있다.

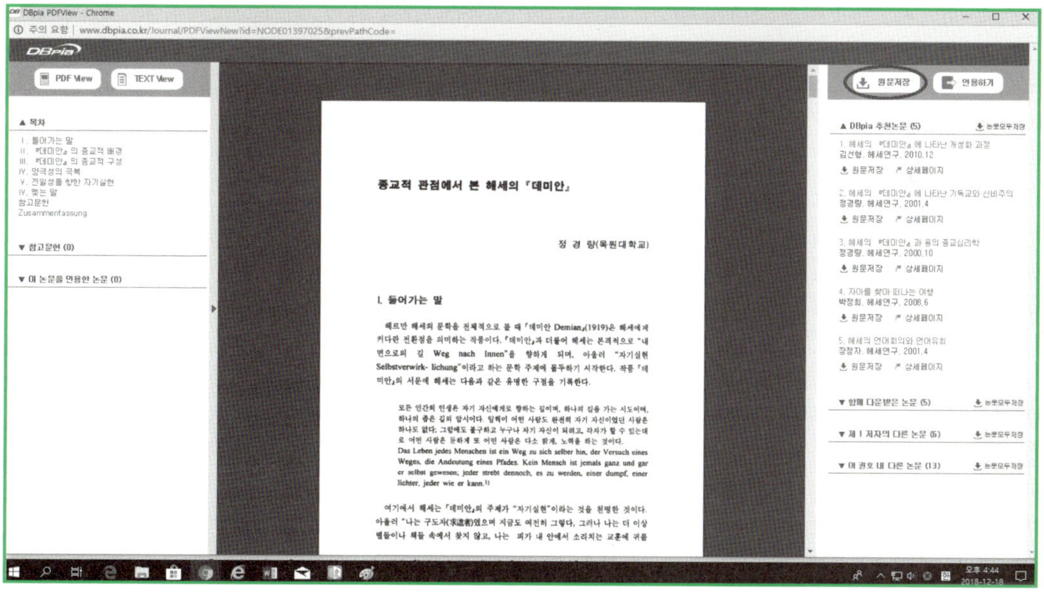

## 6. 자료 조사를 위해 유용한 사이트 목록

| 사전 및 참고정보 | |
|---|---|
| DB \| URL | 두산세계대백과 \| http://www.doopedia.co.kr |
| 내용 | 인터넷 백과사전 지식나누기, 참여백과, 추천지식, 스페셜스토리, 두피디아 포토박스 등 서비스 제공 |
| DB \| URL | 시사용어사전(동아일보사) \| http://www.donga.com/dict/sisa.html |
| 내용 | 국내외 정치·경제의 움직임을 이해하는 데 필요한 시사용어뿐 아니라 오늘의 문화·과학기술에 관한 새로운 상식, 학술용어, 현대생활의 유행어, 외래어 등을 제공 |
| DB \| URL | 한국민족문화대백과사전 \| http://www.encykorea.com/encykorea.html |
| 내용 | 한민족의 모든 문화와 역사 정보를 수록한 대백과사전 |
| DB \| URL | Britannica Online \| http://preview.britannica.co.kr/ |
| 내용 | 브리태니커 백과사전 검색 서비스, 색인, 항목명 및 국어사전 검색방법 안내 |
| **지식정보원** | |
| DB \| URL | 교보문고스콜라 \| http://scholar.dkyobobook.co.kr/ |
| 내용 | 교보문고 국내학술논문 검색전문사이트, 간행물 검색 및 이용방법 안내 |
| DB \| URL | 네이버전문정보 \| http://academic.naver.com/ |
| 내용 | 학술자료, 전문보고서, 특허, 서식, 리포트, 통계 등 디지털 컨텐츠 거래 서비스 |
| DB \| URL | RISS \| http://www.riss.kr/ |
| 내용 | 한국교육학술정보원에서 제공하는 학술연구정보서비스, 도서종합목록, 학위, 학술논문, 논문검색, 세미나 자료 등 수록 |
| DB \| URL | 한국학술정보 KISS \| http://kiss.kstudy.com/ |
| 내용 | 학술 데이터베이스 검색 사이트, 학술지, 단행본, 논문, 신문 아카이브 등 서비스 제공 |
| DB \| URL | 디비피아 \| http://www.dbpia.co.kr/ |
| 내용 | 학술논문 검색 사이트, 전자저널, 학술대회자료, 단행본, 전문잡지, 논문 수록 |
| DB \| URL | 공공데이터포털 \| http://www.data.go.kr/ |
| 내용 | 문화, 해양, 역사, 산업, 과학기술 등 지식정보 및 학술데이터 검색 제공 |

| 저널리즘 | |
|---|---|
| DB \| URL | 한국잡지정보관 \| http://museum.magazine.or.kr/ |
| 내용 | 국내에서 발행된 잡지를 연대 및 주제별로 분류하여 발행사항, 목차정보 제공 |
| **도서관** | |
| DB \| URL | 국립중앙도서관 \| http://www.nl.go.kr/ |
| 내용 | 도서관 소개, 원문정보DB 자료 및 학위논문 검색, 학위논문관, 열람실 등 이용안내 |
| DB \| URL | 국회도서관 \| http://www.dlibrary.go.kr/JavaClient/jsp/ndli/index.jsp |
| 내용 | 도서관 이용안내, 전자도서관 운영, 국내학술지, 학위논문검색, 발간자료, 추천DB 수록 |
| DB \| URL | 국가도서관 통계시스템 \| http://www.libsta.go.kr/ |
| 내용 | 통계시스템 소개, 도서관검색, 개폐도서관 등록, 국외도서관통계 등 자료 제공 |
| **통계** | |
| DB \| URL | 국가통계포털 \| http://www.kosis.kr/ |
| 내용 | 국가기관 통합 데이터베이스, 인구, 물가, 산업 등 통계, 자화상 서비스 제공 |
| DB \| URL | 중소기업조사통계시스템 \| http://stat2.smba.go.kr |
| 내용 | 통계 DB 검색, 정기 간행물, 거래실태 등 조사보고서, 정책 및 통계뉴스 제공 |
| DB \| URL | 통계청 \| http://kostat.go.kr |
| 내용 | 통계 안내, 통계 간행물, 통계 조사, 자화상 서비스, 통계 데이터베이스 등 제공 |
| DB \| URL | 한국은행 경제통계시스템 \| http://ecos.bok.or.kr |
| 내용 | 통계검색, 금리, 증감률 계산, 생산자, 수출입물가지수 및 검색결과 다운로드 제공 |
| DB \| URL | KSDC DB \| http://www.ksdc.re.kr/databank/ |
| 내용 | 정부,공공기관 및 연구소, 민간단체 등 여러 기관에서 제공하는 방대한 분량의 통계 및 여론조사자료들을 표준화하여 제공하고있는 전문 데이터베이스. |
| DB \| URL | IT통계포탈 \| http://www.itstat.go.kr/ |
| 내용 | IT 및 거시경제분야 시계열 데이터, 통계간행물, IT통계뉴스 검색 및 주요 지표 제공 |
| DB \| URL | 문화체육관광부 통계포털 \| http://culturestat.mcst.go.kr/ |
| 내용 | 문화체육관광부 운영 통계 포털사이트, 문화예술, 관광, 체육 등 분야별 통계정보 제공 |

| DB \| URL | 교육통계서비스 \| http://std.kedi.re.kr/ |
|---|---|
| 내용 | 교육통계 연보, 국내외 교육통계 자료, 교육기관 현황, 시계열 분석 통계 검색 제공 |
| DB \| URL | 한국관광통계 \| http://korean.visitkorea.or.kr/kor/tt/knowledge_db/tour_statistics/korea_tour_stat/immigration_imcome/tt_1_3_1_1_1_1.jsp |
| 내용 | 출입국/관광수지, KATA 여행통계, 한국문화관과연구원 관광지식정보 등 제공 |
| 여성 | |
| DB \| URL | 국제여성가족교류재단 \| http://www.iwff.or.kr/ |
| 내용 | 여성가족 분야 비영리 재단법인, 공적개발원조 사업 수행 및 여성역량 강화 프로그램 개발 등 사업 안내 |
| DB \| URL | 여성노동법률지원센터 \| http://www.yeono.org/ |
| 내용 | 여성노동자 법률지원, 직장내 성희롱예방교육 등 사업, 온라인 상담 제공 |
| DB \| URL | 위민넷 \| http://www.women.go.kr/ |
| 내용 | 여성가족부 운영 포털, 취업, 보육료, 여성정책정보, 사이버멘토링, 교육강좌, 실시간상담 |
| DB \| URL | 한국양성평등교육진흥원 \| http://www.kigepe.or.kr/ |
| 내용 | 여성부 산하 양성평등 및 성인지적 교육 수행기관, 리더십, 성별영향평가교육 등 안내 |
| DB \| URL | 한국여성민우회 \| http://www.womenlink.or.kr/ |
| 내용 | 여성상담, 성폭력, 여성건강 등 민우활동, 보도자료, 뉴스 수록 |
| DB \| URL | 한국성폭력상담소 \| http://www.sisters.or.kr/ |
| 내용 | 성희롱 정의, 피해사례, 대응법, 법률 정보, 신문기사, 메일상담실 제공 |
| 정치·외교 | |
| DB \| URL | 외교통상부 \| http://www.mofat.go.kr/ |
| 내용 | 조직 및 장관 소개, 세계 정보, 재외공관, 주한외국공관 안내, 전자민원 및 여권발급 등 안내 |
| DB \| URL | 장애여성공감 \| http://www.wde.or.kr/ |
| 내용 | 장애여성 인권운동단체. 사회교육 프로그램, 소식지 및 잡지 발행, 후원자 모집, 온라인 상담 제공 |
| DB \| URL | 주한미국상공회의소 \| http://www.amchamkorea.org/ |

| | |
|---|---|
| 내용 | 한미 간 무역 및 투자증진, 한국통계, 1000여개 회원사 뉴스, 자료 수록 |
| DB \| URL | 남북회담 \| http://dialogue.unikorea.go.kr/ |
| 내용 | 남북회담사무국 소개, 소식, 남북회담사, 남북합의서, 판문점 및 공동경비구역 정보 수록 |
| **경제** | |
| DB \| URL | 삼성경제연구소 \| http://www.seri.org/ |
| 내용 | 국내외 주요경제지표 및 연구자료, 경기관련지표 산업동향, 교역조건, 국제수지 통계자료, 주요 외국 경기 및 산업생산 지표 제공 |
| DB \| URL | 대외경제정책연구원 \| http://www.kiep.go.kr/ |
| 내용 | KIEP 소개, 국제경제현안분석, 세계경제동향, 발간자료 수록, 디지털 도서관 운영 |
| DB \| URL | 산업연구원 KIET \| http://www.kiet.re.kr/ |
| 내용 | 연구논문, 세미나, 산업동향 관련자료 수록 |
| DB \| URL | 국제금융센터 \| http://www.kcif.or.kr/ |
| 내용 | 국제금융센터에서 제공하는 해외산업경제정보 |
| DB \| URL | 한국무역협회 \| http://www.kita.net/ |
| 내용 | 무역통계, 무역상담, 외환관리사 및 국제무역사 시험일정 안내 |
| **법·행정** | |
| DB \| URL | 법제처 \| http://www.moleg.go.kr/ |
| 내용 | 법제처 소개, 법령정보 검색, 법령해석, 월간법제 등 제공 |
| DB \| URL | 세계법제정보센터 \| http://world.moleg.go.kr/ |
| 내용 | 국가별 법제 체계, 입법 동향, 교류현황 등 정보 및 자문서비스 제공 |
| DB \| URL | 인터넷 법률신문 \| http://www.lawtimes.co.kr/ |
| 내용 | 법 기사, 칼럼, 판례, 강좌, 상담사례, 용어사전 수록 |
| DB \| URL | 헌법재판소 \| http://www.ccourt.go.kr/ |
| 내용 | 헌법재판소 구성, 심판절차 소개, 판례검색, 헌법재판소 도서관 안내 |
| DB \| URL | 대한민국영문법령 \| http://elaw.klri.re.kr/ |
| 내용 | 한국법제연구원 제작, 영문법령 검색기능, 표준용어 제공 |

| DB \| URL | 대법원 \| http://www.scourt.go.kr |
|---|---|
| 내용 | 판례, 법령 등 종합법률, 사법통계, 소송, 재판절차 정보, 민원 안내 |
| DB \| URL | 국회-의안정보시스템 \| http://likms.assembly.go.kr/bill/ |
| 내용 | 법률안, 예산안, 동의안 등 심의, 의안검색 및 통계, 청원 정보 |
| DB \| URL | 대통령 기록관 \| http://pa.go.kr/ |
| 내용 | 대통령 기록물 영구관리기관, 대통령웹기록, 온라인컨텐츠, 검색서비스 제공 |
| DB \| URL | 대한민국전자정부 \| http://www.korea.go.kr/ |
| 내용 | 대한민국 서비스형 정부, 민원, 경제, 병무, 치안 등 분야별 행정서비스 안내 |
| DB \| URL | 전자관보 \| http://gwanbo.korea.go.kr/main.jsp |
| 내용 | 대한민국 전자정부 오늘 및 관보, 검색, 국적포기자 명단 제공. 2000년 10월 이후 관보의 전문 제공 (2000.9.30일 이전의 관보는 국가기록원 홈페이지(http://www.archives.go.kr/)에서 열람 가능) |
| 문화·교육 | |
| DB \| URL | 한국문화관광연구원 \| http://www.kcti.re.kr/ |
| 내용 | 문화관광부 산하기관, 문화예술, 관광, 여가 등 정책연구, 한국관광동향 및 문화관광통계 제공 |
| DB \| URL | 국가문화유산포털 \| http://www.heritage.go.kr/ |
| 내용 | 한국 세계유산 및 기록유산, 전통문화정보, 사이버박물관,문화재 검색서비스 제공 |
| DB \| URL | 문화체육관광부 \| http://www.culture.go.kr/ |
| 내용 | 문화포털 문화 유산, 예술 등 정보 통합검색시스템, 문화산업, 도서관, 체육, 관광 소식 등 수록 |
| DB \| URL | 교육인적자원개발 \| http://www.keric.net/ |
| 내용 | 교육 관련 자료 통합 검색 사이트. 교육자료 및 기관 보고서 검색 서비스 제공 |
| DB \| URL | 사이버교과서박물관 \| http://www.textlib.net/ |
| 내용 | 개화기부터 현재까지 시대별 교과서 원문 DB구축, 박물관소개, 시대, 국가 등 테마별견학, 도서 및 교육과정자료 검색서비스 제공 |
| DB \| URL | 서울특별시 교육연구정보원 \| http://www.serii.re.kr/ |
| 내용 | 기관소개, 교과지도자료, 학습참고자료 제공, 탐구학습관, 공개강좌 안내 |

| DB \| URL | 한국대학교육협의회 \| http://www.kcue.or.kr/ |
|---|---|
| 내용 | 재정, 시설협의, 정책건의, 교수임면 및 교류, 교육소식, 학문평가 등 정보 제공 |
| 언어·문학 | |
| DB \| URL | 영문표기사전 \| http://englishname.seoul.go.kr/jsp/index.jsp |
| 내용 | 서울특별시에서 제공하는 영문안내표기사전 |
| DB \| URL | 우리말 배움터 \| http://urimal.cs.pusan.ac.kr/urimal_new/ |
| 내용 | 글쓰기 교실, 어문규정, 화법, 맞춤법 및 문법 검사기, 순우리말 사전 제공 |
| DB \| URL | 속담토피아 \| http://hometopia.com/proverb/ |
| 내용 | 국내외 및 영어속담, 명언, 고사성어, 수수께끼, 생활의 지혜 등 좋은글 제공 |
| DB \| URL | 국립국어원 \| http://www.korean.go.kr/ |
| 내용 | 한글 맞춤법 및 표준어 검색, 표준국어대사전, 간행물 자료 수록 |
| DB \| URL | 문학in \| http://www.moonhagin.com/ |
| 내용 | 문학뉴스, 시, 소설 등 문학작품, 오피니언 수록 |
| DB \| URL | 사이버 문학광장 \| http://www.munjang.or.kr/ |
| 내용 | 한국문화예술위원회 제공 문학사이트, 한국문학 강좌, 작가 및 작품 정보, 공모안내 |
| 과학 | |
| DB \| URL | 국가생물종지식정보시스템 \| http://www.nature.go.kr/ |
| 내용 | 산림청 생물종지식 홈페이지, 한국서식 식물, 곤충, 균류 자료, 어린이 생물교실 제공 |
| DB \| URL | 한국과학기술정보연구원 \| http://www.kisti.re.kr/ |
| 내용 | KISTI 소개, 연구성과, 논문,보고서 등의 자료 제공 |
| DB \| URL | 수산종합포탈 \| http://www.fips.go.kr/ |
| 내용 | 해양환경, 수산물 도매, 소매정보, 수산업교육정보 수록 |
| DB \| URL | 식품나라 \| http://foodnara.go.kr/ |
| 내용 | 식품안전 포털 사이트, 위험식품 정보, 어린이 식생활지침, 뉴스 등 제공 |
| DB \| URL | NDSL \| http://www.ndsl.kr/ |
| 내용 | 과학기술정보 통합서비스, 국내외 과학기술 논문, 특허, 연구보고서, 동향분석 등 제공 |

<table>
<tr><td>DB | URL</td><td>과학기술정책연구원 | http://www.stepi.re.kr/</td></tr>
<tr><td>내용</td><td>국가과학기술정책, 지적, 사회적 인프라, 산업혁신정책, 기술경영 등 연구분야 안내</td></tr>
<tr><td>DB | URL</td><td>한국생물다양성정보기구 | http://www.kbif.re.kr/</td></tr>
<tr><td>내용</td><td>생물다양성 데이터가 공유, 활용되도록 국가 데이터 네트워크를 구축 운영하고, GBIF 대응 한국측 창구역할을 수행</td></tr>
<tr><td>DB | URL</td><td>의학용어사전 | http://term.kma.org/</td></tr>
<tr><td>내용</td><td>대한의사협회에서 제공하는 의학용어사전으로, 영한/한영 검색 가능</td></tr>
<tr><td>DB | URL</td><td>전자정보센터 | http://203.253.128.6:8088/</td></tr>
<tr><td>내용</td><td>센터 소개, 소재, 전지, 반도체 등 산업동향분석, 기술개발뉴스 수록</td></tr>
<tr><td>DB | URL</td><td>Korea Med | http://www.koreamed.org/</td></tr>
<tr><td>내용</td><td>의학논문 검색 사이트, 학술지, 참고문헌, 인용색인 등 제공</td></tr>
<tr><td>DB | URL</td><td>KoreaMed Synapse | http://synapse.koreamed.org/</td></tr>
<tr><td>내용</td><td>대한의학술지편집인협의가 구축한 국내의학저널 데이터베이스</td></tr>
<tr><td colspan="2">예술</td></tr>
<tr><td>DB | URL</td><td>국립문화재연구소 해외소재 | http://overseas.nricp.go.kr/</td></tr>
<tr><td>내용</td><td>한국문화재 해외박물관 소장 국내문화재 검색시스템, 사진갤러리, 가상체험관 제공, 보존처리지원 안내</td></tr>
<tr><td>DB | URL</td><td>국립현대미술관 | http://www.moca.go.kr/</td></tr>
<tr><td>내용</td><td>가상전시관, 어린이미술관, 소장작품, 전시 및 관람 안내</td></tr>
<tr><td>DB | URL</td><td>네오룩닷컴 | http://www.neolook.net/</td></tr>
<tr><td>내용</td><td>이미지올로기연구소 운영, 국내 준비중이거나 진행중인 미술전시 및 시각이미지 행사소식 제공</td></tr>
<tr><td>DB | URL</td><td>한국미술협회 | http://www.kfaa.or.kr/</td></tr>
<tr><td>내용</td><td>협회소개, 미술계 소식, 대한민국미술대전 안내, 작품갤러리, 미술학술정보 강좌 제공</td></tr>
<tr><td>DB | URL</td><td>한국영상자료원 | http://www.koreafilm.or.kr/</td></tr>
<tr><td>내용</td><td>한국 영화 영상자료 보관기관, 수집, 보전 사업 소개 및 자료 열람, 대여 서비스 안내</td></tr>
<tr><td>DB | URL</td><td>한국영화데이터베이스 | http://www.kmdb.or.kr/</td></tr>
<tr><td>내용</td><td>한국영상자료원 운영, 영화작품, 영화인, 동영상, 시나리오, ost 등 정보 제공</td></tr>
</table>

| DB \| URL | 예술의 전당 \| http://www.sac.or.kr/ |
|---|---|
| 내용 | 오페라 하우스, 미술관, 음악당, 예술자료관 및 공연안내 |
| | 역사·지리 |
| DB \| URL | KRPIA \| http://www.krpia.co.kr/ |
| 내용 | 고려사, 삼국사기, 삼국유사, 한의학, 문학 등 한국학 원문자료 제공 |
| DB \| URL | 한국역사용어 시소러스 \| http://thesaurus.history.go.kr/ |
| 내용 | 역사일반, 정치, 행정, 국방, 군사, 경제 등 주제별 검색 제공 |
| DB \| URL | 한국역사정보통합시스템 \| http://www.koreanhistory.or.kr/ |
| 내용 | 한국사논문검색서비스, 고문서, 역사인물, 지도 등 역사자료 수록, 검색 제공 |
| DB \| URL | 국가기록원 \| http://www.archives.go.kr/ |
| 내용 | 국가기록 정책수립 및 보존 중앙기록물 관리기관, 한국역사, 항일운동 등 기록정보 제공 |
| DB \| URL | 국사편찬위원회 \| http://www.history.go.kr/ |
| 내용 | 한국사 수집, 정리, 편찬, 연구기관, 한국데이터베이스, 역사바로알기대회 소개, 소장자료검색 안내 |
| DB \| URL | 왕실도서관 장서각 디지털 아카이브 \| http://yoksa.aks.ac.kr/ |
| 내용 | 한국역사정보통합시스템. 고도서, 고문서 열람서비스, 민요 및 방언 자료 제공 |
| DB \| URL | 한국관광공사 \| http://www.visitkorea.or.kr/ |
| 내용 | 관광공사 개요, 경영 공시, 국내여행 정보, 테마 기획, 관광 사업, 관련 통계, 투자 등 안내 |
| DB \| URL | 국토지리정보원 \| http://www.ngii.go.kr/ |
| 내용 | 전 국립 지리원, 수치지도, 지도제작및 보급, 국가기본측량, 항공사진 수록 |

- 출처: 서울여대 중앙도서관 참고

# 3 개요 작성하기

## 1. 개요의 의미와 필요성

글쓰기에 착수하기 위해서는 먼저 해야 할 일들이 있다. 가장 먼저 글의 주제를 정하는 일, 이어서 관련 자료를 조사하고 모으는 일, 그리고 개요를 구성하는 일 등이다. 즉, '좋은 글'을 쓰기 위한 준비 단계의 일들이다. 준비 없이 무슨 일을 한다는 것은 대체로 무모하며 좋은 결과를 기대하기 어렵다. 주제 선택과 자료 조사에 관한 문제는 앞의 장에서 다루었으므로, 여기서는 글의 개요 구성에 관한 문제를 다루기로 한다.

왜 개요를 작성해야 하는가? 굳이 그럴 필요가 있느냐고 반문할 수도 있다. A4 한쪽 남짓의 짧은 글을 쓴다고 하면 머릿속 구상만으로도 충분할 수 있다. 그러나 서너 쪽 이상의 긴 글을 쓸 경우에는 글에서 다룰 주요 내용들을 메모하고 정리하여 어떤 흐름으로 전개할 것인지를 고민하면서 애써 개요를 작성하는 것이 꼭 필요한 일이다. 긴 글을 쓰는 일은 오랜 시간 숙고를 거듭해야 하는 작업이며 그러할 때 우리의 머릿속은 수시로 흐트러지기 쉽고 혼란에 빠지기 일쑤이기 때문이다. 좋은 글을 쓰고자 공을 들이다 보면 이런저런 아이디어들이 무성하게 떠오르기 마련이고, 그중 쓸 만해 보이는 것들을 되도록 어떻게든 글 속에 담아내고 싶은 욕심이 들어 무리를 하게 되면 처음 의도와는 다르게 글이 엉뚱한 곳을 헤매고 있는 경험을 할 수 있다. 무엇을 말하려는 것인지 갈피를 잡지 못해 비틀거리기도 하고, 정작 써야 할 내용을 빠뜨리거나 반대로 안 써도 될 내용을 장황하게 늘어놓기도 한다. 글쓰기 과정에서 흔히 벌어지는 이러한 혼란과 오류를 가급적 줄이기 위해 사전에 글의 내용과 순서를 가지런히 정리하여 글의 뼈대와 짜임새, 윤곽과 구조를 일목요연하게 그려보는 것이 바로 '개요 작성'이다. 글쓰기는 곧 쉽사리 흔들리는 나 자신을 잘 다스려 목표한 곳을 향해 조심스럽게 한 걸음 한 걸음 나아가는 일이며, 그 과정에서 개요는 글/길 도우미 역할을 할 수 있다.

글을 건축물에 비유하면 개요는 설계도에 해당한다. 설계도를 그리지 않고 무작정 집을 짓기부터 시작한다면 그 집은 무너지지 않으면 다행이고 보나마나 부실한 집이 될 것임에 틀림없다. 숱한 시행착오를 겪게 될 것이고 수습하고 만회하느라 공연히 시간을 허비하게 될 공산이 크다. 주먹구구로 여기저기를 깁고 때우고 하며 겨우겨우 지어 나가다 보면 형편없는 누더기 글이 되고 말 것이다. 글쓰기는 또한 백지상태에서 시작해 막연히 목표로 정한 어떤 지점을 향해 한 문장 한 문장 써 나가는 것이기에 아직 가보지 못한 곳을 향해 구불구불 나아가는 낯선 여행길에 빗대어 볼 수도 있다. 도중에 미지의 난관이나 뜻밖의 상황을 만나 앞으로 나아가지 못하고 빙 돌아서 가야 할지도 모른다. 그때 잘 짜인 개요는 길을 떠나기 전에 어디 어디를 들러 무엇을 보고 숙박과 식사는 어디서 하고 어디 어디를 거쳐 목적지에 도달할 수 있는지를 꼼꼼히 적어 놓은 여행 코스 목록이자, 중간에 다른 길로 빠지지 않도록 도와주는 똘똘한 길잡이라고 할 수 있다. 개요를 구성해 두지 않고 글을 쓴다는 것, 그것은 가보지 않은 먼 길을 가는데 안내 책자나 지도도 없이 여행을 떠나는 일과도 같을 것이다.

## 2. 개요 작성 방법

### 1) 주제문 작성하기

우리가 글을 쓴다는 것은 '무엇'에 대해 글을 쓰는 것이다. 그 '무엇'이 바로 주제이자 주제어 또는 주제 범위인 셈이다. 동성애, 자살, 사형제도, 청년실업, 동물실험, 지구 온난화, GMO 식품, 블록체인 기술, 인공지능, 가상현실 등의 예를 들 수 있다. 주제를 정한 다음 개요를 짜려면 먼저 이 주제에 대한 글을 통해 나는 과연 무엇을 말하려고 하는 것인지 나 자신에게 질문을 던져볼 필요가 있다. 이 질문은 글을 쓰는 동안에도 수시로 되풀이되어야 할 일종의 화두와도 같은 것이다. 이처럼 선택한 주제에 대해 글쓴이가 말하고자 하는 바, 즉 글의 요지를 문장으로 표현한 것이 바로 '주제문'이다.

주제문은 주제를 보다 구체화하는 것이자 주제에 방향성을 부여하는 것이다. 다시 말해 주제 또는 주제어를 문장 형태로 확장시킨 것, 주제에다 나의 입장, 견해, 생각 등을 더한 것, 주제를 어떤 방향으로 이끌어 나갈지를 설정하는 것이라고 할 수 있다. 그래야 그 방향에 맞게 적합한 자료를 모으고 올바른 개요를 작성할 수 있기 때문이다. 물론 자료 공부를 하고 글을 써나가는 과정에서 처음 생각이 일부 수정되거나 아예 반대로 바뀔 수도 있다. 그에 따라 당연히 주제문 역시 고쳐져야 할 것이고 개요 또한 조정되어야 할 것이다.

가령 '원자력발전소(이하 원전) 존폐 논란'이라는 주제를 가지고 글을 쓰는 경우를 예로 들어 보자. 그냥 '존폐 논란'이라는 표현만으로는 '원전은 폐쇄되어야 한다'는 입장의 글을 쓰려는 것인지, '원전은 계속 유지되어야 한다' 내지는 아예 '원전을 더 많이 건설해야 한다'는 입장의 글을 쓰려는 것인지 모호한 상태이다. 어떤 입장인지에 따라 글의 방향은 전혀 다르게 흘러갈 것이고, 글의 논리도 판이하게 조직될 것이다. 더불어 자료를 조사하고 공부할 때도 초점이 크게 달라질 것이다. 원전 폐쇄 쪽의 입장이라면 반드시 왜 폐쇄해야 한다는 것인지 대략적으로나마 그 근거를 가지고 있어야 하므로, 예컨대 '원자력은 감당 불능의 고위험·고비용의 에너지이기 때문에 원전을 폐쇄해야 한다'는 식으로 작성해야 의미 있는 충실한 주제문이라고 할 수 있다. 근거 제시는 마땅히 자료 공부와 글쓰기 과정에서 보강되고 확충되어야 할 일이다.

이와 같이 주제문은 하나의 문장으로 쓰되 되도록 구체적으로 작성하는 것이 바람직하다. 글 전체를 관통하는 '중심 생각main idea'을 분명하고 정확하게 표현하는 문장이기 때문이다. 글쓰기란 글을 통해 나의 뜻을 펼치는 것이므로 주제문 작성은 그 '뜻'을 속에 간직만 하지 않고 겉으로 명시하여 바르고 뚜렷하게 세우는 일이다.

### 2) 개요 작성의 예

일반적으로 글의 구성은 크게 서론, 본론, 결론의 세 부분으로 이루어진다. 개요를 짤 때에도 그와 같이 일단 세 부분으로 구성해볼 수 있다. 글쓰기 수업의 과제로 많이 작성되는 논증문의 경우, 서론 부분에서는 글에서 다루고자 하는 중심 문제인 논제를 제시하고, 본론 부분에서는 서론에서 제기한 문제에 대해 그 원인을 분석하여 해결방안을 모색하고, 결론 부분에서는 본론의 내용을 요약정리하면서 글의 요지인 논지를 부각해 강조하는 흐름으로 진행되는 것이 전형적이다. 사회적 문제든 경제적 문제든 법적 문제든 자연과학적 문제든, 요컨대 어떤 문제에 대해 일종의 답을 찾아 나가는 기본 구조이다. 문제를 풀어 나가는 과정이 얼마나 합당한 논거들을 가지고서 논리적으로 얼마나 치밀하게 구성되는가가 글의 관건이다. 이러한 틀에 따라 예를 들어 '저출산 문제'를 주제로 하는 글의 개요를 짜 보기로 하자. 손쉽게 아래와 같은 형태를 만들 수 있을 것이다.

주제: 저출산 문제
주제문: 저출산 문제는 중대한 국가적 문제이므로 시급히 해결되어야 한다.

1. 서론
2. 본론
   1) 저출산 문제의 원인
   2) 저출산 문제의 해결방안
3. 결론

누가 봐도 개요라고 부르기에 한참 미흡한 모습이다. 이런 정도의 개요로는 글을 쓰는 데 전혀 도움이 되지 못하고 글 도우미로서의 역할을 할 수가 없다. 자료 조사를 통해 무엇보다 본론 부분이 크게 보강되고 여럿으로 세분되어야 한다. 본론이야말로 글의 중심부이자 글 자체라고 할 수 있기 때문이다. 서론, 본론, 결론이라는 말은 되도록 피하는 것이 좋고 그 대신에 각각에 합당한 소제목을 생각해내는 것이 바람직하다. 예컨대 서론은 저출산 문제가 얼마나 심각한 수준인지 현재의 상황을 파악하여 문제 제기를 하는 내용으로 작성할 계획이라면 '저출산 문제의 심각성과 현황' 정도면 될 것이다. 그래서 각 부분을 보강하고 손질하여 발전시킨 개요의 예시를 보면 다음과 같다.

주제: 저출산 사회
주제문: 저출산 문제는 국가의 운명을 좌우할 중대한 사안이므로 반드시 실효성 있는 해결책이 마련되어야 한다.

1. 저출산 문제의 심각성과 현황

2. 저출산 문제의 원인
  1) 개인주의의 확산과 결혼 기피 의식
  2) 육아로 인한 경제적 부담
  3) 실효성 없는 출산 장려 정책

3. 저출산 문제의 영향
  1) 생산 가능 인구의 감소
    ① 국가 경제구조 악화
    ② 국가 경쟁력 하락
    ③ 국민 연금 고갈
  2) 노인 부양 부담의 증가

4. 저출산 문제의 극복 사례
  1) 프랑스의 사례
  2) 스웨덴의 사례

5. 저출산 문제의 해결방안
  1) 출산에 대한 긍정적 인식 조성
  2) 실효성 있는 출산 및 육아 복지 정책

6. 마무리

글의 분량을 고려해서 적절한 규모의 개요를 작성하는 것이 바람직하다. 가령 A4 서너 쪽짜리 보고서를 쓴다고 한다면 위의 개요는 지나치게 세분화된 느낌이다. 3장에서 동그라미 번호의 하위 항목들을 뺀다거나 4장의 극복 사례를 5장의 해결방안 아래에 둔다거나 하여 항목 조정을 하는 편이 좋을 듯하다.

개요 작성 과정의 또 다른 예를 보기로 하자. 가령 '과학 기술의 발전으로 인해 인간성은 오히려 점점 상실되어 가고 있는 현실에 대해 심각한 문제의식을 느끼고 이를 해결하기 위해서는 철학과 정신문화가 회복되어야 한다'는 내용으로 글을 쓰려고 한다면 내용을 이루게 될 보다 구체적인 글 재료들을 모아야 할 것이다. 이런저런 궁리와 검색을 거쳐 메모도 하고 표현도 다듬어서 일단 글감이 될 만한 것들을 아래와 같이 임의로 늘어놓아 보았다.

- 과학과 철학의 관계
- 인간성의 상실 심화
- 철학을 통한 과학기술 통제
- 인간성 회복 강조
- 정신문화의 발전
- 철학과 정신문화 경시 풍조
- 인간성 회복을 위한 대책

위의 무질서한 상태에서 가닥을 잡아 선후 관계와 포함 관계를 따져서 질서를 부여하면 곧 개요를 얻을 수 있다. 전체적으로 볼 때 시작은 '과학과 철학의 관계'로 하는 것이 좋을 듯하다. 내용적으로 '인간성의 상실 심화'와 '인문학과 정신문화 경시 풍조'는 오늘날의 이야기이고, 나머지 항목들은 모두 앞으로의 이야기로 파악된다. 따라서 흐름상 현재적인 것이 앞에 오고 미래적인 것이 뒤로 가는 것이 타당한 순서일 것이다. 그리고 '인간성의 상실 심화'와 '철학과 정신문화 경시 풍조' 항목은 '과학의 발전으로 인한 폐해'에 해당하므로 '과학의 발전으로 인한 폐해'라는 새로운 항목을 추가한 뒤 그 아래에 하위 항목으로 두는 것이 좋겠다. 또한 '철학을 통한 과학기술 통제'와 '정신문화의 발전' 항목도 '인간성 회복을 위한 대책'에 해당하므로 역시 그 하위 항목이 되어야 할 것이다. 다음은 이러한 점들을 모두 반영하여 만들어본 개요이다.

1. 과학과 철학의 관계
2. 과학의 발전으로 인한 폐해
   1) 인간성의 상실 심화
   2) 철학과 정신문화 경시 풍조
3. 인간성 회복을 위한 대책
   1) 철학을 통한 과학기술 통제
   2) 정신문화의 발전
4. 인간성 회복 강조

### 3) 개요와 목차

계획은 실행 과정에서 수정되기 마련이다. 개요 역시 마찬가지이다. 실제 글을 쓰는 과정이나 자료를 공부하는 과정에서 새로운 좋은 아이디어가 떠오른다거나 애초의 생각이 일부 오류임을 깨달아 원래의 개요에 들어 있던 내용이 삭제될 수도 있고 없던 내용이 추가될 수도 있다. 따라서 글을 쓰기 전에 완벽한 개요를 작성하겠다는 의욕에 지나치게 긴 시간을 들이는 것은 현명하지 못한 일이다. 개요는 글을 쓰기 전에 임시로 마련한 밑그림일 뿐이다. 개요를 작성할 때는 글쓰기의 실제 과정에서 발생하는 여러 문제나 어려움을 예견할 수가 없다. 따라서 개요는 글을 써 나가면서 수정하고 보완하는 것이 자연스러우며 마땅한 일이다. 말하자면 점차 진화해 가는 것이다. 그러한 과정을 거쳐 완성된 글의 최종적인 개요가 바로 그 글의 목차가 된다.

## 3. 목차 작성 시 유의사항

다음은 한류의 현재 상황을 분석하고 발전 방향을 모색한 글의 목차이다. 문제점을 찾아보고 개선할 내용을 이야기해 보자.

---

제목: 한류의 현황과 발전 방향

1. 한류의 의미와 연구의 필요성
   (1) 한류의 특성과 역사적 배경
   (2) 한류 연구가 왜 필요한가?

2. 한류의 현황
   (1) 음악 산업 분야
   (2) 영상 산업 분야
   (3) 예술 산업 분야
   (4) 의료 산업 분야

3. 한류의 가치
   (1) 한류의 경제적 가치
      ① 한류의 경제 규모
      ② 한류 수출 시장의 특성

4. 한류의 문제점과 발전 방안
   (1) 다양한 한류 콘텐츠 개발
   (2) 정부의 적극적 지원
   (3) 한류 수출 시장의 다각화

5. 결론

---

**① 문장 목차와 화제 목차를 섞어 쓰지 말아야 한다.**

목차의 형식에는 문장 목차와 화제 목차가 있다. 문장 목차는 문장 형태로 표현된 목차 형식을 말하며, 화제 목차란 명사 어구 중심으로 표현된 목차 형식을 말한다. 개요 단계에서는 문장 형식과 화제 형식을 섞어 쓸 수도 있지만, 글이 완성되고 개요가 목차로 확정될 때에는 이 두 가지 형식을 혼용하지 말고 둘 중 한 가지 형식으로 통일되어야 한다. 위의 목차에서는 1장의 ⑵절 항목만 문장 형태이므로 화제 형태인 '한류 연구의 필요성'으로 고쳐야 나머지 항목들과 통일성을 이루게 된다.

### ② 하위 항목은 두 개 이상 두어야 한다.

하나의 상위 항목 밑에 두는 하위 항목은 2개 이상이어야 한다. 하위 항목이 적어도 2개는 되어야 하위 항목으로 성립될 수 있다. 하위 항목이 하나뿐이라면 상위 항목과 합쳐져야 할 것이다. 위의 3장을 보면 하위 항목으로 ⑴절 하나밖에 없다. 따라서 이 항목을 유지하고자 한다면 한류의 '경제적 가치' 외에 '문화적 가치'라든가 다른 가치들을 생각해내고 조사해서 항목으로 설정할 만한지 판단해야 한다. 그럴 만하다고 여겨지지 않는다면 이 항목은 삭제되어야 한다.

### ③ 상위 항목과 하위 항목 간에 위계 관계가 맞아야 한다.

하위 항목은 반드시 상위 항목에 포함되는 것이어야 하고, 반대로 상위 항목은 하위 항목을 포함할 수 있는 것이어야 한다. 그렇지 않으면 상위와 하위 항목 간에 위계 관계가 성립되지 않는다. 그리고 하위 항목들 간에는 서로 대등한 관계가 이루어져야 한다. 위의 2장에는 네 가지의 하위 항목들이 있고, 이 네 가지와 상위 항목 간에 위계 관계 또는 포함 관계를 따져보면 별 문제가 없다. 그러나 그 네 가지 항목들 간의 관계를 살펴보면 음악과 영상은 예술영역에 포함되는 것이므로 음악과 영상 산업 분야는 예술 산업 분야의 하위 항목이 되어야 한다. 아니면 '예술 산업 분야'라는 항목을 없애고 세 가지로 줄이면 보다 간단한 형태로 정리될 것이다.

### ④ 상위 항목과 하위 항목 간에 내용 관계가 맞아야 한다.

상위 항목과 하위 항목 간에 내용 관계를 살펴서 빠진 내용이나 잘못된 내용은 없는지 검토해야 한다. 상위 항목에 표현된 내용은 하위 항목들에 반영되어야 한다. 그렇지 않으면 표현을 조정하거나 삭제하든가 표현에 맞는 하위 항목을 추가로 설정해야 한다. 위의 4장을 보면 '한류의 문제점과 발전 방안'이라고 되어 있지만, 그 하위 항목들의 내용을 살펴보면 발전 방안에 해당하는 항목들뿐이지 문제점에 해당하는 항목들이 없다. 따라서 문제점이라는 표현을 빼든가 문제점 항목들을 새로 만들어 넣든가 해야 한다.

다음은 위의 지적 사항들을 반영하여 새롭게 고쳐본 목차이다.

---

제목: 한류 열풍, 어디까지 갈 수 있나?

1. 한류의 의미와 연구의 필요성
   (1) 한류의 특성과 역사적 배경
   (2) 한류 연구의 필요성

2. 한류의 현황
   (1) 다시 부는 K-POP 열풍
   (2) 드라마 한류
   (3) 뷰티 한류

3. 한류의 가치
   (1) 한류의 경제적 가치
      ① 한류의 경제 규모
      ② 한류 수출 시장의 확대
   (2) 한류의 문화적 가치
   (3) 한류의 교육적 가치

4. 한류의 발전 방안
   (1) 다양한 한류 콘텐츠 개발
   (2) 정부의 적극적 지원
   (3) 한류 수출 시장의 다각화

5. 결론

---

개요 작성하기 연습문제

▶p. 258

# II

# 글쓰기의 과정

## 집필하기

# 1 단락 만들기

## 1. 단락의 구실과 중요성

단락의 구실과 중요성을 살펴보기 위해 먼저 아래 글을 함께 읽어 보자.

**투표**

① 요즘 인터넷이나 텔레비전을 보면 자주 접할 수 있는 이름들이 몇 가지 있다. ◇◇◇, □□□, ○○○이다. 다들 알겠지만 이 세 명은 대선 후보들이다. 이들은 가장 영향력이 있고 당선될 가능성이 제일 높은 세 사람이다. 이들의 이름이 들려온다는 것은 곧 우리가 투표를 해야 한다는 것을 의미한다. ② 그런데 투표하면 항상 걱정되는 것이 있다. 우리나라의 투표율은 정말 너무나도 저조하다는 것이다. 더욱 문제 되는 것은 이 투표는 오늘 간식을 무엇을 먹을지, 내일 어디로 놀러 나갈지를 정하는 그런 차원의 문제가 아니라 5년 동안 우리나라를 책임

지고 대표할 4800만 명 중의 한 명을 뽑는 정말 중요한 투표라는 점이다. 중요한 선거가 있을 때마다 텔레비전에서 보도하는 내용은 투표율이 50%를 넘길 수 있을지 모르겠다는 뉴스가 나오고 선거 후에는 '이번에도 역시 저조한 투표율'이라는 제목의 기사가 나온다. 정말 중요한 문제임에도 불구하고 우리나라의 투표율은 형편없다. ③ 투표율이 낮아지는 근본적인 이유가 무엇일까 생각해보면, 우리나라는 민주화를 너무 급격하게 겪어서 시민의식이 아직 부족하기 때문이 아닐까 싶다. 대부분 선거하는 날을 그저 쉬는 날로 인식할 뿐이다. '나 하나 투표 안 한다고 뭐가 바뀌겠어?'라는 마음가짐이 대부분이다. 하지만 그 한 명이 정말 많은 것을 바꿀 수 있다는 생각을 가져야 한다. 미국 매사추세츠 주의 주지사 선거 때 마커스 몰튼이 한 표 차이로 주지사가 되었는데 2위를 차지한 에드워드 에버렛이 투표를 하지 않았다는 웃지 못할 일화가 있다. 또한 전 세계를 전쟁의 수렁으로 빠뜨린 히틀러는 한 표 차이로 나치당의 수장이 되었다는 사실을 알게 된다면 한 표가 얼마나 중요한지 깨달을 수 있을 것이다. ④ 투표를 하지 않는 사람들의 변명을 들어보면, 모두 다 마음에 들지 않고 이상한 사람들이라 투표를 하고 싶지 않다고 한다. 그건 투표하는 사람들도 마찬가지다. 솔직히 요즘 대선 후보 중에 마음에 쏙 들고 나라를 위해 자신을 기꺼이 희생할 사람이 누가 있는가? 투표는 가장 뛰어난 사람을 뽑는 것이 아니다. 가장 덜 떨어지지 않은 사람을 뽑는 것이다. 후보들이 모두 못나 보이는 것은 당연하다. 그렇다면 그나마 가장 덜 못난 사람이 우리나라를 대표하게 만드는 것이 국민의 의무가 아닐까 싶다.

윗글은 어느 학생이 쓴 수필이다. 보다시피 단락 만들기를 전혀 하지 않은 글이다. 이렇게 단락 만들기를 하지 않을 때 어떤 문제가 생기는지 살펴보자. 그 문제를 살펴보기 위해 원문에 없는 번호 표시를 했다.

첫째, 읽는 데 시각적 부담을 준다. 글이 한 덩어리로 되어 있기 때문에 읽기 시작하기도 전에 부담감부터 느끼게 된다. 또한 중간중간의 마디가 없기 때문에 어떤 리듬의 호흡으로 읽어야 할지도 감을 잡을 수가 없다.

둘째, 내용 파악이 어렵다. 이 글은 제목을 보면 '투표'에 관한 내용이라는 점은 미리 알고 읽을 수 있지만 '투표'에 관해 몇 가지 문제 항목을 이야기하고 있는지는 단번에 알 수가 없다. 거꾸로 독자가 이 글을 몇 부분으로 나누어 가며 읽으면 내용 파악이 잘 된다.

사실 윗글은 꽤 잘 쓴 글이다. 우선 글을 쓴 학생의 관점이 매우 분명하고 건강하기 때문에 설득력이 있다. 글 전체의 주장을 뒷받침하는 근거 예시도 재미있다. 또한 글의 체계도 잘 짜여 있는 편이어서 글의 흐름이 자연스럽다. 그런데 문제는 바로 이 체계를 시각적으로 드러내지 못하고 있다는 점이다.

이 학생의 글은 단락 만들기가 되어 있지 않을 때의 문제점을, 거꾸로 말하자면 단락 만들기의 중요성을 잘 보여준다. 위에서 말한 윗글의 문제점 두 가지를 뒤집어 말하면 독자가 글을 읽을 때 단락이 어떤 구실을 하는지 알 수 있다. 첫째, 독자가 그 글을 시각적으로 편안하게 볼 수 있게 해 준다. 각 단락의 앞부분에 들여쓰기를 해 주는 것은 이 때문이다(컴퓨터로 글쓰기를 할 때에는 스페이스 바를 두 번 정도 쳐 주면 적절한 들여쓰기가 된다). 둘째, 글의 전체 체계가 몇 가지 주요 항목으로 이루어져 있는지를 보여 줌으로써 그 내용 파악을 도와준다.

그런데 학생들 가운데에는 이 학생처럼 글의 내용은 재미나고 설득력 있게 쓸 줄 알면서도 단락 만들기를 잘 의식하지 않고 글을 쓰는 경우가 꽤 있다. 이렇게 되면 글을 쓰는 사람 자신도 자신이 쓰는 글을 어떤 체계 속에서 몇 가지 근거를 가지고 어떤 방향으로 쓰고 있는지 명확히 갈피를 잡지 못해서 글 전체의 질서가 흐트러질 수 있다. 그래서 글 쓰는 사람 입장에서도 글 전체의 질서를 올바르게 잡아가기 위해서 정확하고 적절한 단락 만들기가 중요하다. 여기서 흔히 쓰는 단락 '나누기'라는 말 대신에 단락 '만들기'라는 말을 쓰는 것도 이 이유 때문이다. 다시 말해 논리 전개의 순서에 따라 머릿속에 배열되어 있는 구상이 단락을 만들어 나가는 과정을 통해 실제 글로 구현될 수 있다는 것이다.

이러한 점들에 유의하면서 윗글을 내용의 체계와 흐름에 따라서 번호를 붙인 곳에 단락 만들기를 해 보면, 단락 만들기를 하지 않았을 때와 비교해 볼 때 단락이 독자에게 두 가지 중요한 구실을 한다는 사실을 실제로 확인할 수 있다. 즉, 시각적인 면에서 읽기도 편할뿐더러 내용의 체계와 흐름을 쉽게 파악할 수 있다. 그것을 정리해 보면, 윗글을 쓴

학생은 다음과 같이 논리를 전개하고 있음을 알 수 있다.

① 투표할 때가 돌아왔다.

② 우리나라의 투표율은 매우 저조하다.

③ 투표율이 낮은 이유는 급속한 민주화 때문에 시민의식이 아직 부족하기 때문이다.

④ 투표를 하여 차선이라도 선택하는 것이 국민의 의무다.

이처럼 단락 또는 단락 만들기는 매우 중요한 구실을 한다. 그런데 윗글에서 각각의 단락이 밑줄 친 문장을 중심 내용으로 하여 구성되어 있다는 것을 알 수 있다. 이 '중심 문장'을 '소주제문'이라고도 하고 나머지 문장들을 '뒷받침 문장'이라 부르는데, 이에 관해서는 단락의 개념과 함께 아래에서 살펴보자.

## 2. 단락의 개념과 구성 요건

위 학생의 경우를 일반화할 수는 없겠지만, 우리 학생들이 특히 단락을 적절히 만드는 글쓰기 연습이 많이 부족한 것은 사실인 것 같다. 사전에서는 단락을 '긴 글을 내용에 따라 나눌 때, 하나하나의 짧은 이야기 토막. ≒문단.'이라고 정의하고 있다. 얼핏 생각하기에 몇 개의 단어를 논리적으로 결합한 '문장'이 '긴 글'의 기본 단위라고 생각하기 쉽다. 그러나 실제로는 그렇지 않다. 일반적으로 한 문장만으로는 하나하나의 생각의 단위를 만들어 낼 수 없다. 만일 한 문장만으로 생각의 단위를 만들어 내려 한다면 한 문장이 너무 길어지기 십상이어서 읽기에 좋지 않고 그 문장 자체에서도 특히 호응에 문제가 생길 수 있다. 그래서 여러 개의 문장을 논리적·유기적으로 결합하여 생각의 단위를 만들어 내야 '긴 글'을 쓸 수 있다. 사전에서 말하는 '하나하나의 짧은 이야기 토막'이란 바로 이

'하나하나의 생각의 단위'를 말하는 것이고 이것이 단락이다.

이러한 단락의 구성 원리를 간단히 정리하면 다음과 같다. 하나의 '긴 글'에는 그 글의 중심인 하나의 전체 주제가 있고, '하나하나의 생각의 단위'인 단락에는 그 전체 주제를 뒷받침하는 소주제가 있다. 한 단락 안에서 보자면 소주제가 중심이어서 소주제를 표현하는 1개(또는 경우에 따라서는 2개)의 문장을 소주제문 또는 중심 문장이라고 부르고, 그 중심 문장을 돕는 1개 이상의 문장을 뒷받침 문장이라고 부른다.

그러면 잘 만들어진 단락의 구성 요건, 그리고 그렇게 단락을 제대로 만들기 위해 필요한 연습이 무엇인지 알아보자. 물론 첫째로는 각 단락의 소주제가 전체 주제와 긴밀한 연관성을 가지고 전체 주제를 잘 뒷받침해야 한다. 둘째로는 각각의 소주제에서 말하고자 하는 바가 명료해야 한다. 그런데 이 못지않게 중요한 것은 그 소주제를 돕는 뒷받침 문장들의 구실이다. 하나의 단락을 잘 구성한다는 것은 소주제문을 정확히 쓰는 것뿐만 아니라 뒷받침 문장을 적절히 쓴다는 것을 뜻한다. 뒷받침 문장은 소주제문, 즉 중심 문장으로 집중된 논의를 해야 하기 때문에 중심 문장의 이유, 근거, 사례, 해설 등이 되도록 구성해야 한다. 중심 문장과 뒷받침 문장의 구성에 대해서는 아래에서 단락의 종류에 관해 알아보면서 살펴볼 것이다. 셋째로는 단락과 단락이 논리적으로 자연스럽게 연결되어야 한다. 하나의 글의 구성 요소인 각각의 단락을 위에서 설명한 여러 가지 구성 형식으로 잘 만들어 내는 일은 중요하다. 그런데 이렇게 단락을 구성할 때 위에서 말했듯이 각각의 단락이 글 전체 속에서 자기 구실을 적절히 하도록 배치해야 한다. 자신이 쓰는 글의 전체 주제와 그것의 부분을 이루는 각 단락의 소주제는 개요에 담아야 하는데, 이렇게 단락을 논리적으로 연결 지어 가면서 하나의 글을 쓸 수 있기 위해서는 다른 사람이 쓴 글을 놓고 그 글을 구성하는 단락들의 소주제를 읽어 내는 연습을 해 보는 것이 좋다. 특히 주어진 단락들의 뒤에 이어질 단락의 소주제와 뒷받침 문장들을 써 보는 연습이 효과적이다.

## 3. 단락의 종류

### 1) 두괄식 단락

직업 교육의 개념은 국가, 산업사회의 발달 정도, 학자들의 관점에 따라 각각 다르게 정의되어 왔는데, 이 정의들은 다시 넓은 의미의 직업 교육과 좁은 의미의 직업 교육으로 크게 나누어 볼 수 있다. 직업 교육을 넓은 의미로 정의할 경우에는 직업과 관련되어 행해지는 정규 또는 비정규의 모든 교육이라고 말할 수 있다. 이런 의미로 정의하는 경우에는 자영농, 생산직 근로자, 은행원 등을 양성하기 위한 교육은 물론 교사, 의사, 변호사 등을 양성하기 위하여 대학에서 이루어지는 모든 교육이 직업 교육의 범주에 포함된다. 그러나 직업 교육을 좁은 의미로 정의할 경우에는 전문대학 졸업 정도 이하의 학력을 필요로 하는 특정 직업에 종사할 수 있는 사람들을 위한 정규 또는 비정규 교육이라고 할 수 있다.

- 학생의 글(원문을 조금 고치고 각주는 생략함.)

이 단락의 중심 문장은 첫 문장이다. 즉, 첫 문장에서는 이 단락에서 직업 교육의 정의에 관해 설명할 것임을 명시하고 있다. 나머지 세 문장은 뒷받침 문장으로서 직업 교육의 정의에 관한 구체적 해설이다. 둘째와 셋째 문장에서는 넓은 의미의 직업 교육의 정의를, 그리고 넷째 문장에서는 좁은 의미의 직업 교육의 정의를 설명함으로써 중심 문장을 뒷받침하고 있다.

이러한 단락이 두괄식 단락이다. 두괄식 단락은 핵심 주장을 맨 앞에 내세움으로써 글 쓰는 이의 생각을 처음부터 명료하게 밝히면서 강한 인상을 주는 장점이 있다. 학생용의 작문 지침서에서 두괄식 단락 구성을 권장하는 것은 이 때문이다. 두괄식으로 단락을 구성하면 독자가 첫 문장 또는 첫 문장과 둘째 문장만 읽어도 단락의 요지를 파악할 수 있고, 필자 입장에서도 자신이 말하고자 하는 바를 분명히 한 채 그 이하의 내용을 서술할 수 있다. 따라서 글쓰기를 연습하는 학생이나 글을 쓰는 데 익숙하지 않은 사람은 다른 방식보다도 두괄식으로 단락을 구성하는 것이 좋다.

글 전체가 두괄식 단락으로만 이루어져 있으면 자칫 단조롭고 지루한 느낌을 줄 수 있다. 그래서 글의 느낌에 변화를 주기 위해 두괄식 이외의 단락 구성 형식을 적절히 이용할 필요도 있다. 아래의 세 가지 단락 구성 형식이 그것들이다.

## 2) 미괄식 단락

> 문득 사회란 것 자체가 너무 복잡하다는 생각이 들었다. 정부 조직을 예로 들면 공공의 이익 증진과 평등의 확산보다는 복잡한 시스템을 유지하는 데 주력한다고밖에 보이지 않는다. 이제껏 내가 민원을 신청하면서 공적인 문제에 질문을 던졌을 때 가장 많이 들었던 대답은 "규정이 그래서 그렇다."라는 것이다. 솔직히 말하면 해당 공무원 또한 왜 그런 규정이 존재하는지 모르고 아예 관심조차 없었다. 요컨대 우리는 이미 우리를 위해 만들어진 사회 제도의 본질과 본래의 목적보다는 그 수단에 너무 얽매여 있는 것이다.
>
> \- 학생의 글(원문을 조금 고쳐 씀.)

이 단락의 중심 문장은 '요컨대'로 시작하는 맨 마지막 문장이다. 즉, 우리가 우리 사회 제도의 본래의 목적을 생각하지 않고 그 목적을 달성하기 위한 수단에 얽매여 있다는 주장이 이 단락의 핵심 내용이다. 앞의 네 문장은 이 결론을 뒷받침하는 문장들이다. 첫 문장은 이 결론을 도출하기 위해 우선 독자의 관심을 끌어들이는 역할을 한다. 둘째 문장에서는 이 문장의 의미를 좀 더 구체적으로 설명하고 있고, 셋째와 넷째 문장에서는 글쓴이 자신의 경험을 통해 더욱 실감 있는 근거를 제시하고 있다. 이렇게 점점 더 설명을 구체화해 가는 네 개의 뒷받침 문장을 통해 맨 마지막의 중심 문장이 설득력을 얻는다.

이러한 단락이 미괄식 단락이다. 미괄식에서 중심 문장은 그 앞에 있는 모든 문장의 내용을 집약하는 구실을 하기 때문에 단락이 끝날 때까지 독자의 흥미를 계속 이끌고 가는 장점이 있다. 정작 하고자 하는 말을 맨 나중까지 잡아 두고 있기 때문에 단락이 끝날 때까지 독자의 궁금증을 지속케 할 수 있다. 주장하는 바가 맨 나중에 나오기 때문에 중심 문장의 첫머리에 '따라서', '그러므로', '요컨대', '한마디로', '이처럼' 등의 접속어를 쓰는 경우가 많다.

미괄식의 장점 및 단점은 두괄식의 장점 및 단점과 정반대라고 볼 수 있다. 즉, 단락에서 말하고자 하는 바를 단락 앞부분에서 밝히지 않기 때문에 필자가 말하고자 하는 바를 스스로 놓칠 우려도 있다. 그러므로 자신이 쓰고자 하는 중심 문장을 미리 분명히 써 두고 그 앞에서 서술할 문장들은 그 중심 문장에 맞추어 써 나가는 것이 좋다.

### 3) 양괄식 단락

'위한다'는 것 자체가, 아무리 선한 경우라 할지라도, 상대방을 '대상화'하는 것이다. 상대방을 '위한다'고 말할 때, 아니 그렇게 마음먹는 순간 이미, 주체는 나이고 상대방은 어떤 경우에도 객체이다. 따라서 그 본질이란 궁극적으로는 상대방을 낮잡아 보는 것, 나아가 물화物化하는 것이 될 수밖에 없다. 그리고 그 실행 동력은 본질적으로 일방적 폭력이다. 실제로 고대 상형문자에서 '위爲'는 손으로 코끼리를 끌어당기는 모습을 본뜬 글자로, 코끼리를 길들여 변화시키는 모양을 나타낸다고 한다(정민 외, 『살아 있는 한자교과서2』, 휴머니스트, 2004, 52쪽 참조). 다시 말해서 '위한다'는 것은, 내 위주爲主로 내 기준에 따라 상대방에게 '호의'를 베풀겠다는 뜻이 된다. 상대방은 기껏해야 그것을 받아들일지 말지를 결정할 수 있을 뿐이지, 이러한 상황에서 나와 상대방 사이에 진정한 소통은 있을 수 없다. 이렇게 나를 위주로 상대방을 객체화하는 것이 '위한다'는 것의 본질을 이루는 '대상화'의 태도이다.

- 정홍섭, "'위하여'와 '더불어'", <아주대학보>, 2012. 12. 3, 제15면(원문을 조금 고쳐 씀).

이 단락의 중심 문장은 맨 처음과 맨 끝의 두 군데에 있다. 즉, 첫 문장에서 '위한다'는 사고방식의 본질은 상대방을 '대상화'하는 것임을 명시하고 나서, 그다음에 이어지는 다섯 문장에서는 '위한다'는 사고방식에 내재한 '대상화'의 본질, 그리고 '위爲'라는 한자의 기원에 관한 풀이를 매개로 하여 그 이유를 제시한다. 그러고 나서 마지막 문장에서는 첫 문장에서 명시한 이 단락의 주장을 다시 한번 확인한다.

이러한 단락이 양괄식 단락이다. 양괄식 단락은 두괄식과 미괄식의 장점을 모두 취하려는 의도에서 쓰는 단락 구성 형식으로서, 중심 문장을 처음과 끝에 반복해서 씀으로써 필자가 독자에게 주장하고자 하는 바를 강조해서 분명히 인식시키기 위한 것이다. 처음의 중심 문장을 뒷받침하는 문장이 많아서 독자가 중심 문장의 주장을 잊어버릴 우려가 있을 때 쓰기도 하는 단락 구성 형식이다.

양괄식 단락은 두괄식과 미괄식의 장점을 모두 가질 수도 있지만, 그 정반대의 결과를 초래할 수도 있다. 단락의 맨 앞에서 했던 말을 마지막에 또 한 번 함으로써 독자가 오히려 식상한 느낌을 받을 수도 있기 때문이다. 따라서 같은 맥락의 주장이라도 문장 표현에 변화를 주어 독자가 필자의 주장을 오히려 새로운 느낌으로 받아들일 수 있도록 해 주는 기술이 필요하다.

### 4) 중괄식 단락

> 의장님, 인간은 희망이라는 환상에 빠지기 마련입니다. 우리는 고통스러운 진실로부터 눈을 감고 사이렌의 아름다운 노래에 귀를 기울이다가 이내 마수로 변해 버리기 쉽습니다. 이것이 자유를 위한 원대하고 험난한 투쟁에 뛰어드는 현명한 인간으로서 할 일입니까? 여러분 역시 눈이 있어도 보지 못하고 귀가 있어도 듣지 못한 채 일시적 구원만 생각하는 무수한 군중 틈에 서려는 것입니까? 저는 어떠한 정신적 고통이 따르더라도 기꺼이 있는 그대로의 사실을 알아낼 것입니다. 최악의 사태를 파악하여 이에 대비할 것입니다. 제 발길을 인도해줄 등불

은 단 하나, 바로 경험의 등불입니다. 미래를 판단하는 길은 과거를 비추는 것밖에 없습니다. 과거를 비춰보며 저는 지난 10년 간 영국 정부가 한 일 중에 의원들과 의회가 즐거이 위안을 삼으면서 지금의 희망을 정당화할 수 있는 것이 무엇이 있는지 알고 싶습니다.

- 패트릭 헨리, 「자유가 아니면 죽음을 달라!(Give Me Liberty or Give Me Death!)」(연설) 중에서

이 단락은 중심 문장을 단락의 중간에 두고 있다. 즉, 우선 앞 네 문장에서는 연설자가 하고자 하는 말을 뒷받침하기 위해 인간이 환상에 빠져 진실을 제대로 보지 못할 수 있다는 것을 신화의 비유를 통해 말하고, '우리'도 그런 오류에 빠지고 있다는 것을 역설한다. 그리고 바로 이 단락에서 말하고자 하는 핵심을 밝힌다. 어떤 대가를 치르더라도 사실을 알아내겠다는 것이다. 그 뒤에 이어지는 세 문장 역시 이 중심 문장의 발언을 뒷받침한다. 즉, 과거의 경험에 비춰 볼 때 영국 정부는 식민지 미국을 올바르게 대우한 적이 없기 때문에 그들의 진의가 무엇인지 정확히 알아내야 한다는 것이다.

이러한 단락을 중괄식 단락이라고 부른다. 중괄식 단락은 흔히 볼 수 있는 형식은 아니어서 독자가 자칫하면 중심 문장이 어디에 있는지 놓칠 우려도 있다. 그러나 쓰고자 하는 내용에 알맞게 적절히 구사할 수만 있다면, 앞의 세 가지 단락 형식이 가질 수 있는 단조로움에서 벗어나 독자에게 글을 읽는 재미를 더해 줄 수도 있다.

단락 만들기
연습문제

▶p. 265

# 2 요약하기

## 1. 요약의 의미와 활용

요약은 원문의 내용을 압축해 정리하는 것을 말한다. 간단히 말했지만 실제 요약의 과정은 원문을 정확히 읽는 과정과 그 결과를 자신의 언어로 다시 쓰는 과정이 함께 이루어지는 복잡한 활동이다. 핵심 사항이나 중요한 내용을 선별하여 원문의 의도를 파악하고, 원문과는 다른 상황이나 맥락에 맞게 그 내용을 재구성하여 적절하게 표현하는 활동이 모두 여기에 포함된다. 주어진 원문에서 출발해 그 내용에 기대어 이루어지는 활동이지만 이해와 분석, 종합 등 사고 능력과 표현 능력이 동시에 요구되는 활동인 셈이다.

다양한 정보와 지식에 기반을 두고 이루어지는 학술적 글쓰기의 경우에는 요약에서부터 글쓰기가 시작된다고 해도 지나친 말이 아니다. 대부분의 글쓰기가 주어진 상황이나 정보에 대한 반응의 차원에서 시작되지만 특히 학술적 글쓰기는 자신이 읽은 글이나 자료에서 중요한 정보를 추려내는 것에서부터 출발하는 경우가 많다. 기존 자료와 지식을 충분하게, 그리고 정확하게 검토하지 않고는 생산적인 문제 제기도, 새로운 지식도 만들어지기 어렵기 때문이다. 기초적인 문제를 포함해 선행 연구를 정리하는 것에서부터 학술적 글쓰기가 시작된다는 점에서 요약은 학술적 글쓰기의 기초 활동이면서 동시에 출발점이 된다.

> **예문** 자기결정이론self-determination theory에서는 내재적 가치가 기본 심리적 욕구를 더 충족시키고 성장을 촉진하기 때문에 내재적 가치에 비해서 외재적 가치를 추구하는 사람이 행복하지 않다고 설명한다.[1] 이 이론에 따르면 사람들은 생존을 위한 기본적인 삶의 생리적 욕구와 마찬가지로 생존을 위해 필요한 심리적 욕구를 가지고 있으며, 이러한 욕구를 충족하는 것은 존재의 성장에 중요한 조건으로 작용한다. 내재적 가치의 추구와 달성은 기본적인 욕구인 자율성autonomy, 유능성competence, 관계성relatedness의 욕구들을 직접적으로 충족시켜 주는 반면에, 타인의 평가나 보상 등과 연관된 외재적 가치를 추구하는 것은 기본 욕구 충족과 관련이 없거나 욕구 충족에 오히려 부정적인 활동에 개입하게 한다. 그렇기 때문에 외재적 가치의 추구는 "궁극적으로 더 낮은 행복감을 경험하게 만든다"[2]는 것이 자기결정이론의 설명이다.

---

1) Deci, E. L., & Ryan, R. M., "The 'what' and 'why' of goal pursuits: Human needs and the self-determination of behavior", *Psychological Inquiry* 11, Taylor & Francis, 2000, pp. 227-268.

2) Ibid., p. 267.

위 예문은 원문의 내용을 전체적으로 요약하여 제시하고 있다. 외재적 가치의 추구가 낮은 행복감으로 연결될 수 있다는 자기결정이론의 내용을 평가하거나 판단하지 않고 그대로 집약하여 전달하고 있는 것이다. 이렇게 원문의 주요 내용을 요약하는 경우는 본론의 요점을 이해하기 위해 독자들이 사전에 알아야 하는 사항이나 필요한 사항을 전달할 때 주로 활용된다. 소설이나 영화를 분석하기에 앞서 해당 작품의 줄거리를 간추려 제시하거나 어떤 사건이나 실험의 전개 과정을 설명하는 경우가 여기에 해당한다.

자신이 분석하거나 증명하고자 하는 주요 내용과 연관된 기존의 논의들을 검토하거나 주요 이론가들의 견해를 개괄할 때도 이와 같은 요약이 활용된다. 어느 경우든 위의 예문에서처럼 주석을 달아 원문의 출처 정보를 정확하게 제시해야 하며, 원문의 표현을 그대로 가져와 활용할 경우에는 따옴표를 찍어 인용 표시 또한 분명하게 해주어야 한다.

요약의 길이는 원문의 난이도나 복잡함 그리고 독자에게 전달하고자 하는 세부 수준에 따라 한두 문장으로 정리할 수도 있고, 더 길게 몇 단락으로 서술할 수도 있다. 하지만 무엇보다도 자신의 글에서 제기하는 핵심 논지와 연결되는 수준에서 최소화하여 활용하는 것이 중요하다. 자신의 글에서 다루는 대상과 관련된 것이라 하더라도 모든 배경 정보나 사항을 요약하여 제시하는 것은 가능하지도 않을뿐더러 일반적인 내용이나 개념을 소개하느라 글의 많은 부분을 할애하여 장황하게 서술하는 것은 독자들을 지루하게 할 뿐이다. 글을 쓰는 과정에서 획득한 새로운 정보라 할지라도 어디까지나 자신의 주장이나 핵심 내용의 맥락을 형성하는 데 직접적으로 기여하는 내용과 수준으로 제한하여 활용하는 것이 바람직하다.

원문 정확성을 차치하고 트렌드로만 보면 MBTI 신드롬은 2021년 현재, 인간의 본능을 가장 충실히 보여주는 사회적 현상이라 할 만하다. 사회적 교류가 단절된 고립의 시대, 인간은 본능적으로 동질성이 강한 집단에 소속되기 위해 서로의 MBTI를 궁금해한다. 또한 내가 특정 범주로 규정되는 '정상적 인격'을 가졌음에 안도한다.

연령별 MBTI 온라인 검색 비율을 보면 20대(40%)가 압도적으로 높다는 사실도 시사하는 바가 크다. 학교에서, 사회에서 첫 출발을 하며 인맥을 쌓고 인정을 받아야 할 시기, 사회적 활동의 제한으로 인한 인간의 본능이 발동된 결과이기 때문이다. 팬데믹이 박제한 오늘날 청춘들의 모습이 짠하게 느껴지는 때다.

요약문 트렌드의 측면에서만 바라보면, 현재의 MBTI 유행은 인간의 본능을 충실히 보여주는 사회적 현상이라 여길 만하다.[1] 사회적 교류가 단절된 고립의 시대에서 특정 집단에 소속되고자 하고, 스스로의 정체성을 탐구하고자 하는 모습을 MBTI의 유행은 고스란히 담아내고 있다. 특히 MBTI에 집중하는 청년들의 모습은 학교 및 사회에서 첫 출발을 하며 다양한 사람을 만나고 성취를 해 나가야 할 시기에 사회 활동이 제한된 상황과 연관이 있다. 우리 사회와 팬데믹이 만들어낸 안타까운 한 단면이라 할 수 있다.

---

1) 김현진, 「'나는 누구인가' 정체성 고민… MBTI 유행 속 짠한 자화상」, 『동아일보』, 2021.12.18. <https://www.donga.com/news/article/all/20211217/110843286/1> (2022. 10.20.)

위 요약문은 학생이 보고서에서 작성한 글로 원문의 내용을 충실하게 요약하고 있다. 그런데 요약문에서 볼 수 있듯이 '누구의 견해에 따르면', '누구는~언급했다' 등 원문을 요약하고 있다는 표현이나 어구 없이 요약문의 첫 번째 문장에 주석 번호를 매기고 출처를 제시한다. 단락의 내용이 원문의 주요 내용을 그대로 압축하여 서술하고 있음에도 일부 문장에만 주석처리를 하고 있어 출처 정보를 제시했다고 하더라도 표절로 간주될 수 있는 요약이라 할 수 있다.

표절 위험뿐만 아니라 위 예문을 작성한 학생의 경우 원문 저자의 생각을 자신의 보고서에 그대로 옮겨 놓고 있다는 것이 더 문제이다. 원문 저자의 견해나 근거에 대하여 보충하거나 반박하면서 좀 더 진전된 생각을 제시하지 않고 있으며 하다못해 추가적인 근거를 통해 원문 저자의 견해를 강조하지도 않는다. 이처럼 기존 견해를 반복하는 데 그치면 학술적인 글로서의 최소 조건을 갖추고 있다고 보기 어렵다. 타인의 글이나 생각을 요약하여 서술할 경우에는 반드시 자신의 요점을 뒷받침하거나 강조하는 근거나 자료로 활용해야 한다. 이런 예문이 보고서의 본론이나 결론 부분에서 보인다면 지도교수로부터 좀 더 많은 자료에 대한 검토와 분석이 필요하다는 말을 들을 수밖에 없을 것이다.

이를 포함해 요약할 때의 주의사항을 몇 가지 강조하면 다음과 같다.

〈요약할 때의 주의사항〉

- **글을 쓰면서 알게 된 정보나 자신이 공부한 것을 요약하여 나열하지 않는다.** '외래 유입종의 위험성'에 대한 글을 쓰면서 외래 유입종의 유래, 종류, 지역별 대책 등을 장황하게 요약하여 제시할 필요가 없다. 위험성에 대한 기존의 평가나 인식에 대한 자료만 요약하면 된다.

- **원문의 의도나 내용을 왜곡하지 않도록 주의한다.** 원문의 내용을 파악할 때 원문 저자의 생각과 사실을 구별하고, 서술할 때는 원문의 내용과 자신의 견해를 구분하는 데 주의를 기울인다. '누구의 견해에 따르면', '어떤 글에서는' 등과 같이 요약하고 있음을 밝히는 문구를 활용한다.

- **원문의 표현에 의존하여 서술하지 않는다.** 원문에 사용된 표현은 원문의 저자가 자신의 논리를 발전시키거나 강조하기 위해 활용한 표현이다. 원문 저자의 논리를 소개한다고 해도 요약은 어디까지나 자신의 논리를 강조하거나 뒷받침하기 위한 것이다. 자신의 요점이나 논리를 강조하는 데 부합하는 분량과 표현으로 조정하여 서술해야 한다. 원문 표현을 그대로 가져올 경우에는 반드시 따옴표를 찍는다.

- **자신만의 요약(자료) 노트를 작성하거나 어플리케이션('endnote', 'RefWorks' 등)을 활용한다.** 자료를 검토할 때 주요 내용이나 특징을 기록해 두는 것이 좋다. 이때 본인의 생각과 원문의 내용은 구분하여 메모하며, 원문 표현을 기록할 때는 따옴표 처리하는 습관을 들이는 것이 좋다. 출처 정보 또한 메모할 때부터 정확하게 기록해 둔다.

## 2. 요약문의 작성 과정

요약은 이해와 표현의 복합과정이지만 이 과정이 기계적으로 결합되어 전개되는 것은 아니다. 읽기에서 쓰기로 전환하는 과정에서 중심 내용을 효과적이고 적절하게 재구성하는 작업을 필수적으로 행해야 하기 때문이다. 재구성하고 다시 표현해야 한다는 점에서 요약은 단순한 발췌나 짜깁기와 엄연히 구분된다. 이를 고려하여 요약의 과정을 정리하면 '원문을 이해하기 - 원문의 중심 내용 재구성하기 - 새로운 맥락에 맞게 표현하기'의 단계로 구분이 가능하다.

오늘날 우리가 이해하고 있는 물리학은 옛날 그리스 사람들에게는 알려져 있지 않았다. 그들은 뉴턴의 운동 법칙과 만유인력의 법칙을 알지 못했다. 하지만 그리스의 철학자나 수학자들이 넓은 의미에서 과학자가 아니었다고 할 수는 없다. 하늘에 대한 예리한 관찰이나 끝없는 사색, 수학에 대한 업적들이 증명하듯 그들은 분명 과학자들이었다.

그렇지만 그들은 지금의 과학과 달리 다양한 우주 안의 현상들을 연관 짓는 법칙이나 원리들을 갖지 못했다. 몇 가지 예를 들어 보자. 그리스 천문학자들이 행성의 운동에 관해 얼마나 많이 관찰했는지는 모르나 그것만으로는 밀물과 썰물이 때를 맞춰 드나드는 현상이나 자유 낙하하는 물체의 운동, 한 점의 주위를 회전하는 가까이 놓인 두 별 등을 예측하거나 이해할 수 없었다. 반면에 뉴턴 이후의 물리학자들은 뉴턴의 법칙들을 이용해서 행성들의 운동, 밀물과 썰물, 중력에 의한 여러 현상들을 연관 지어 설명할 수 있었다. 마찬가지로 압력에 대한 깊은 이해가 없었던 그리스 사람들은 아르키메데스의 부력에 관한 원리를 뉴턴 시대의 과학자들처럼 대기(大氣)에 관한 일반 현상들을 설명하는 데 응용할 수 없었다. 그리스 과학은 경험 과학에 불과했던 것이다.

그럼에도 불구하고 우리는 아직도 그들이 이루어 놓은 수학, 천체의 관찰 그리고 깊은 사색의 덕을 보고 있다. 기하학은 물리학에서 중요한 위치를 차지하는데

이는 물체의 운동에 관한 법칙들을 기하학의 방법으로밖에는 표현할 수 없기 때문이다. 기하학은 또한 물체들의 공간적 상호 관계라든지 물체의 운동을 실험적으로 나타내는 데에도 유용하다. 만일 기하학이 없었다면 유용한 물리 법칙들을 만들어 낼 수 없었을 것이다.

위 예문은 세 개의 형식 단락으로 이루어져 있다. 각 단락의 포인트, 즉 소주제를 찾아 표시하면 밑줄 친 부분 정도가 될 것이다. 이를 바탕으로 각 단락별 뒷받침 내용들을 파악한 후 전체 내용의 요점을 정리하면 다음과 같이 구조화가 가능하다.

| | 소주제 | 뒷받침 | 내용구분 |
|---|---|---|---|
| 1문단 | 그들은 분명 과학자들이었다. | 하늘에 대한 예리한 관찰이나 끝없는 사색, 수학에 대한 업적들이 증명하듯 | 가 |
| 2문단 | 그들은 지금의 과학과 달리 다양한 우주 안의 현상들을 연관 짓는 법칙이나 원리들을 갖지 못했다. | 그리스 천문학자들이 행성의 운동에 관해 얼마나 많이 관찰했는지는 모르나 뉴턴 이후의 물리학자들은 뉴턴의 법칙들을 이용해서 행성들의 운동, 밀물과 썰물, 중력에 의한 여러 현상들을 연관 지어 설명할 수 있었다. | |
| | | 그리스 사람들은 아르키메데스의 부력에 관한 원리를 뉴턴 시대의 과학자들처럼 대기(大氣)에 관한 일반 현상들을 설명하는 데 응용할 수 없었다. | |
| 3문단 | 그럼에도 불구하고 우리는 아직도 그들이 이루어 놓은 기하학이 없었다면 유용한 물리 법칙들을 만들어 낼 수 없었을 것이다. | 물체의 운동에 관한 법칙들을 기하학의 방법으로밖에는 표현할 수 없기 때문에 | 나 |
| | | 물체들의 공간적 상호 관계라든지 물체의 운동을 실험적으로 나타내는 데에도 유용하다. | |

위 표에서 볼 수 있듯이 원문은 세 개의 문단을 통해 그리스 학자들의 성과가 물리학의 발전에 기여했음을 설명한다. 2문단에서 그리스 시대 과학자들이 뉴턴 이후 과학자들과 어떻게 다른지를 설명하고 3문단에서 그럼에도 현대과학에 끼친 영향이 적지 않음을 강조하고 있다. 2, 3문단에서 각각 두 가지의 뒷받침 내용을 활용하고 있는데 특히 2문단에서 좀 더 많은 분량으로 사례를 자세히 서술한다. 이런 정도로 내용을 파악하는 과정이 요약으로 치면 '원문을 이해하기'의 단계라 할 수 있다. 이때는 무엇보다 원문의 내용을 정확히 파악하고 정리하는 것이 중요하다.

위 예문은 정리한 바와 같이 형식적으로 세 개의 문단으로 서술되고 있지만 내용상으로 보면 두 개의 부분으로 나눠 볼 수 있다. 1, 2문단의 내용은 '그리스 시대 과학자들의 한계'라는 내용으로 묶을 수 있으며, 3문단의 내용은 '그리스 과학의 유산이나 현재적 의의' 정도로 정리가 가능하다. 특히 원문의 내용이 그리스 과학의 현재적 의의를 강조하는 것에 초점이 놓인 것으로 보이므로 1,2 문단으로 이루어진 '가'와 3문단의 '나', 이렇게 두 부분으로 내용을 구분하는 것이 원문의 의도에 부합하는 내용상 구분이라 할 수 있다.

이렇게 단락별 중심 내용을 토대로 원문의 실질적인 의미 구조를 파악해 원문의 중심 내용을 재구성했다면 이제 그 내용을 정리해 전달해야 한다. 이때는 무엇보다 요약한 내용을 전달하는 상황과 맥락을 고려해야 한다. 한두 문장으로 정리해 전달할 수도 있고, 간단한 프레젠테이션 화면으로 표현할 수도 있다. 또 일정한 분량을 갖춰 요약문으로 작성할 수도 있다. 어떤 상황에서 어느 정도의 분량으로 정리할 것인지 주어졌다면 이를 고려하여 원문의 내용상 단계별 의미에 유의하여 완결된 문장이나 문단으로 정리하는 작업을 이어간다. 위 예문으로 치자면 형식 단락이 아닌 내용상 구분 단계인 '가'와 '나'를 염두에 두고 정리하는 것이 된다. 이때 위의 표에 옮겨 놓은 원문의 표현을 개별적으로 읽어 보면 어색하고 부자연스러운 것처럼 원문의 표현이나 어구를 그대로 활용할 경우 요약문이 부자연스러울 수 있다는 사실도 잊어서는 안 된다. 그러므로 원문의 의미를 유지하면서 한 편의 완결된 글이 될 수 있도록 다듬는 것까지 신경을 써야 한다. 이상의 과정을 통해 예시 원문을 여러 분량으로 요약해 보면 다음과 같이 할 수 있다.

그리스 시대의 과학은 여러 현상이나 법칙을 연결 짓는 데까지 이르지는 못했지만 그리스의 기하학은 현대의 물리학에 큰 영향을 미치고 있다.(76자)

그리스 시대의 과학은 많은 우주 현상을 관찰했다. 그러나 현상을 다른 현상과 관련 짓거나 원리를 활용하여 설명할 수 있는 단계까지는 나가지 못했다. 그럼에도 불구하고 그리스 기하학이 물리학의 발전에 이바지 한 것은 사실이다.(125자)

그리스 시대의 철학자들이나 수학자들도 과학자라 할 수 있다. 그러나 그들의 과학은 여러 현상을 예리하게 관찰했을 뿐 그 현상들을 연결해 물리적 원리나 법칙을 통해 일반 현상을 설명하는 데까지는 이르지 못한 "경험 과학"에 불과했다. 그럼에도 물체의 운동이나 여러 물리 법칙을 표현하는 데 유용한 그리스 기하학은 물리학 발전에 중요한 바탕이 되었다.(196자)

〈요약문 작성의 주의 사항〉

- 요약문은 원문의 내용을 전달하지만 원문과는 다른 담화 상황에 놓인다. 요약문은 짧은 분량으로 원문과 유사한 의미와 효과를 볼 수 있어야 한다. 따라서 한두 문장으로 요약한다면 원문의 주제를 집약하는 것이 중요하겠지만 요약문이라고 하면 핵심 내용과 함께 원문에 제시된 주요 근거를 함께 정리, 전달하는 것까지 신경 써야 한다.

- 요약문은 독립된 의미를 전달하는 한 편의 글이다. 단순히 원문의 주요 내용을 산만하게 나열하기보다는 선택된 소주제들을 요약문의 전체 주제에 맞게 논리적으로 배열하고 형식적으로도 완결된 구조를 갖춰야 한다. 처음-중간-끝의 흐름을 갖춰 구조적으로 완결 짓는 것이 바람직하다.

- 요약문의 단락 구성과 구분에도 세심한 주의가 필요하다. 요약문 또한 글이므

로 필요할 경우 소주제를 기준으로 단락을 적절히 구분해야 하며 뒷받침 내용 또한 충분히 갖춰야 한다. 단락 간의 연결과 전환이 자연스럽게 접속어나 전환어를 긴밀하게 사용해야 함은 두말할 필요가 없다. 이는 문장 간의 연결에도 당연히 적용되는 사항이다.

- **내용을 요약하는 만큼 표현 또한 요약문의 분량과 상황에 맞게 다시 해야 한다.** 원문의 표현을 그대로 가져와 발췌 중심으로 작성할 경우 의미가 달라지거나 다른 문장과의 연결 관계가 어색해질 수 있다. 중심 내용을 드러내는 표현이라 꼭 필요하다면 반드시 따옴표를 찍어 원문에서 발췌한 표현임을 표시하고 활용한다.

- **원문 내용에 대한 비평이나 해석을 하지 않는다.** 요약문은 원문의 의도와 내용을 온전히 전달하는 데 초점이 놓인 글이다. 요약자의 입장이나 견해가 투영되면 원문의 내용과 의도가 왜곡되거나 과장될 여지가 생긴다. 원문에 대한 입장이나 견해는 비평문이나 감상문의 영역으로 확장할 때 가능한 일이다.

## 3. 요약 연습의 가치

요약은 학술적인 글을 쓰는 과정에서 필요하고도 중요한 역량이자 활동이다. 하지만 요약은 그 자체로 본격적인 글쓰기의 한 형태로 기능해 글쓰기를 위한 효과적인 훈련도구로서의 역할도 한다. 요약의 과정은 이해interpretation'와 '반영reflection', 그리고 '생산production'으로 진행되는 쓰기의 인지 활동을 그대로 닮아 있다. 제한적인 자료 안에서 단출한 결과물을 만들어내지만 쓰기의 전반적인 과정을 축약하고 있는 것이다. 게다가 요약문을 쓸 때에는 문장을 다루고, 단락을 구성하는 등 쓰기의 기본 능력 또한 중요한 영향을 미친다. 요약문 쓰기가 쓰기 능력을 평가할 때 자주 등장하는 이유가 여기에 있다. 따라서 무엇을 써야할지 막막하거나 방대한 자료를 검토하는 것에 부담을 느낀다면 주어진 텍스트를 자신의 언어로 다시 쓰는 요약문 쓰기가 글쓰기 능력을 신장하는 데 훌륭한 연습 상대가 될 수 있다.

또한 원문의 내용을 파악하고 이를 자신의 언어로 전환하여 다시 쓰는 경험은 그 자체가 창의적인 쓰기 행위로 나아가는 과정이다. 원문의 내용을 정리하여 한 편의 글로 완성하는 요약문 쓰기는 정보를 이해하고, 이를 확장해 텍스트를 생산해 내는 과정과 다르지 않다. 텍스트에 대한 이해에서 출발해 여기서 얻은 정보를 재구성하여 새로운 맥락 속에 산출함으로써 정보를 받아들이는 독자에서 정보를 생산하는 필자로의 전환을 자연스럽게 예비할 수 있는 것이다. 대학에서의 글쓰기가 다양한 정보에 대한 수신자로서의 역할에 그치지 않고 새로운 지식의 발신자로서의 역할을 기대한다는 점에서 요약은 학술적 글쓰기가 지향하는 바와 같은 선상에 놓인다.

정리하자면 요약은 학술적인 글을 쓰는 과정에서 필요한 활동이면서 동시에 글쓰기 능력 자체를 향상시키는 효과적인 훈련과정이 된다. 특히 요약문의 경우 원문의 내용을 충실하고 정확하게 전달하는 것과 한 편의 글로써 체계적이고 완결되게 작성하는 것 모두가 동시에 완성되어야 한다는 점에서 읽기와 쓰기, 이해와 표현이 결합되어 진행되는 학술적 글쓰기의 연습에 큰 도움이 된다. 이런 점에서 학술적인 글쓰기를 지향하는 과정에 있다면 요약에 관심을 기울이고 올바른 요약을 위해 노력하는 것이 필요한 수순이라 할 수 있다. 이어지는 〈요약문의 오류 예시〉를 꼼꼼히 읽어보는 것이 요약 연습, 글쓰기 연습의 출발이 될 것이다.

### 〈요약문 오류 예시〉

#### ● 150자 내외로 요약한 경우

원문 우리는 소위 '동안', 'S라인', 'V라인'의 미녀들을 가리켜 서슴없이 '바비'라고 부르고 있다. 바비인형은 소녀들의 놀이에서 출발했지만 '바비'는 비단 소녀들

뿐 아니라 누구나 동경하고 흠모하는 아름답고 매력적인 여성을 지칭하는 대명사, 곧 하나의 문화기호가 되었다. 문제는 이 '바비'라는 기호가 다만 젊고 아름다운 여성의 상징에 그치는 것이 아니라 특정한 여성상에 대한 인식을 심어준다는 데 있다.

바비인형은 머리를 빗겨주고 옷을 갈아입혀주고 화장을 해주어야 한다. 우리는 바비인형을 응접실 세트, 의상실 세트, 부엌 세트와 함께 배치한다. 바비는 성인 여자임에도 불구하고 끊임없이 돌보는 손길을 요하며 누군가로부터 보호를 받아야 하는 존재이며 꾸며진 대로 조용히 있는 것이 자연스러운 존재이다. 아이들에게 반복적으로 주입되는 바비의 메시지는 수동성, 의존성, 성적 매력이 여성에게 가장 중요하다는 것으로서 바비는 그것을 상징적으로 구현해내고 있다.

▷ 중요 내용을 누락한 경우

'바비'는 소녀들의 놀이에서 누구나 동경하는 아름다운 여성을 지칭하는 대명사로 자리매김했다. 그러나 '바비'가 젊고 매력적인 여성을 지칭할 뿐 아니라 특정한 여성상에 대한 인식을 심어주는 데에 문제가 있다. 바비는 성인 여자임에도 보살핌과 보호가 필요한, 수동적인 모습으로 그려진다.

▶ 첫 문단을 상대적으로 장황하게 요약하여 두 번째 문단의 핵심 내용인 바비인형이 "수동성, 의존성, 성적 매력이 여성에게 가장 중요하다는 메시지를 주입한다"는 내용이 누락되었다.

▷ 원문의 의미를 왜곡한 경우

바비 빈형이 탄생한 이후 하나의 소비문화로 자리 잡으면서 특정한 여성상에 대한 인식을 심어주었다.

바비 인형은 성인 여자임에도 누군가의 손길을 필요로 하는, 보호 받아야하는 존재이다. 바비 인형을 꾸미는 놀이로부터 아이들은 수동성, 의존성, 성적매력이 중요하다는 것을 간접적으로 경험한다.

▶ 원문의 의미는 여성에게 수동성, 의존성, 성적 매력이 가장 중요하다는 잘못된 인식을 반복적으로 경험하여 주입시킨다는 의미이다. 요약문의 "중요하다는 것을 간접적으로 경험한다."는 표현은 '부정적이고 제한적인 차원의 인식'이 반복적으로 '주입된다'는 가치 판단을 원문과 다르게 받아들이게 만든다. 또한 두 번째 문단은 첫 문단의 뒷받침 내용인데 불필요하게 단락을 구분하여 단락의 완결성을 갖추지 못했다.

### ▷ 표현이 부자연스러운 경우

우리는 바비인형을 아름다운 여성 바비라는 단어가 하나의 대명사로 표현하게 되었다. 바비는 꾸준히 누군가에게 보호받아야하는 존재이다. 이것이 아이들에게 반복적으로 주입이 되어 여성에게 가장 중요한 것은 성적매력이라는 것이 바비를 통해 구현 되었다.

▶ 조사 사용이 적절하지 않고 '~되다'를 남용하여 문장이 자연스럽지 못하다. 구현되었다는 어휘도 의미상 적절하지 않다. 그러다보니 원문의 의미도 왜곡된다. 바비가 구현한 메시지가 반복적으로 주입된다는 것이 원문의 의미인데 아이들에게 주입이 되어 바비를 통해 구현된다로 의미가 바뀌어 전후관계를 왜곡하고 있다.

### ▷ 의미가 모호하거나 새로운 의미를 추가한 경우

'바비'는 누구나 동경하고 아름답고 매력적인 여성을 지칭하는 독립된 문화적 기호가 되었다. 하지만 '바비'의 기호화로 왜곡된 여성상이 문화화되는 사회적 문제가 등장했다. 바비가 구현해 내는 왜곡된 여성상은 아이들에게 큰 문제점을 가져온다. 수동적이고 의존적인 여주인공들의 모습은 여성에 대한 부정적 이미지를 심어준다.

▶ 밑줄 친 표현들은 의미가 명확하지 않아 원문의 의미를 모호하게 만들고 원문과 다른 추가적인 의미를 부여하여 의도를 혼란스럽게 만들 가능성이 있다. '독립된 문화적 기호'는 '하나의 문화적 기호'로, '바비의 기호화'는 '바비가 드러내는 기호'로, '여성상이 문화화되는'는 '여성상이 주입되는' 등의 구체적인 표현을 사용하는 것이 바람직하다. 그리고 '사회적인 문제가 등장했다'는 인식이나 생각을 문제 삼는 원문의 입장과는 전혀 다른 차원의 문제이다.

● 모범 사례

바비 인형에서 나온 '바비'는 아름다운 여성을 지칭하는 대명사가 되었지만 특정한 여성상을 심어주는 문제가 있다. 성인임에도 불구하고 끊임없는 보살핌과 보호가 필요한 존재로 경험됨으로써 "수동성, 의존성, 성적 매력"이 여성에게 가장 중요하다는 인식을 자연스럽게 받아들이게 만든다.

---

요약문의 평가 요소

▣ 내용의 충실함과 정확성
- 중요 내용을 모두 포함하고 있는가?
- 불필요한 세부 내용을 포함하고 있지 않은가?
- 왜곡하지 않고 원문에 맞게 정확한가?
- 개인적인 논평이나 추가된 내용이 있지 않은가?

▣ 표현의 적절함과 완결성
- 처음 - 중간 - 끝의 흐름을 지키고 있는가?
- 전환어나 연결어를 적절히 사용하여 긴밀성을 유지하는가?
- 적절한 길이를 유지하고 있는가?
- 어문 규정을 잘 지키고 있는가?

---

요약문 쓰기 연습문제
▶p. 269

3

# 설명 및 논증하기

글을 쓸 때에는 글의 목적과 종류에 따라 다양한 서술방식을 사용해야 한다. 독자에게 무엇을 알리고 이해시키려는 글인지, 자신의 주장을 독자에게 설득하고자 하는 글인지, 단순히 자신의 주관적인 생각이나 느낌을 표출하고자 하는 글인지에 따라 글쓰기의 방식은 달라진다. 어떤 사실에 대해 알기 쉽게 풀어서 이해를 돕는 글쓰기의 방식은 설명이라고 하고, 자신의 주장이나 의견을 내세우고 논리적으로 뒷받침하는 글쓰기의 방식은 논증이라고 한다. 자신의 주관적인 인상이나 느낌을 있는 그대로 보여줌으로써 독자들의 공감을 불러일으키려는 글쓰기의 방식은 묘사라고 한다. 한 편의 글은 어느 한 가지 방식으로만 완성되기보다는 여러 방식이 적절하게 혼용되어 쓰이는 경우가 대부분이다. 객관성이 중요한 학술적 글쓰기에서는 주로 설명과 논증의 방식이 사용된다.

# 1. 설명하기

대학생활에서 가장 많이 요구되는 글쓰기의 방식은 설명이다. 설명은 어떤 대상이나 현상에 대한 의문을 해소하고 독자의 이해를 심화하는 데 목적이 있는 진술 방식이다. 용어나 개념의 의미, 사물의 속성이나 특징, 사건의 원인이나 경과 등을 알기 쉽게 풀이하여 독자에게 유익한 정보를 제공하는 글쓰기가 바로 여기에 해당한다고 할 수 있다. 이러한 설명은 지식 전달을 직접적인 목적으로 하는 각종 교과서와 교재, 백과사전 같은 글뿐 아니라 제품 사용 설명서나 도움말, 그리고 관광 안내문 등 일상생활에 필요한 각종 지침을 전달하는 글에서도 사용된다. 또한 각종 보고서나 논문, 비평문 등과 같은 논증적인 글에서도 설명은 중요하게 사용된다. 논증의 근거는 대상에 대한 정확한 이해를 바탕으로 하기 때문이다. 이렇게 어떤 사실이나 지식 혹은 지침 등을 알게 한다는 점에서 설명은 공적인 영역이나 학문적 영역에서 뿐만 아니라 일상생활에서도 광범위하게 활용되는 글쓰기 양식이다.

## 1) 설명의 특징

### ❶ 사실성과 객관성

설명은 정확한 지식과 사실을 근거로 전달해야 하며, 주관적인 견해나 주장, 추측 등은 배제해야 한다. 요컨대 설명은 주관적이거나 사적인 차원이 아닌 객관적인 차원에서 공정하게 기술되어야 한다. 이를 위해서는 믿을 만한 자료를 충분히 확보하는 것이 중요하다.

### ❷ 독자에 대한 고려

설명은 독자의 이해를 목적으로 하는 글이므로 무엇보다 독자의 수준을 고려하여 쓰는 것이 중요하다. 예를 들어 인공지능에 대한 글을 초등학생을 대상으로 쓸 경우에는 초등학생들이 이해할 수 있는 어휘를 사용하여 쉽게 풀어써야 할 것이고, 전문가를 대상으로 쓴다면 상식적인 내용은 배제하고 전문적인 내용에 집중해야 할 것이다. 한 분야의 전문적인 독자층을 대상으로 하는 학술적인 글과 다양한 계층의 독자를 대상으로 하는 대중적인 글은 그 설명 방식이 달라질 수밖에 없다.

### ❸ 창의성

설명에서는 '무엇'을 이해시킬 것인가 하는 정보의 내용도 중요하지만 '어떻게' 이해시킬 것인가 하는 전달 방법 또한 중요하다. 객관적인 사실이나 지식일지라도 독자에게 정보로서의 가치를 어떻게 효과적으로 부각하는가에 따라 독자의 이해력은 달라질 수 있다. 설명의 방법에는 정의, 예시, 분류, 분석 등 다양한 방법이 있다. 전달하려는 정보에 따라 그것을 독자에게 가장 효과적으로 이해시킬 수 있는 방법을 적절하게 활용하여 쓰는 것이 필요하다.

## 2) 설명의 방법

### (1) 정의

정의는 설명하고자 하는 개념이나 대상의 뜻을 분명하게 정하여 밝힘으로써 그것의 속성을 규정하는 방법이다. 인간에 대해 설명할 때 '인간은 사회적 동물이다'와 같이 서술하는 것이 정의이다. 어떤 글에서 핵심이 되는 용어나 개념에 대한 정의는 그 글을 이해하는 출발점이다. 정의를 할 때에는 임의로 해서는 안 되고 사전이나 교과서처럼 객관적으로 입증된 자료에 근거해야 한다.

정의는 일종의 약속이라고 할 수 있다. 따라서 하나의 개념이나 대상에 대한 정의는 관점에 따라 여러 가지가 있을 수 있다. 따라서 자신의 논지를 펼쳐나가기 전에 개념에 대해 혼란이 없도록 자신의 말하려는 의미를 명확히 정의하고 시작할 필요가 있다. 예를 들어 '인간은 사회적 동물이다'는 인간에 대한 여러 가지 정의 중 하나이다. 관점에 따라 인간은 '언어적 동물', '생각하는 동물', '도구를 사용하는 동물'과 같이 다양하게 정의 내릴 수 있다. 철학, 생물학, 경제학 등등 분야에 따라서도 인간에 대한 정의가 달라진다. 국어사전에 따르면 앞의 모든 것을 포괄하여 인간이란 "직립 보행을 하며, 사고와 언어 능력을 바탕으로 문명과 사회를 이루고 사는 고등동물"이라고 정의하고 있다.

그러나 이런 일반적인 정의가 가장 바람직한 것은 아니다. 만약 인공지능로봇을 주제로 글을 쓴다면 인간을 인공지능로봇과 구분하여 '마음을 가진 존재', 혹은 '자유의지를 가진 존재'라고 정의 내리는 것이 앞으로의 논지를 전개하는 데 바람직할 것이다. 이처럼 대부분의 개념은 여러 가지 의미를 지니고 있으므로 자신의 논지를 보다 정확하게 드러낼 수 있는 정의를 선택해야 한다.

예문 민족이란 개념은 학자에 따라 전혀 다른 정의가 내려질 정도로 매우 복잡한 함의를 지니고 있다. 따라서 글을 시작하기에 앞서 민족이란 개념을 사용할 때 어떤 의미로 사용하는지를 밝혀둘 필요가 있을 것이다.

구성주의적 입장은 민족이 고정된 실체가 있는 것이 아니라 "고안된 질서"(에머리히 프란시스)나 "상상의 공동체"(베네딕트 앤더슨)라고 본다. 이에 반해 객관주의적 입장은 민족이 먼 과거부터 이어져온 실체로서, 공통의 혈통과 영토, 언어, 문화 등을 가진 공동체라고 본다. 구성주의적 입장은 민족을 자연스러운 것으로 당연시하는 기존의 생각에 전환을 가져왔다는 점에서 의미가 있다. 하지만 민족의 객관적 토대 자체를 부인할 경우 설득력을 잃게 될 수 있다. 민족주의에 의해 민족이 구성될 때, 당시 국민들 다수가 동의하고 동원될 수 있는 어떤 역사적 근거를 바탕으로 해서 이루어질 수밖에 없었을 것이기 때문이다. 그리고 그때 대개 종족이나 언어와 같은 문화가 근거가 된다.

따라서 이 글에서는 역사주의적 입장을 따르고자 한다. 즉 "민족은 종족적 주권연합의 전통에 근거해 발전되어, 서서히 민족주의와 그 신봉자들에 의해 주권적 행위의 단위로 창조된 '고안된 질서'"(한스-울리히 벨러)라고 보는 것이 적절할 것이다.

### (2) 예시

예시는 구체적인 사례를 통해 실증적으로 설명하는 방식이다. 이는 추상적인 내용이나 난해한 내용을 구체화하여 쉽게 이해시키는 데 유용하다. 예를 들어 '사물인터넷'을 설명하려고 할 때 "사물인터넷IoT: Internet of Things이란 정보통신기술 기반으로 모든 사물을 연결해 사람과 사물, 사물과 사물 간에 정보를 교류하고 상호 소통하는 지능형 인프라 및 서비스 기술"이라고 설명하는 것은 정의의 방법이다. 그러나 이러한 사전적 정의만으로는 첨단 기술인 사물인터넷에 대해 이해하기 어렵다. 이때 예시의 방법을 사용하면 독자의 이해를 도울 수 있다.

> "집 밖에서 스마트폰을 이용해 세탁기, 에어컨 등의 가전제품을 조정할 수 있는 스마트홈 기술이나, 센서를 부착한 자동차가 교통상황, 주변 상황을 실시간으로 확인해 스스로 주행할 수 있게 하는 무인자동차 기술이 사물인터넷의 대표적인 예이다."

예시로 활용되는 사례는 독자가 잘 알 수 있는 구체적인 것이되 지나치게 특수해서 지엽적인 것은 피해야 한다. 필자만이 경험하거나 알고 있는 개인적 사항보다는 독자가 경험했을 법한 사실로 독자의 관심을 유도할 수 있는 사항이 바람직하다. 타인의 말이나 생각을 인용하는 경우, 역사적인 사건이나 설화를 활용하는 경우, 개인적인 체험이나 구체적인 이미지 등을 사용하는 경우 등이 예시에 해당한다고 할 수 있다. 설문 조사나 통계 자료의 구체적인 수치를 사용할 수도 있는데, 이 경우 설명의 객관성을 높이는데 효과적이다.

특히 보고서를 쓸 때에는 도표나 그래프와 같은 수치화된 통계 자료를 활용하는 것이 좋다. 이때 도표나 그래프를 제시하는 것으로 끝내서는 안 되고 반드시 제시한 자료가 무엇을 의미하는지 글로 풀어서 설명해 주어야 한다. 다시 말해 도표는 글로 설명하고자 하는 내용을 일목요연하게 시각화해서 보여주기 위한 보조 자료라는 것을 기억해야 한다.

**예문** 인스트림 광고는 동영상 시장을 독점하고 있는 유튜브와 여러 동영상 플랫폼에서 사용되는 대표적인 동영상 광고 유형 중 하나다. 유튜브에 올라온 동영상을 보기 전이나 중간에 나오는 광고가 바로 인스트림 광고다. 최근 들어 모바일 동영상 시장이 커지면서 동영상 광고 시장도 같이 가파르게 성장하고 있다. 인스트림 광고가 성행할 수 있는 배경으로는 소비자들의 매체 이용 행태 변화를 들 수 있다. 최근 들어 소비자들의 모바일 매체 이용률이 급증하고 있다. 스마트폰의 대중화와 LTE 기술의 발달로 모바일 이용 환경이 눈부시게 개선된 이후로 모바일로 동영상을 시청하는 소비자가 늘어나고 있다.

● 동영상 콘텐츠 시청 주사용 기기 (단위: %)

| | 전체 | 성별 | | 연령 | | | | |
|---|---|---|---|---|---|---|---|---|
| | | 남성 | 여성 | 10대 | 20대 | 30대 | 40대 | 50대 |
| base for % | (1000) | (511) | (489) | (102) | (192) | (215) | (251) | (240) |
| Mobile (스마트폰, 태블릿PC 등) | 54.0 | 51.1 | 57.1 | 72.5 | 64.1 | 51.6 | 50.2 | 44.2 |
| PC | 29.3 | 34.1 | 24.3 | 18.6 | 26.0 | 34.0 | 30.7 | 30.8 |
| TV | 16.7 | 14.9 | 18.6 | 8.8 | 9.9 | 14.4 | 19.1 | 25.0 |
| 계 | 100.0 | 100.0 | 100.0 | 100.0 | 100.0 | 100.0 | 100.0 | 100.0 |

"디지털 동영상 이용 행태 조사", <메조미디어>, 2017. 4. 14, <https://www.slideshare.net/MezzoMedia/mezzomedia-research>, 2018. 7. 20

위의 도표를 보면 모바일(스마트폰, 태블릿PC 등)로 동영상을 시청하는 소비자가 54%, PC는 29.3%, TV는 16.7%로 나왔다. 한 설문조사 연구결과에 의하면, 동영상을 제외한 일일 실시간 시청량은 TV가 91분으로 1위지만 스마트패드와 스마트폰 시청량을 합치면 101분으로 모바일 기기가 실시간에서도 TV를 앞선다. 위 자료에 따르면 TV의 경쟁력은 떨어지고 있고 모바일 기기를 통한 동영상 서비스가 상승세라는 것을 알 수 있다. 특히 연령이 낮을수록 모바일 기기를 통한 동영상 시청률이 높은 것으로 나타난다. 이와 같은 현상은 광고 시장에서도 비례하게 나타난다.

- 학생의 글

### (3) 비교와 대조

비교와 대조는 두 대상이 지닌 상대적인 속성을 밝히는 설명 방식이다. 보통 대상 사이의 유사성에 주목하면 비교, 차이점이나 차별성에 주목하면 대조로 본다. 같은 속성이나 성향에 대한 정도의 차이를 설명하면 비교로, 아예 다른 속성이나 성향 자체의 차이를 설명하는 경우엔 대조라 할 수 있다. 예를 들어 "족구와 배구는 구기종목으로서 중앙에 설치된 네트 너머로 공을 쳐서 넘긴다는 공통점이 있다."는 비교, "배구는 손을 사용하고 족구는 발을 사용한다는 점이 다르다."는 대조의 방법이다. 하지만 예문에서도 알 수 있듯이 실제 서술에 있어서는 두 가지가 동시에 사용되는 경우가 많다.

예를 들어 우리나라 출산율 감소 문제에 대해 설명해보자.

> "우리나라의 2017년 출생아수는 35만 명이고, 여성 한 명이 평생 낳을 것으로 보이는 평균 출생아 수를 말하는 합계출산율은 1.05명이었다. 1960년대는 합계출산율이 약 6명, 1970년대에는 약 4명인 것과 비교를 하면 얼마나 심각한 수준인지 알 수 있다. 바로 전해인 2016년의 1.17명과 비교했을 때도 약 10%나 줄어, 출산율 저하의 속도가 매우 빠르다는 것을 알 수 있다. 이는 OECD 국가(평균 1.7명) 중 가장 낮으며, 초저출산 국가 중의 하나인 일본(1.45)보다도 낮은 수준이다."

위 예문에서 첫 문장만 가지고 설명한다면 객관적인 수치가 제시되었음에도 불구하고 현재 우리나라의 출산율이 얼마나 낮은지 파악하기 쉽지 않다. 그러나 50 - 60년 전의 우리나라 출산율, 나아가 바로 직전의 출산율과 비교(대조)를 하거나 외국의 경우와 비교(대조)를 해서 설명함으로써 독자에게 출산율 저하의 심각성을 쉽게 이해시킬 수 있다.

### (4) 분류와 구분

분류는 여러 대상을 일정한 법칙이나 기준 또는 원리에 따라 나누어 설명하는 방식이다. 여러 사람이 함께 식사 메뉴를 고른다고 할 때 삼겹살, 짜장면, 탕수육, 파스타, 스테이크, 김치찌개, 만두, 해장국, 회, 냉면 등과 같이 음식의 이름을 나열한다면 매우 혼란스러워서 선택이 어려울 것이다. 이때 위의 메뉴를 중식, 일식, 한식, 양식 등으로 분류를 하게 되면 복잡한 내용을 일목요연하게 이해할 수 있다. 이처럼 분류는 복잡한 대상을 같은 속성끼리 묶어 구별해 줌으로써 대상에 대한 이해를 높이는 방법이다. 반대로 "중식에는 짜장면, 볶음밥, 탕수육 등이 있고 한식에는 비빔밥, 불고기, 김치, 된장찌개 등이 있다"와 같이 상위 항목을 하위 항목으로 나누는 것을 '구분'이라고 한다. 그러나 분류와 구분은 거의 함께 이루어지기 때문에 두 가지를 엄밀하게 나누기보다는 크게 분류로 이해하면 된다.

대한민국 저출산의 원인을 설명하는 두 개의 글을 비교해 보자.

1. 저출산의 원인으로는 여성의 사회진출 증가, 비혼 및 만혼 증가, 양육비 부담 증가, 보육 지원 미비, 청년실업 및 비정규직 증가, 주택 가격 상승, 일과 가정 양립의 어려움, 유교문화 등을 들 수 있다.
2. 저출산의 원인은 경제적, 사회적, 문화적 원인으로 나누어 볼 수 있다. 경제적 원인으로는 소득 및 고용 불안, 주거비 부담, 교육비 부담을 들 수 있으며, 사회적 원인으로는 여성의 사회진출 증가, 보육 지원 미비, 일과 가정 양립의 어려움 등을 들 수 있다. 이와 더불어 자녀 세대의 결혼관 등 가족에 대한 가치관이 변화한 것이라든지, 근로자의 육아 환경을 도외시하는 기업문화와 같은 문화적 요인도 저출산의 원인이라고 할 수 있다.

1의 설명처럼 원인들을 나열하기보다는 2의 설명처럼 분류해서 서술하는 것이 문제의 원인을 체계적으로 이해할 수 있게 해준다. 그리고 문제에 대한 해결책을 찾는 데 도움이 된다. 경제적 원인에 대해서는 청년실업과 주택 가격 상승 문제 등에 대한 근본적인 대책을 수립해야 할 것이며, 사회적 원인에 대해서는 보육시설을 늘린다든지 육아휴직과 탄력근무제를 활성화하는 등의 제도적 지원 대책을 마련해야 할 것이다. 문화적 원인에 대해서는 사람들의 인식을 바꾸려는 노력이나 변화된 인식에 맞춘 제도 개선 등의 방안이 필요할 것이다.

그러나 위의 음식들은 앞에서처럼 나라별로 분류할 수도 있지만, 고기, 생선, 밀가루, 쌀과 같이 주재료의 종류에 따라 분류할 수도 있고, 구이, 튀김, 찜, 탕과 같이 요리법에 따라 분류하는 것도 가능하다. 이처럼 같은 대상을 분류하더라도 관점에 따라 다양한 기준을 적용하여 분류할 수 있다. 따라서 분류를 할 때에는 기준이 명확해야 하며 여러 기준을 섞어 쓰면 안 된다. 예를 들어 자동차를 분류할 경우, 용도에 따라 승용차와 승합차(버스), 화물차, 특수차로 구분할 수 있다. 승용차는 경차, 소형차, 중형차, 대형차로 구분하거나, 전륜구동, 후륜구동, 4륜구동 등으로 구분하기도 한다. 첫 번째는 승용차의 배기량에 따른 구분이고, 두 번째는 구동방식에 따른 구분이다. 이때 서로 다른 기준에 의한 구분을 섞어 쓰면 안 된다. 만약 자동차를 승용차와 승합차, SUV로 구분하거나, 승용차를 경차, 중형차, 4륜구동차로 구분하는 것은 서로 다른 기준을 적용하였기 때문에 잘못된 구분이다.

그러나 이 기준을 잘 지켜서 분류를 하였다고 하더라도 만약 친환경자동차에 대한 설명을 하려면 배기량이나 구동방식과 같은 기준을 설정하는 것은 의미가 없다. 친환경자동차를 설명하기 위해서는 전기나 수소, 하이브리드와 같은, 연료나 동력원에 따른 구분이 필요할 것이다. 따라서 분류를 할 때에는 글의 내용을 설명하기에 가장 적합한 기준을 선택하여 일관되게 적용하는 것이 중요하다.

### (5) 분석

분석이란 어떤 대상을 그것을 구성하고 있는 요소들로 나누어 각 부분의 의미, 기능, 상호관계 등을 밝혀내는 방식이다. 화학 물질의 성분을 분해하여 설명하는 것처럼, 대상의 구성 성분을 공간적으로 분해하여 설명하는 것을 물리적 분석이라고 하고, 신체 각 기관의 작용과 같이 각 구성요소가 구조 속에서 어떻게 작용하는가를 해명하는 것을 기능적 분석이라고 한다. 어떤 대상의 원인과 결과를 밝히는 인과적 분석의 방법도 있다. 예를 들어 미세먼지의 대책에 관한 글을 쓴다면 미세먼지의 성분 분석(물리적 분석)과 미세먼지의 원인 분석(인과적 분석)이 이루어지게 된다.

같은 대상을 분석할 경우에도 시각과 관점에 따라 결과가 달라질 수 있다. 예컨대 사과라는 대상을 분석할 경우 식물학자는 사과의 껍질, 과육, 씨앗 등으로 나누어 설명할 것이고, 영양학자는 수분, 당분, 섬유질 등으로 나누어 설명할 것이다. 따라서 분석 역시 자신이 쓰려는 글의 주제에 맞게 이루어져야 한다. 예를 들어 사물인터넷의 보안 문제에 대해 알기 위해서는 사물인터넷이 어떤 원리로 작동하는지에 대한 분석(기능적 분석)이 이루어져야 하며 출산율 저하에 대한 대책을 마련하기 위해서는 출산율 저하의 원인에 대한 분석(인과적 분석)이 선행되어야 할 것이다.

**예문** 자율주행차의 원리

자율 주행 자동차의 원리는 크게 인지, 판단, 제어의 3단계로 나눌 수 있다. 우선 인지 단계에서는 GPS와 카메라, 레이더 등을 활용해 주변 상황의 정보를 인식하고 수집한다. 자율 주행 자동차의 눈으로 알려진 라이다LiDAR: light detection and ranging는 음파 장비와 3D 카메라, 레이더 장비 등으로 구성되는데, 주변 환경의 3D 지도를 생성해 사물 간의 거리를 측정하고, 위험을 감지한다.

다음 판단 단계에서는 수집된 인지 정보를 바탕으로 자동차가 어떤 환경에 놓여 있는지를 파악하고 주행 환경과 목표지점에 적합한 주행 전략을 수립한다. 컴퓨터 시스템에 들어오는 수많은 정보를 실시간으로 분석하고 분류해 신속하게 자동차에 명령을 내리려면 인공지능 최신 기법인 딥러닝이 필요하다. 카메라가 촬영한 전방의 물체가 경찰차인지 트럭인지, 아니면 보행자인지 정확히 판단하려면 고난도의 기술이 요구된다. 인간의 신경망을 모사한 딥러닝 AI로 학습한 컴퓨터가 이들을 판단하게 된다.

마지막 제어 단계에서는 엔진 구동과 주행 방향 등을 결정하며 본격적으로 주행을 시작하게 된다. 차량을 움직이는 제어에는 크게 조향과 가감속기술이 있는데 조향은 스티어링 방향의 조작하는 기술, 가감속은 가속과 제동을 통해서 차량을 달리게 하거나 멈추게 하는 기술이다.

-김연하, 〈자율주행자의 기본원리〉, 한화손해보험 차도리 블로그, 2018. 1. 19.
〈http://blog.naver.com/PostView.nhn?blogId=hwgi01&logNo=221188775001〉(2018. 11. 01) 참조.

### (6) 묘사적 설명과 서사적 설명

대상에 대한 독자의 이해를 높이기 위해 묘사와 서사가 설명에 활용될 수도 있다. 묘사적 설명과 서사적 설명은 각각 묘사와 서사라는 기술양식을 활용하여 설명하는 경우를 가리킨다. 묘사란 정지 상태에 있는 대상을 이미지로 표현하는 서술 방식이다. 이에 반해 서사란 사물이 시간적으로 움직이거나 진행되는 과정을 서술하는 것이다. 따라서 묘사적 설명은 객관적 시각에서 대상을 관찰하고 기록하는 설명 방법이고 서사적 설명은 사건을 시간적 흐름에 따라 서술하는 방법이다. 서사의 경우 단순히 시간의 경과에 따라 설명을 연관성 없이 나열하는 것이 아니라 사물이나 사건들이 서로 관계하며 변화하는 모습을 보여주려는 것이다.

'수원 화성'에 대해 설명하려면 묘사적 설명과 서사적 설명의 방식이 효과적이다.

**예문** 서사적 설명

수원 화성은 경기도 수원시 장안구 연무동에 위치한 조선시대 성곽으로, 정조의 명에 의해 1796년 건립된 읍성 형태의 성곽이다. 정조는 1789년(정조 13)에 사도세자의 무덤인 영우원永祐園을 수백 년간 수원도호부가 있던 화산花山으로 옮겨 현륭원顯隆園이라 개명改名하고 수원 도읍을 새 장소인 지금의 팔달산 아래로 옮기도록 하였다. 그리고 수원부로 부르던 고을 명칭을 화성華城으로 고쳐 부르도록 하고 다산 정약용에게 성곽의 설계를 명령했다. 정조 17년(1793)부터 화성 축조가 본격적으로 준비되어 이듬해 정월부터 시작해 2년 반 만인 1796년에 완성을 보게 되었다. 화성 축조는 1794년에 시작됐는데 이듬해에 정조의 생모인 혜경궁 홍씨의 회갑연이 잡혀 있어 행궁을 증축할 필요가 있었다. 행궁의 여러 건물 중 혜경궁 홍씨의 처소로 사용될 '장락당'이 제일 먼저 지어졌다. 수원 화성은 정조의 정치력을 높이는 전략적 건축물이자 아버지와 어머니를 모시는 효도의 마음이 담긴 기념물인 셈이다. 애석하게도 일제강점기를 거치면서 대부분의 건물이 불에 타거나 사라져 빈 터만 남게 됐다. 1996년 복원공사가 시작되면서 지금은 장락당을 비롯해 480칸 이상이 옛 모습을 되찾았다. 1997년 유네스코 세계

유산으로 지정되었다.

### 예문 묘사적 설명

수원 화성(사적 제3호)은 팔달산과 그 동쪽의 낮은 구릉과 평지를 감싸며 쌓은 평산성(평지와 산을 이어서 쌓은 성)으로 타원 형태를 이루고 있다. 성의 전체 둘레는 5.744km이고 높이는 4.9 ~ 6.2m이다. 화성이 위치한 지세는 서쪽에 팔달산이 있고 그 반대쪽인 동쪽에도 나지막한 구릉이 있으며 이 동서 경사지 사이를 북에서 남으로 개천이 흐르고 그 주위에 약간의 평지가 펼쳐진다. 화성 성곽은 부드러운 곡선 형태로 이어지며 들쭉날쭉 지어졌다. 화성의 건축 과정을 기록한 비석 '화성 기적비'에는 "봄의 버들잎 같은 모양으로 지었다"라고 기록돼 있다. 팔달산 아래에 유천 즉, 버들개천이라는 지명이 있었는데 정조도 "성벽을 세 번 구부리고 세 번 꺾으면 이름처럼 '내 천' 자 모양이 됐다"라고 평가했다.

성벽은 돌로 쌓았으며 높이는 지형에 따라 차이가 있으나 4~6m 정도이고 성벽 위에는 1m 정도 높이의 여장을 두고 여장에는 총안을 뚫었다. 성벽은 위로 올라가면서 배가 안으로 들어가는 규형圭形 쌓기를 기본으로 했다. 성벽에는 4개의 성문을 두었고 암문 5개를 설치해 통행토록 하였다. 암문은 깊숙하고 후미진 곳에 적이 알지 못하는 출입구를 내서 사람이나 가축이 통행하고 양식을 나르는 통로이다. 성벽으로 둘러싸인 중앙에는 행궁이 자리 잡았다.

-"수원 화성", 『한국민족문화대백과사전』,
<http://encykorea.aks.ac.kr/Contents/Index?contents_id=E0064671>
"수원 화성", <국립중앙과학관: 성곽 축조 과학관>,
<http://100.daum.net/encyclopedia/view/125XX52300028>
임동욱, '혁신성 갖춘 동양 성곽의 백미, 수원 화성', <다음 백과>,
<http://100.daum.net/encyclopedia/view/73XXXXKS5943> 참조.

설명하기
연습문제

▶p. 279

## 2. 논증하기

### 1) 논증의 특징

자신의 의견을 상대방에게 설득하기 위한 방법에는 감정에 호소하는 방법과 논리적으로 설득하는 방법이 있을 수 있다. 논증이란 후자를 말한다. 즉 근거를 제시하여 어떤 사실이나 의견을 논리적으로 증명함으로써 독자가 글쓴이의 주장에 동의하도록 하는 것이다. 이때 주장만 있고 그것을 뒷받침하는 근거들이 없을 때는 논증이라고 할 수 없다. 그것은 단지 주장일 뿐이다. 따라서 논증을 할 때에는 주장이 명확하게 제시되어야 하고, 주장이 합당한 논거와 추론으로 뒷받침되어야 한다. 이러한 논증의 구성요소를 정리해보면 다음과 같다.

〈논증의 기본 모형〉

❶ 주장claim

❷ 이유reason

❸ 근거evidence / ground

❹ 전제warrant / premise

논증이란 자신의 주장을 설득하는 것이라는 점에서 모든 논증에는 주장이 담겨 있다. 주장이란 자신이 내세우는 의견을 말한다. 주장은 이유를 통해 뒷받침되어야 한다. 이유가 타당해야 주장이 인정받을 수 있다. '내가 이 회사에 적합한 인재이다'라고 주장만 앞세워서는 사람들을 설득할 수 없다. '나는 사람들과 소통을 잘한다', '성실하다'와 같은 이유가 있어야 받아들여질 수 있다. 그러나 이유가 사실이라는 것을 보여주는 근거가 없다면 그 이유의 타당성을 입증할 수 없다. 조원들과 의견을 조율한 경험 등, '소통을 잘한다'는 하위주장을 입증할 수 있는 객관적 증거를 보여주어야 한다. 이처럼 이유를 뒷받침하는 구체적 사실, 객관적 증거를 근거라고 하며, 통계 자료, 설문 결과, 보도 자료, 다른 사람의 글이나 말 등이 이에 해당한다. 즉 이유가 주장을 뒷받침하는 자신의 생각이라면 근거는 이유를 뒷받침하는 객관적 증거이다. 따라서 근거가 부실한 논증은 제대로 된 논증이라고 할 수 없다. 이때 이유와 근거는 하나를 드는 것보다는 여러 개를 제시하는 것이 주장의 타당성을 높일 수 있다.

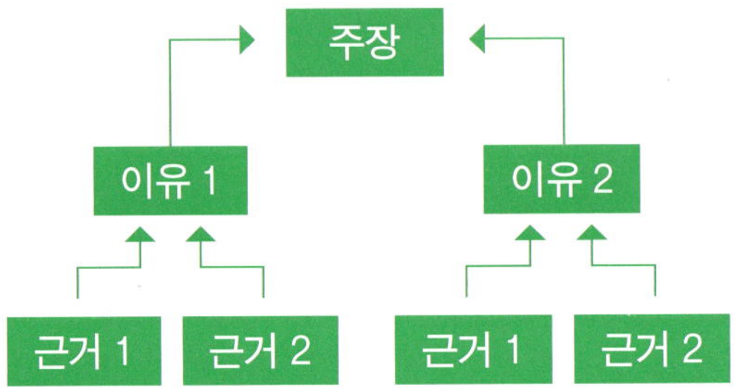


여기에 덧붙여 전제가 들어가기도 한다. 전제란 주장과 이유를 이어주는 보편적 원칙을 말한다. 예를 들어 위의 논증에는 '회사생활에서는 사람들 간의 소통이 중요하다'는 사실이 전제되어 있다고 할 수 있다. 전제는 대부분의 사람들이 받아들이는 원칙일 경우 명시적으로 언급하지 않아도 되지만, 전제를 명확히 제시하면 논증의 논리적 구조를 더 잘 드러내고 논리적 오류에 빠지는 것을 방지할 수 있다.

이러한 기본 모형에 따라 '사형제를 폐지해야 한다'는 주장의 논증 과정을 정리해보면 다음과 같다.

① 주장: 사형제를 폐지해야 한다.

② 이유1: 오판의 가능성이 있기 때문이다.

③ 근거1: 미국에서 1973년 이후 107명의 사형수가 새로운 증거가 발견되어 석방되었고, 일리노이주에서만 1977년 이후 오판에 의해 사형된 사람이 13명이나 된다.

④ 전제: 생명이 희생될 경우 돌이킬 수 있는 방법이 없다.

## 2) 논증문 쓰기

### (1) 논제, 논거, 논지

이러한 논증의 기본 요소를 토대로 실제 논증문을 써보자. 좋은 논증문을 쓰기 위해서는 가장 먼저 논제, 논거, 논지를 분명하게 해야 한다. 논제란 논증문의 주제를 말하며, '글이 다루고자 하는 중심 문제이자 글에서 나타내고자 하는 중심 생각'을 의미한다. 논거란 논증문의 근거, 논지는 주장하는 바에 해당한다. 이 세 가지 중에서 어느 하나라도 분명하지 않은 경우 그 논증문은 설득력을 잃고 부실한 글이 된다. 그러므로 논증문을 쓸 때에는 먼저 논제, 논거, 논지를 써두고 시작하는 것이 좋다.

이때 논제는 질문 형식으로 작성해야 한다. 예컨대 논제를 '여성할당제'라고 하면 다양한 방향의 글이 작성될 수 있다. 이때 '여성할당제는 양성평등을 위해 필요한가'와 같이 질문 형식으로 작성하면 보다 명료한 글을 쓰는 데 도움이 된다. 논지는 이 질문에 대한 답이 된다. 그러니까 '여성할당제는 필요하다' 혹은 '여성할당제 대신 다른 제도를 도입해야 한다'는 주장이 논지이다. 그리고 그 주장을 뒷받침하기 위한 이유와 근거가 논거가 된다.

### (2) 논증문의 구조

논증문은 일반적으로 서론, 본론, 결론의 형식으로 구분해서 쓴다. 서론은 논제를 제시하며 본론의 내용을 독자에게 소개하는 역할을 하고, 결론은 독자에게 앞에서 쓴 내용을 간략히 정리하고 자신의 논지를 명확히 전달하는 역할을 한다.

먼저 서론에서는 글의 논제를 자연스럽게 제시해주어야 한다. 이를 위해 서론은 보통 도입부와 논제 제시부로 구성된다. 도입부에서는 자연스럽게 화제를 유도해야 하며, 이후 논제제시부에서는 글의 논제를 구체화하고 글의 전개 방향을 암시해야 한다.

서론에서 다루어야 할 사항은 한 마디로 '무엇을 왜 어떻게'이다. 글에서 무엇을 말하고자 하는지, 왜 그것을 말하고자 하는지, 어떻게 그것을 말할 것인지가 서론에서 언급해야 한다. 다시 말해서 서론에서는 집필 대상, 집필 동기 또는 목적, 의미, 방법 등에 관한 내용을 대략적으로 밝히는 것이다. 그러기 위해서는 앞으로 전개될 글 내용에 대해 충분한 성찰과 상당한 이해가 필요하다. 주제 제시는 되도록 구체적일수록 좋으며, 또한 이 부분에서는 본론과의 연계를 고려하여 글의 전개 방향을 암시해줄 필요가 있다.

글의 성격과 글 쓰는 이의 선택에 따라서는 도입부 없이 곧바로 주제 제시로 시작할 수도 있지만 특수한 경우가 아니라면 그리 바람직한 일이 아니다. 그렇게 할 경우 읽는 이에게 거부감과 저항감을 불러일으켜 좋지 않은 첫인상을 줄 수도 있기 때문이다. 도입부를 어떻게 시작하느냐에 따라 읽는 이로 하여금 글에 관심을 갖고 집중하게 만들 수 있다.

본론은 서론에서 제시한 주제를 본격적으로 논하여 구현하는 자리이다. 본론의 대부분이 논제를 뒷받침하는 과정이라고 할 수 있다. 이 뒷받침 과정을 논증문에서는 '논증argumentation' 또는 '추론reasoning'이라고 부른다. 논증과 추론의 핵심은 합당한 근거나 이유를 제시하는 것에 있다. 근거나 이유를 들어 입증하고 설득하여 각 소주제와 주제의 정당성을 뒷받침하는 것이다. 이때 관건은 첫째, 각 소주제를 충실하게 뒷받침할 근거나 이유를 확보하는 것, 둘째, 논증을 치밀하게 전개할 논리적 연관성을 갖추는 것, 셋째, 본론의 세부 내용을 효과적으로 펼쳐나갈 적합한 전개 방법을 채택하는 것이다. 이 세 가지 모두 뒷받침 내용을 알차고 견실하게 서술하기 위해, 다시 말해 좋은 글을 쓰기 위해서 필수적인 요건들이다.

서론에서 문제를 제기하면서 읽는 이의 관심을 유도했다면, 본론에서는 근거와 이유를 제시하며 거기에 합당한 답을 찾아 나갔다. 답을 찾았다면, 사실상 결론에 도달한 셈이고, 글쓰기가 그것으로 끝나도 된다고 생각할 수 있다. 그러나 실제로는 그렇지 않다. 마무리를 잘해야 좋은 글이 되고 좋은 글로 기억될 수 있다. 논증문, 보고서 등의 결론에서는 본론의 내용을 요약하는 것이 필요하다. 본론 내용을 요약하면서 그 핵심을 강조하고 본론에서의 주제 논의가 갖는 의미를 부각시켜야 한다. 덧붙여 본론에서 미처 다루지 못했던 부차적인 내용을 언급할 수도 있다. 그러나 본론의 논지에서 벗어나는 새로운 내용이 갑자기 등장하는 것은 피해야 한다. 또 대안 제시는 결론에서 필수불가결한 요소는 아니다. 누구나 생각할 수 있는 지나치게 일반적인 대안이나 추상적인 제안은 제시하지 않느니만 못하다.

### (3) 논증문의 실제

다음은 사형제 폐지를 주장하는 논증문이다.

> **예문** 대한민국 헌법 제10조는 "모든 국민은 인간으로서의 존엄과 가치를 가지며, 행복을 추구할 권리를 가진다. 국가는 개인이 가지는 불가침의 기본적 인권을 확인하고 이를 보장할 의무를 진다."라고 선언하고 있습니다. 이는 인간의 생명권을 전제로 합니다. 인간의 생명은 실존의 근거로 절대적인 가치를 지니며 다른 목적을 위한 수단이 되어서도 안 되고 다른 가치와 비교의 대상이 될 수도 없습니다. 그러나 우리는 인간 실존의 근거인 생명을 빼앗는 형벌인 사형제를 유지하고 있습니다. 이에 다음과 같은 이유로 법률체계에서 사형을 완전히 폐지하는 법률안을 제출하게 되었습니다.
>
> 첫째, 사형제도가 범죄 발생을 억지하지 않습니다. 유엔의 두 차례(1988년과 2002년) 조사 결과는 사형제도가 범죄 발생을 억지하지 못한다고 결론 내리고 있습니다. 사형 존치 주와 폐지 주가 공존하는 미국의 경우 인구 10만 명당 살인율이 사형을 폐지한 주에서 오히려 더 낮은 것으로 조사되었으며—북동부가 3.8%고, 사형 존치 주가 5.5%입니다. 1975년 사형제도를 폐지한 캐나다의 경우 폐지 이전과 이후의 인구 10만 명당 살인율이 44% 감소했습니다.
>
> 둘째, 법관의 오판으로 사형이 집행된 경우 추후 진범이 밝혀진다 하더라도 생명을 되돌릴 수 없다는 점에서 치명적입니다. 1973년 이후 미국에서는 107명의 사형수가 새로운 증거가 발견되어 석방되었으며, 2000년 1월 사형 집행 모라토리움을 선언한 미국 일리노이는 오판에 의해 사형이 집행된 사람이 일리노이주에서만 13명이나 된다는 발표에 따른 것이었습니다.
>
> 셋째, 대한민국은 이미 사형폐지국입니다. 우리나라는 1997년 23명에 대해 마지막 사형을 집행한 이후 17년 동안 집행하지 않아 국제엠네스티가 분류한 실질

적 사형폐지국입니다. 또한 우리 정부는 2009년 유럽평의회 회원국 및 기타 국가 간의 형사사법공조협약 및 범죄인인도협약에 가입한 바 있어 본 협약에 가입한 유럽연합 회원국 전체를 비롯한 47개의 유럽 국가 및 이스라엘, 남아프리카공화국 등의 국가로부터 인도된 범죄인에 대해서는 대한민국 법원이 사형을 선고하더라도 그 형을 집행할 수 없습니다. 이것은 사형 집행이 실효성을 상실하였다는 의미로 앞으로도 사형을 집행하는 국가로 돌아가서는 안 된다는 강력한 방증이며 이를 위해 명분과 실질을 일치시키기 위한 입법적 결단이 필요합니다.

넷째, 사형 폐지는 전 세계적인 흐름입니다. 국제엠네스티 자료에 따르면 2013년 12월 31일 기준으로 모든 범죄에 대해 사형을 폐지한 국가가 98개국, 일반범죄에 대한 사형폐지국이 7개국이며 사실상 사형폐지국이 35개국에 달해 전 세계 198개국 중 법적 또는 사실상 사형폐지국은 140개국에 이르고 있습니다. 미국 또한 사형을 폐지한 주가 점진적으로 증가해 19개 주에서 사형을 폐지하였습니다.

이제 우리 입법부의 결단이 남았습니다. 이 법률안은 모든 법률에서 사형을 폐지하고 가석방 없는 종신형을 사형의 대체형벌로 채택해 성안하였습니다. 이른바 절대적 종신형에 대해서도 인권 침해 요소가 매우 크다는 지적이 있기는 하지만 오랫동안 사형을 폐지하기 위해 노력해 온 종교, 인권단체 및 학계와 심도 있는 논의를 통해 확정한 대안임을 말씀드립니다.

-유인태, 사형 폐지에 관한 특별법 발의문,
19대 336회 1차 법제사법위원회 국회회의록, 2015.08.21.

윗글의 논제는 '사형제를 폐지해야 하는가'이고 논지는 '사형제를 폐지해야 한다'이며, 논지를 뒷받침하기 위한 논거를 네 가지 들고 있다. 구성을 정리하면 다음과 같다.

〈논증문의 구성 1〉

서론: 논제 제시와 주장
본론: 이유와 근거 1
이유와 근거 2
이유와 근거 3
이유와 근거 4
결론: 주장과 해법 제시

서론에서는 대한민국의 헌법과 사형제가 서로 배치되는 현 상황의 문제점을 지적하고, 사형제를 폐지해야 한다는 주장을 서술하고 있다. 또는 최근 잔혹한 범죄가 국민들의 공분을 사면서 사형제 폐지에 반대하는 사람들의 수가 증가한 현실을 문제 상황으로 제시할 수도 있을 것이다.

본론에는 이유와 근거를 제시한다. 자신의 주장을 뒷받침하는 이유는 하나보다는 여러 개를 제시하는 것이 좀 더 설득력이 있다. 이유가 여러 개 있을 때는 그들 간의 비중이나 선후관계를 따져 논리적으로 배치하는 것이 필요하다. 이 글에서는 사형제를 폐지해야 할 이유를 네 가지 들고 있다. 첫 번째 이유는 사형제가 범죄를 억지하는 역할을 하지 못한다는 것인데, 그 근거로 사형제를 폐지한 곳에서 범죄율이 더 낮다는 것을 구체적인 수치로 제시하고 있다. 두 번째는 오판의 경우 돌이킬 수 없다는 이유를 들면서, 실제 오판의 수치를 근거로 들고 있다. 세 번째 이유는 한국에서 사형제가 이미 실효성을 상실했다는 것으로서, 오랫동안 사형집행이 이루어지지 않음으로써 사실상 사형폐지국이라는 것을 근거로 든다. 네 번째로는 사형제 폐지가 세계적인 추세라는 것을 이유로 들면서 198개국 중 140개국이 사형을 폐지하였다는 사실을 근거로 들고 있다.

이 글에서는 전제가 생략되어 있다. 첫 번째 이유의 전제는 형벌과 범죄 발생 사이에는 관련이 없다는 것, 두 번째 전제는 생명은 돌이킬 수 없다는 사실, 세 번째 전제는 명목뿐인 제도는 실효성이 없다는 사실, 네 번째 전제는 우리나라가 세계적 흐름에서 동떨어진 국가가 아니라는 사실이 될 것이다. 앞에서도 말했듯이 누구나 알 수 있는 당연한 전제는 생략할 수 있지만, 전제까지 제시하면 더욱 논리적인 글이 될 수 있다.

결론에서는 다시 한번 자신의 주장을 제시하고 해법까지 제시할 수 있다. 윗글에서는 사형제를 폐지해야 한다는 주장을 확인하면서 사형제 대신 가석방 없는 종신형을 채택한 법안을 통과시킬 것을 촉구하고 있다.

그런데 사형제 존폐 논란의 경우 사형제를 폐지해야 한다는 측과 유지해야 한다는 측의 의견이 팽팽하게 맞서는 주제인 만큼 논증문의 논리를 더욱 탄탄하게 만들기 위해서는 반대 의견에 대한 검토가 들어가는 것이 좋다. 범죄 억지 효과가 없다는 주장과 달리, 죽음은 인간에게 있어 가장 큰 두려움이므로 사형제도가 범죄를 예방할 수 있다는 반대 의견도 있다. 또한 형벌의 본질이 범죄에 대한 응보에 있기 때문에 일반 국민의 응보관념과 법 감정 및 정의 관념에 부합하도록 사형제가 유지되어야 한다는 주장이 있다. 그리고 인도주의적 관점에서 사형제 폐지 주장은 범죄자의 생명권만을 고려하고 정작 피해자의 인권에 대한 고려는 빠져 있다는 비판이 있다.

이러한 반론을 소개할 경우 그것을 반박하는 내용이 이어져야 하며, 이를 통해 나의 논리를 더욱 탄탄하게 할 수 있다. 예를 들어 사형제도에 범죄예방 효과가 있다는 반대 의견이 전혀 사실과 부합하지 않는다는 것을 구체적인 통계자료를 들어 반박할 수 있다. 또한 피해자의 인권이나 응보관념을 내세우는 반대 의견에 대해 인간의 생명이 헌법에서 정한 모든 기본권의 원천이라는 보다 근본적인 이유를 들어 반박할 수 있을 것이다. 이때 이유를 먼저 들고 반대 의견에 대한 검토와 반박이 이어지는 순서로 글을 쓸 수도 있고, 먼저 반대 의견을 소개한 후 이를 반박하는 형식으로 글을 쓰는 것도 가능하다. 글의 논리에 적합하게 순서를 배치하면 된다.

〈논증문의 구성 2〉

서론
본론: 이유와 근거 (전제)
반론과 반박
결론

**예문** '노키즈존', 점주와 고객 모두 수긍하는 해법 찾자

<table>
<tr><td>지난해 가을 제주도의 한 음식점이 13살 이하 어린이와 청소년을 동반한 가족 손님에게 서비스를 거부했다. 그 가족이 제소하자, 국가인권위원회가 '나이를 이유로 한 차별 행위'라고 판정하고 시정할 것을 권고했다. 인권위의 판단이 옳다. 이를 전제로, 어린이 동반 손님을 받지 않는 이른바 '노키즈존' 논란에 점주와 고객이 함께 수긍할 수 있는 합리적인 해법을 찾아야 한다.</td><td>문제<br>설정</td></tr>
<tr><td>인권위의 판단은 합리적인 이유 없이 영업점을 노키즈존으로 설정하는 것을 영업상의 자유로 인정하기 어렵다는 것이다. 인권위는 '일부 아동의 산만한 행동이나 보호자의 무례한 행동을 이유로 모든 아동 및 아동을 동반한 보호자의 식당 이용을 전면 배제하는 것'은 문제라고 봤다.</td><td>이유<br>+<br>근거</td></tr>
<tr><td>식당이나 카페 등의 영업점을 노키즈존으로 해온 점주들은 인권위의 판단이 불만스러울 것이다. 이해 못할 바 아니다. 일부 부모가 데리고 온 어린이의 행동을 적절히 통제하지 않는 데서 문제가 비롯한다. 어린이가 안전사고 위험을 키우거나, 다른 손님에게 방해되는 행동을 하는 경우가 있다. 그렇다고 어린이를 동반하는 손님을 아예 거부해버리는 것은 서비스업을 하는 사람으로서 기본을 벗어난 것이다.</td><td>반론<br>+<br>반박</td></tr>
<tr><td>어린이를 동반하는 손님들은 공공장소 이용 예절에 대한 인식과 태도를 새롭게 할 필요가 있다. 노키즈존이라서 그 점포를 더 선호하는 손님도 많은 게 현실이라면, 인권위의 권고로 노키즈존의 확산을 막기가 쉽지 않을 것이다. 점주의 불만을 이해하는 손님이어야, 손님으로 제대로 대접을 받을 수 있다. 어린이 고객이 영업점주에게 부담을 지우는 경우 추가 비용을 치르게 하는 가격제도를 만드는 방법도 고려할 필요가 있다. 가족이 안전하게 머물 수 있는 공간을 별도로 두고 별도 요금을 받거나, 점포 이용자 수를 고려한 가격 책정 등 열린 해법이 없지 않을 것이다.</td><td>결론</td></tr>
</table>

- 〈한겨레 신문〉, 2017.11.26.

앞의 글은 '노키즈존'의 운영에 반대하는 입장의 글이다. 글쓴이는 서론에서 '노키즈존'을 시정하도록 한 국가인권위원회의 권고안에 동의한다는 입장을 밝히면서 점주와 고객이 모두 수긍할 만한 해법을 찾아야 한다는 자신의 주장을 먼저 언급하였다. 다음 단락에서는 노키즈존을 시정해야 한다는 주장의 이유와 근거를 들고 있다. 그 이유는 노키즈존은 영업상의 자유로 인정하기 어렵기 때문이라는 것이며, 일부 아동의 행동을 이유로 모든 아동의 식당 이용을 전면 배제하는 것은 '연령에 의한 차별 행위'라는 사실을 근거로 제시하였다. 다음 단락에서는 이러한 주장에 대한 업주 측의 반대 의견을 소개한 후 그 의견을 반박한다. 어린이가 안전사고의 위험을 키우거나 다른 손님들에게 방해되는 경우가 있다고 하지만 그렇다고 해서 어린이를 동반한 모든 손님을 거부하는 것은 서비스업의 기본이 아니라는 것이다. 마지막 단락에서는 노키즈존 대신 이 문제에 대한 합리적 해법을 마련해야 한다는 결론을 내리고 있다. 이 글에서는 노키즈존 설치 반대 이유를 한 가지만 들고 있지만 더 많은 이유를 들어서 주장의 근거를 탄탄하게 할 수 있다.

논증하기 연습문제

▶p. 285

# 4 감상 및 비평하기

우리는 포털 사이트, SNS 등의 매체를 통해 대량의 정보에 쉽게 접근하는 시대, 다양한 가치관을 자유롭게 표현하고 불특정 다수와 소통하는 시대에 살고 있다. 때문에 필요한 정보를 선별하고 그것을 분석, 정리할 수 있는 능력이, 나아가 우리의 가치관을 타인에게 설득력 있게 제시하는 능력이 어느 때보다 중요하다. 우리는 이 능력을 '비평'이라고 말할 수 있다. 페이스북에서 본 콘텐츠에 '좋아요'를 누르거나, 감상한 영화에 '평점'을 매기고, 포털 사이트에 걸린 신문기사에 댓글을 다는 행위 등은 모두 의사표현 행위이자 넓은 의미의 비평 행위에 해당된다. 필요한 정보를 선택하고 이용하는 행위는 또 다른 정보의 생산으로 이어지고, 우리가 생산한 정보는 타인에게서 또 다른 의사표현을 불러온다. 그러므로 정보를 분석하고 생산하는 비평적인 시각과 표현 능력은 현대인이 갖춰야 할 기본적인 소양이라 할 수 있다.

비평criticism은 고대 그리스어 'krino'에서 연원하는데, 이 말은 '재다', '구분하다', '판단하다', '재판하다' 등의 의미를 갖고 있다. 고대 그리스는 측량술과 기하학이 발달했는데,

이유는 '내' 땅과 '네' 땅의 불분명함이 시민들의 갈등을 불러일으켰기 때문이다. 이러한 갈등은 곧 도시 사회의 위기crisis를 의미하기에, 시민들은 땅을 정확히 측량하여 선을 긋는 것으로 분쟁을 조정해야 했다. 즉 위기 상황에서 갈등의 원인을 파악하고 명확하게 선을 긋는 것이 비평의 기본적 의미임을 알 수 있다. 비평의 이러한 의미는 우리가 사는 현대사회에서도 여전히 유효하다. 다양한 문화와 가치관이 섞여 있고 상시적으로 갈등과 분쟁의 소지를 안고 있는 오늘날에, 비평은 올바른 가치를 판단하고 그것을 타인에게 설득력 있게 제시하는 행위를 의미한다.

감상비평appreciative criticism이라는 용어에서 확인할 수 있듯이, 감상appreciation과 비평은 매우 가까운 거리에 있는 개념이다. 감상과 비평을 구분하기는 쉽지 않은데, 왜냐하면 두 개념이 대상에 대한 이해와 대상을 대하는 주체의 생각과 느낌을 공유하기 때문이다. 하지만 감상이 대상을 읽는 과정을 즐기는 행위를 강조한다면, 비평은 대상을 해석하고 평가하는 행위를 강조한다는 면에서 차이가 있다. 다시 말해, 감상이 정서적인 측면을 강조하고 자기 확인과 표현을 목적으로 삼는다면, 비평은 논리적인 측면을 강조하고 대상에 대한 정보 제공과 타인과의 대화를 목적으로 삼는다. 물론 감상과 비평을 거칠게 구분하는 것은 글쓰기에서 그다지 유효하지 않다. 왜냐하면 훌륭한 감상에는 비평이 없을 수 없고, 훌륭한 비평에는 감상이 없을 수 없기 때문이다. 여기서는 감상을 비평의 구성요소 중 하나로 보고 그 성격을 서술하려고 한다. 비평의 구성요소를 표로 나타내면 다음과 같다.

| 비평 | |
|---|---|
| 이해 | 대상을 분석하고, 대상과 관련한 자료를 조사, 분류, 정리하는 행위 |
| 해석 | 이해한 것을 비평 주체의 시각에 따라 다시 진술하는 행위 |
| 감상 | 대상을 읽는 과정을 즐기는 행위 |
| 평가 | 기준에 따라 대상의 수준이나 가치를 판단하는 행위 |

비평은 이해, 해석, 감상, 평가의 네 가지 요소로 구성된다. 이해understanding는 대상

을 분석하고, 대상과 관련한 자료를 조사, 분류, 정리하는 행위를 말하며, 비평 주체는 이 과정을 통해서 대상이 말하고자 하는 바에 접근한다. 이해는 비평의 핵심 요소로서 해석, 감상, 평가의 근거를 마련하는 과정이기도 하다. 먼저 비평 대상의 내용과 형식을 분석하고, 이어 대상과 관련한 기타 자료를 조사, 분류, 정리한다. 조사하는 자료에는 대상을 만든 사람, 대상에 대해서 이미 언급한 다른 사람의 말과 글, 대상이 생성되고 유통된 시대적 배경 등이 모두 포함된다. 물론 조사하고 정리해야 할 내용은 비평 주체의 시각이나 상황에 따라 제한될 수 있다. 하지만 가급적 대상과 관련하여 충분하게 자료를 조사하고 정리하는 것이 좋다. 왜냐하면 그 내용이 풍부하고 다양할수록 해석, 감상, 평가의 가능성이 커지기 때문이다. 확신은 사고를 멈추게 하기에 이해를 하는 동안에는 열린 시각을 갖는 것이 좋다. 이럴 때 이해는 기존 가치의 확인이라기보다 새로운 가치를 탐색하는 과정이 된다.

**예문** 〈애프터 양〉은 밝기를 최대로 높여야 할 만큼 어두운 색채를 가진 영화다. 하지만 동시에 따뜻한 영화다. 양이 쓰러지고 난 후, 점차 집안에는 어두운 분위기가 많이 등장한다. 화면에는 그림자가 많이 나온다. 관객들은 불이 다 꺼진 채 스탠드만 켜진 곳에서 인물들이 이야기를 나누는 장면, 전등을 켜지 않은 집안 풍경을 자주 볼 수 있다. 하지만 양의 기억 속에서는 색채가 밝아진다. 무지개, 햇살에 부딪히는 나뭇잎들, 햇빛이 들이치는 집안의 풍경 등 한눈에 봐도 밝아지는 장면들을 볼 수 있다. 양은 곳곳에서 보이는 생활의 흔적과 자연적인 풍경, 서로 머리를 맞대고 있는 제이크와 키라, 미카를 안아주는 키라 같이 일상에서 놓치기 쉬운 가장 작고 소중한 기억을 또렷하게 보고 있었다. 양이 쓰러지고 난 후 제이크의 가족들은 아슬아슬하고 어두운 상황들로 연출되었지만, 양의 기억 속에 남아있는 제이크의 가족들은 안정적이고 따뜻하다. 고정된 장면 내에서 움직이는 가족들과 달리, 양의 기억 속 가족들은 흔들리는 장면으로 생동감이 느껴진다. 일반적인 장면과 양의 기억은 상반된 연출로 인해 그 차이가 더욱 뚜렷하다.

— 학생의 글(일부 수정)

코고나다 감독의 영화 〈애프터 양〉(2022)을 대상으로 한 학생의 글에서 일부를 가져왔다. 〈애프터 양〉은 안드로이드 인간 '양'이 작동을 멈춘 이후 제이크 가족이 양의 의미를 찾는 과정을 담고 있다. 위 글을 쓴 학생은 영화의 색채를 분석한다. 양이 부재한 이후 '불 꺼진 집안 풍경'과 양의 메모리 속에 있는 '햇살에 부딪히는 나뭇잎들'을 대조한다. 이러한 대조를 통해 양이 제이크 가족에게 부재함으로써 존재하고 있음을 보여준다. 인간과 비인간, 존재와 부재, 상실과 애도 등 이 영화의 주제의식은 상반된 색채의 대조를 통해 뚜렷이 드러난다. 여기서 더 나아가 백인 아버지 제이크, 흑인 어머니 키라, 아시아인 딸 미카의 가족 구성을 한국계 미국인 감독인 코고나다와 연결해서 이해할 수도 있다. 그렇다면 감독의 전기적 행적, 이 영화가 제작된 2022년 현재의 다문화에 대한 사회적 인식 등에 대한 더욱 넓은 자료 조사가 필요할 것이다. 이 모두가 대상에 대한 이해의 과정에 포함된다.

해석interpretation은 이해의 과정에서 조사하고 분석, 분류, 정리한 내용을 비평 주체의 시각에 따라 다시 진술하는 행위를 말한다. 때문에 해석은 이해에서 파생되는 요소라고 말할 수 있다. 이해가 기본적인 읽기라면 해석은 개성적인 읽기다. 비평 주체는 이해한 내용의 일부를 '강조'하고, 다른 일부를 '생략'하며, 강조한 내용들을 긴밀하게 '연결'하는 과정을 통해서 대상을 새롭게 해석한다. 그리고 이 과정에서 비평 주체의 개성적 시각이 작용한다. 해석의 과정을 통해 비평 주체는 하나의 가치 있는 의미를 생산해낼 수 있다. 대상의 보이지 않는 본질을 드러내거나, 남들과는 다른 시각에서 대상을 제시하거나, 이전에 없던 의미를 대상에 부여하는 것 등이 의미의 생산에 해당된다. 이런 맥락에서 해석은 대상을 만든 사람보다 대상을 더 잘 이해하는 행위라고 볼 수 있다. 주의해야 할 점은 해석이 개성적 시각만을 강조하는 것은 아니라는 점이다. 해석이 이해의 과정에서 파생된 요소임을 잊어서는 안 된다. 대상에 대한 새로운 해석은 성실한 이해의 과정을 통해 그 타당성을 확보할 수 있다.

**예문** 영화 내내 조조는 신발 끈을 제대로 묶지 못한다. 조조의 신발 끈이 풀리면 항상 로지가 묶어주곤 했다. 하지만 로지가 사망하고 전쟁이 끝난 후, 조조는

로지가 자신에게 해주었던 것처럼 엘사의 신발 끈을 묶어준다. 이 장면은 단순히 조조가 정신적으로 성장했다는 것을 의미하지 않는다. 오히려 관객에게 페이소스를 느끼게 한다. 조조는 여러 사람과의 만남과 결별을 통해 혼자가 아닌 둘이라는 것에 의미를 부여한 것이다. 누구에게나 전쟁을 겪고, 부모님을 잃는 것은 굉장한 충격이다. 어쩌면 조조는 그 충격 때문에 인간관계의 소중함을 알 수 있었던 것이지 않을까. 혹은 조조는 계속해서 의지할 사람이 필요했기 때문이지 않을까. 조조는 고작 열 살밖에 되지 않는 어린아이라는 것을 다시 생각할 필요가 있다. 영화의 중반부에서 로지는 춤이 자유로운 사람을 위한 것이며 모든 비극을 잊게 해준다고 말한다. 전쟁이 종료된 후, 히틀러는 자살했으며 독일은 패배했다. 그러므로 유대인인 엘사는 비로소 자유를 되찾는다. 그 후 조조와 엘사는 함께 춤을 추며 영화가 끝난다. 하지만 오랜 시간 동안 유대인이 겪은 불합리한 억압은 나치당이 붕괴하고 전쟁이 끝나는 것만으로 해소되지 않는다. 나치는 인종주의를 바탕으로 600만 명의 유대인을 학살했다. 엘사의 춤은 해방의 기쁨뿐만 아니라 슬픔의 감정도 담긴 춤이다. 자유를 얻은 엘사의 춤을 보고 엘사와 유대인이 받은 탄압에 대해 생각해보는 것이 이 영화의 결말을 제대로 이해하는 태도이다.

— 학생의 글(일부 수정)

타이카 와이티티 감독의 영화 〈조조 래빗〉(2020)을 대상으로 한 학생의 글에서 일부를 가져왔다. 〈조조 래빗〉은 2차 세계대전 말, 독일 소년단에 입단한 열 살 소년 '조조'의 어린 시절을 담고 있다. 이 영화에서 신발 끈을 묶는 장면과 춤을 추는 장면이 여러 차례 반복해서 나온다. 그렇다면 두 행위가 의미하는 것은 무엇인지에 대한 질문을 던질 수 있다. 위 글을 쓴 학생은 두 행위에 대한 해석을 시도한다. 신발 끈을 묶는 장면이 반복해서 나온다. 그때마다 시간과 장소, 인물이 바뀐다. 하지만 누군가가 다른 누군가의 신발 끈을 묶어준다는 것에는 변함이 없다. 학생은 이 사실과 신발 끈 묶기를 연결한다. 그럴 때 신발 끈 묶기는 혼자가 아닌 함께의 의미로, 함께하는 데서 느낄 수 있는 관계의 소중함으로 해석될 수 있다. 춤 역시 영화에서 여러 차례 나온다. 나치 지배 아래에서 로지는 춤을 추고, 나치의 패배 이후에 조조와 엘사가 춤을 춘다. 시간과 공간, 인물이 바뀌지만 춤은 계속된다. 여기서 학생은 춤을 나치의 유대인 학살 및 패배라는 역사적 사실과 연결한다. 이럴 때 나치 지배 아래에서의 춤은 자유와 해방에 대한 희망으로, 나치 패배 이후의 춤은 해방을 맞은 기쁨과 슬픔을 이겨내고 얻은 보상으로 해석될 수 있다.

감상appreciation은 읽는 과정을 '즐기는' 행위를 말한다. 주의할 점은 감상感想은 감상感傷과 다르다는 점이다. 감상感傷은 상한 감정, 달리 말하자면 특별한 근거가 없이 일어나는 감정을 말한다. 모든 표현은 타인과 소통하는 것을 전제로 하기에, 주관의 객관화 과정을 거쳐야 한다. 때문에 근거가 없는 감정, 즉 감상感傷은 감상의 표현 대상이 될 수 없다. 감상感想은 객관적인 근거의 뒷받침을 받는 생각과 느낌이어야 하며, 그러할 때 타인의 공감을 얻을 수 있다. 더불어 '즐기는' 행위가 즐거움과 고통스러움의 양가적 감정을 함의한다는 사실을 간과해서는 안 된다. 가령 대상을 읽고 나서 몰랐던 것을 '알았다'면, 인식의 즐거움을 느꼈다고 말할 수 있다. 하지만 그것은 곧 지금까지 그 '앎'을 모르고 있었다는 사실에 대한 '앎'이기도 하다. 알고 있었어야 할 것을 이제야 알았다는 사실을 경험하는 것은 고통스러움을 유발한다. 때문에 대상을 감상하는 가운데 즐거움과 고통스러움을 동시적으로 느낄 수 있어야 제대로 감상했다고 볼 수 있다. 감상은 구체적으로 인식, 공감, 문제, 상상의 네 가지 요소로 구성된다.

| 감상 | |
|---|---|
| 인식 | 이 대상을 읽기 전에는 알지 못했던 것을 이 대상을 읽고 나서 알 수 있었다. |
| 공감 | 이 대상을 읽기 전에는 느끼지 못했던 감정을 이 대상을 읽고 나서 느낄 수 있었다. |
| 문제 | 이 대상을 읽기 전에는 제기하지 못했던 문제를 이 대상을 읽고 나서 제기할 수 있었다. |
| 상상 | 이 대상을 읽기 전에는 상상하지 못했던 것을 이 대상을 읽고 나서 상상할 수 있었다. |

대상을 읽기 전에는 알지 못했던 것을 읽고 나서 알았다면 '인식'의 즐거움을 느낀 것이고, 대상을 읽기 전에는 느끼지 못했던 것을 읽고 나서 느낄 수 있었다면 '공감'의 즐거

움을 느낀 것이다. 대상을 읽기 전에는 제기하지 못했던 문제를 읽고 나서 제기할 수 있었다면 '문제'의 즐거움을 느낀 것이고, 대상을 읽기 전에는 상상하지 못했던 것을 읽고 나서 상상할 수 있었다면 '상상'의 즐거움을 느낀 것이다. 이러한 인식, 공감, 문제, 상상의 즐거움을 중심으로 글을 쓴 것을 감상문이라고 한다. 감상문에 네 가지 구성요소를 모두 넣어야 하는 것은 아니다. 감상하는 대상의 성격, 글에서 말하고자 하는 내용, 글을 쓰는 목적 등에 따라 일부 요소를 강조하고 다른 요소를 생략할 수 있다. 중요한 것은 감상 주체가 감상하는 과정을 통해 감상하기 전과는 질적으로 다른 존재가 된다는 데 있다. 때문에 감상은 되어야 할 미래의 내 모습으로 현재의 나를 데려가는 과정이라고도 말할 수 있다.

예문 나는 이 영화의 내용이 비극에 가깝지만, 그런데도 현실을 매우 잘 반영한다고 생각한다. 또한, 대부분의 극적인 장면이 사실은 현실에서도 일어나는 일이라는 점에서 이 영화는 일반적인 영화와는 다르다고 할 수 있다. 감독은 '영화'라는 매체를 통해 안전과 목숨마저 계급화된 현실을 전달하고자 했다. 한국전력공사는 영화에서의 전력 업체와 유사한 방식으로 '위험의 외주화'를 진행 중이다. 2020년 국정감사 당시 한국전력이 제출한 자료에 의하면, 2010년부터 2017년 8월까지 자사 배전 관련 안전사고 중 도급자의 비중이 89.5%였다. 또한 2018년 MBC PD수첩 취재에 따르면, 사람이 고압선을 직접 만지지 않고 수리할 수 있는 '간접 활선 공법'은 사람이 직접 고압선을 만져야 하는 '직접 활선 공법'에 비해 20%의 추가 비용이 발생한다고 한다. 이처럼 한국전력공사는 사람의 안전보다 비용 절감을 중요시했다. 위험이 뒤따르는 대부분의 작업은 외주화하여 사고에 대한 직접적인 책임을 최소화했다. 영화 속 하청업체 또한 그렇다. 이러한 측면에서 두 회사의 유사성을 생각해 보면, 이 영화는 고발적인 성격을 지닌다고 할 수 있다.

— 학생의 글(일부 수정)

이태겸 감독의 영화 〈나는 나를 해고하지 않는다〉(2021)를 대상으로 한 학생의 글에서 일부를 가져왔다. 〈나는 나를 해고하지 않는다〉는 부당한 파견 명령을 받은 한 여성 노동자가 열악한 노동 현장에서 겪는 어려움을 담고 있다. 위 글을 쓴 학생은 이 영화를 사회 고발적인 성격의 영화로 감상하고 있다. 이 영화가 우리 사회의 현실을 매우 잘 반영하고 있음을 언급한 뒤, 구체적인 근거로 2020년 국정감사 당시 제출된 한국전력 자료와 2018년 MBC PD 수첩 취재 자료를 제시한다. 근거 자료를 바탕으로 한 생각의 명확한 표현은 감상에 설득력을 높인다. 감상은 더 이상 학생 개인의 주관에 그치지 않고 다른 사람들에게 전달될 수 있을 만큼 객관화된다. 여기에 더해 부당한 파견 명령을 받은 주인공의 억울함에, 위험하고 열악한 노동 환경에서 일하는 노동자들의 불안감에 공감할 수도 있다. '위험의 외주화'의 바탕에 무엇이 있는지, 우리는 왜 이 문제를 해결하지 못하는지, 지금 우리가 해야 하는 일은 무엇인지 등에 대해서 질문할 수도 있다. 여성이라는 이유로 부당한 명령을 받지 않는 사회, 노동자가 안전하고 즐겁게 일할 수 있는 환경이 마련된 사회, 다시 말해 아직 오지 않은 사회에 대해서 상상할 수도 있다. 중요한 것은 구체적인 근거를 바탕으로 자신이 알고 느낀 것을 서술하는 것이다. 아니 서술한 만큼 우리는 알았음을, 그리고 느꼈음을 확인할 수 있다. 그것이 감상이다.

평가evaluation는 기준에 따라 대상의 수준이나 가치를 판단하는 일을 말한다. 이럴 때 중요한 것은 다수의 동의를 얻을 수 있는 명확한 기준을 제시하는 것이다. 기준은 크게 외재적 기준과 내재적 기준으로 구분되고, 외재적 기준은 다시 관습적 기준과 도덕적 기준으로 구분된다. 가령 미스터리 스릴러 영화는 범인이 누구인지를 알아가는 서사로 진행된다. 때문에 영화 속 복선이나 암시가 범인을 긴밀하게 지시하지 못하거나 추리과정이 자세하게 드러나지 않는다면 낮은 평가를 받을 수밖에 없다. 이것은 관습적 기준에 따른 평가이다. 또한, 어떤 영화가 여성이 잔인한 범죄를 당하는 장면을 여과 없이 보여주거나 서사의 진행과 긴밀성이 없는 지나친 성행위 장면을 장시간 비춘다면 여성 혐오와 성 상품화의 비난을 받을 수 있다. 이것은 도덕적 기준에 따른 평가이다. 이와 달리 영화를 재미있게 보았거나 영화를 통해 유익한 지식이나 교훈을 얻을 수 있었다면 관객은 영화를 긍정적으로 평가할 수 있는데, 이는 내재적 기준에 따른 평가에 해당된다.

**예문** 〈미싱 타는 여자들〉은 평화시장 노동자에 대한 영화이다. 그러나 평화시장을 배경으로 한 영화 중 드물게 여성 노동자의 이야기를 보여준다. 2021년 전태일 열사의 이야기를 중심으로 한 〈태일이〉라는 제목의 영화가 상영되었다. 〈태일이〉에도 죽도록 일하고 커피 한 잔 값도 받지 못한 채 피를 토하는 어린 여공들의 얼굴이 나오긴 한다. 그러나 〈태일이〉에서 여공은 불쌍하고 힘없는 여공으로 나온다. 여공들이 삶의 주체로서 어떻게 살아가는지, 어떤 감정을 느끼는지 등은 〈태일이〉에서 다뤄지지 않는다. 반면 〈미싱 타는 여자들〉에서는 여공들이 노동교실을 통해 자아를 형성하는 과정, 노동교실에서 느꼈던 즐거움, 9·9 사건 이후 느꼈던 좌절과 슬픔, 상처의 아픔을 극복해 나가는 과정을 모두 담아낸다. 주체적인 여공의 이야기를 담았다는 점에서 〈미싱 타는 여자들〉은 기존의 평화시장을 소재로 한 〈아름다운 청년 전태일〉이나 〈태일이〉와는 차별성을 갖는다고 할 수 있다.

— 학생의 글(일부 수정)

김정영·이혁래 감독의 다큐멘터리 〈미싱 타는 여자들〉(2022)를 대상으로 한 학생의 글에서 일부를 가져왔다. 〈미싱 타는 여자들〉은 청계피복노동조합에서 세운 새마을노동교실에서 공부하던 어린 여성 노동자들이 노동교실에서 공부하는 과정과 노동교실을 사수하기 위해 농성했던 사건(9·9사건)을 다루고 있다. 위 글을 쓴 학생은 이 영화의 차별성을 유사하거나 인접한 다른 영화, 즉 〈아름다운 청년 전태일〉과 〈태일이〉와의 비교를 통해 드러낸다. 전태일은 1970년대 청계천 노동운동의 상징적 인물이기에 이 시기 노동운동을 다룬 영화들은 전태일의 삶이나 그의 노동운동 과정에 초점을 맞추었고, 때문에 당시 그곳에서 일했던 다수의 여성 노동자들의 삶을 온전히 그리지 못했다. 학생은 세 영화의 비교를 통해 〈미싱 타는 여자들〉이 다른 영화들이 놓친 부분을 담아냈고, 그것이 이 영화가 높게 평가받는 이유임을 설득력 있게 서술하고 있다.

# 5

# 퇴고하기

'미저리', '쇼생크 탈출'과 같은 유명한 영화의 원작 소설을 쓴 스티븐 킹Steven King이라는 소설가는 글은 두 번 써야 된다고 조언한다. 한 번은 서재 문을 닫고, 한 번은 서재 문을 열고. 독자와의 의사소통을 고려하는 것이 무척 중요하긴 하지만 초고 단계에서부터 독자를 고려하여 글을 쓰는 것은 그리 쉽지 않다. 독자의 시선을 지나치게 의식하는 것은 자신의 생각을 깊이 있게 펼치는 데 이따금 장애가 되기도 한다. 초고 단계에서는 비교적 자유롭게 자기의 생각을 펼치되, 독자와의 의사소통을 고려하면서 그것을 다시 쓰는 작업이 반드시 필요하다는 말로 이해할 수 있다.

'퇴고推敲'를 하라고 하면 학생들은 흔히 비문을 고치고 틀린 맞춤법을 바로잡는 등의 '교정' 활동을 떠올리는 경우가 많다. 그러나 퇴고는 교정 이상의 것이다. '퇴고'라는 말이 나오게 된 유래는 잘 알려져 있지만 퇴고는 '推' 혹은 '敲' 자를 써도 되는 상황에서 어느 것이 좋을까를 고민하는 일이다. 글쓰기에는 최종본이 있을 수 없으며 모든 글은 다시 고칠 수 있다. 당연히 퇴고에는 형식과 문체의 수정뿐 아니라 내용에 대한 수정과 보완도 포함된다.

## 1. 내용 고쳐 쓰기

초고의 내용을 수정하는 방식은 첨가, 삭제, 재구성의 세 가지이다. 더 필요한 것은 넣고, 불필요한 것은 빼고, 더 적합한 구성 방식을 찾아보는 것이다. 다음을 기준으로 삼아 글을 고쳐 쓸 수 있다.

### 1) 제시한 사실에 대해 충분한 정보가 제공되었는가?

| | |
|---|---|
| 수정 전 | 새로운 기술은 우리를 편리하게 해 주지만 그만큼 우리는 인간적인 연대를 느끼는 시간이 적어졌다. |
| 수정 후 | 새로운 기술은 우리를 편리하게 해 주지만 그만큼 우리는 첨단 기기들을 사용하는 시간이 길어져 타인과 정서적으로 교감하는 시간이 짧아졌다. |

글에서 제시한 정보에 대해서는 적절하고 충분한 근거가 제시되어야 한다. 수정 전 문장에서 새로운 기술의 발달로 인해 인간적 연대를 느끼는 시간이 적어졌다는 것은 직접 추론되지 않는다. 첨단 기기를 사용하는 시간이 길어졌다는 연결 고리를 넣어 주면 보다 안정감 있는 단락을 구성한다.

| | |
|---|---|
| 수정 전 | 하루에도 몇 번씩 버스를 타면서 이곳저곳을 오가느라, 나는 남들보다 버스에서 보내는 시간이 많은 편이다. 그렇게 다니다 보면 다양한 사람들의 모습을 볼 수 있다. 책 읽는 사람, 잠자는 사람, 음악을 듣는 사람, 재잘거리는 여학생들…… |
| 수정 후 | 나는 통학 거리가 먼 데다가, 아르바이트를 하거나 학원에 가기 위해 하루에도 몇 번씩 버스를 타기 때문에 버스에서 보내는 시간이 남들보다 많은 편이다. 그렇게 다니다 보면 다양한 사람들의 모습을 볼 수 있다. 책 읽는 사람, 잠자는 사람, 음악을 듣는 사람, 재잘거리는 여학생들…… |

위 글에서는 왜 남들보다 버스에서 보내는 시간이 많은지에 대한 이유가 제시되지 않았다. '하루에도 몇 번씩 버스를 타면서 이곳저곳을 오가느라'는 '버스에서 보내는 시간이 많은' 것 이상의 정보를 제공하지 않는다. 남들보다 버스에서 보내는 시간이 많다면 그 이유를 간략하게라도 제시하는 편이 좋다.

### 2) 꼭 필요하고 관련 있는 정보만을 제공하는가?

| | |
|---|---|
| 수정 전 | 제가 수학 교사의 꿈을 처음 가지게 된 것은 초등학교 3학년 때였습니다. 나이도 어려서 철도 들지 않고 활발한 성격의 소유자인 저는 친구들과 쉬는 시간, 점심시간을 가리지 않고 학교 운동장에 나가 축구를 했습니다. 게다가 FC 수원의 열렬한 팬이어서 수원에서 경기가 있을 때면 아빠와 형과 함께 자주 경기를 관람하곤 했습니다. 그럼에도 불구하고 친구들에게 당시 굉장히 어렵다고 느껴지던 곱셈을 차근차근 가르쳐 주면 선생님이 가르쳐 주시는 것보다 친구들이 더 잘 이해했습니다. 이때부터 어려운 문제를 친구들에게 가르쳐 주는 것을 즐겁게 생각하게 되었습니다. |
| 수정 후 | 제가 수학교사의 꿈을 처음 가지게 된 것은 초등학교 3학년 때였습니다. 당시 저는 공부는 열심히 하지 않고 틈만 나면 축구하기를 좋아하는 개구쟁이였습니다. 그럼에도 불구하고 수학만큼은 늘 자신 있는 과목이었습니다. 제가 친구들에게 수학 문제 푸는 것을 가르쳐 주면 친구들은 선생님보다 더 잘 가르쳐 준다고 좋아하곤 했습니다. |

정보가 부족한 글도 문제이지만 불필요한 정보를 지나치게 많이 제공하는 것도 문제가 된다. 말하고자 하는 주제와 직접 관계되지 않은 정보는 최소한으로 제공해야 주제를 더욱 선명히 부각할 수 있다.

수정 전 글에서 어린 시절 축구를 좋아했다는 정보는, 공부를 열심히 하지 않았으나 수학 공부만은 자신 있는 과목이었다는 점을 부각하는 데 필요한, 관련성 있는 정보라고 할 수 있다. 그러나 가족과 함께 종종 축구 경기를 직접 관람했다는 정보는 현재의 주제와 직접적인 관련성이 없으므로 이 부분은 삭제하는 편이 좋다.

### 3) 구성을 달리할 필요는 없는가?

| | |
|---|---|
| 수정 전 | 대통령의 권위가 하늘을 찌르던 시대는 이미 지났다. '권위'는 이미 구시대의 유물이다. 난해한 문장은 비민주적이다. 취임사는 쉬운 문장으로 써어야 한다. 한창 머리가 깨어나는 중학생도, 학교를 다니지 못한 노인도 모두 알아들을 수 있어야 한다. 알아듣기 어려운 난해한 문장의 취임사는 더 이상 국민에게 깊은 인상을 주지 못한다. |
| 수정 후 | 취임사는 쉬운 문장으로 써어야 한다. 한창 머리가 깨어나는 중학생도, 학교를 다니지 못한 노인도 모두 알아들을 수 있어야 한다. 어려운 문장은 비민주적이다. '권위'는 이미 구시대의 유물이며 대통령의 권위가 하늘을 찌르던 시대는 이미 지났다. 알아듣기 어려운 문장이 쓰인 취임사는 이제 국민에게 깊은 인상을 주지 못한다. |

퇴고 과정에서 각 단락의 주제문과 뒷받침 문장의 위치도 검토해 보아야 한다. 이 단락의 주제문은 단락의 중간에 있는 '취임사는 쉬운 문장으로 써어야 한다'는 것이다. 독자는 첫 문장과 둘째 문장을 읽고서 이 단락이 대통령의 권위에 대한 것으로 생각할 수 있다. 중괄식 단락보다는 두괄식 단락이 주제문을 좀 더 선명하게 전달할 수 있으므로 이 경우 주제문과 뒷받침 문장의 위치를 조정하는 편이 낫다.

# 2. 문장 및 문체 중심의 교정하기

## 1) 문장 다듬기

### (1) 문장 다듬기의 목적

문법적인 문장을 어문규정에 맞게 써야 하는 이유는 글쓰기가 의사소통 행위이기 때문이다. 비문법적인 문장과 어문규정에 맞지 않는 표현은 독자의 독해를 방해하며 결국은 원활한 의사소통의 장애 요인이 된다. 문법과 맞춤법을 지키는 일은 나의 글을 읽어 줄 독자에 대한 최소한의 배려이다.

글쓰기 연습에서 문장 고치기는 단순히 문법적인 문장을 쓰는 것도 아니고 아름다운 문장을 쓰는 것도 아니다. 독자가 막힘없이 술술 읽을 수 있는 문장을 쓰는 것이 가장 중요하다. 독자가 쉽게 읽을 수 있어야 의사소통 목적을 달성할 가능성이 높기 때문이다.

---

(가) 철수가 학교에서 영희를 만났다.
(나) 영희를 학교에서 철수가 만났다.

---

위 두 문장은 모두 문법적인 문장이다. 그러나 일반적인 상황에서는 (가)가 (나)보다 자연스럽게 느껴진다. 따라서 비문법적인 문장뿐 아니라 어색하거나 명료하지 못한 문장, 어색한 문장도 문장 고치기의 대상이 된다.

| | |
|---|---|
| 학생이 공부가 잘해야 된다. | 비문법적인 문장 |
| 늦잠을 즐기는 영규의 어머니는 오늘 아침에도 한바탕 부산을 떨었다. | 중의적인 문장 |
| 혜성은 대지에 안녕을 고하고 석양 속으로 사라졌다. | 모호한 문장 |
| 독자들의 많은 참여를 부탁을 드립니다. | 어색한 문장 |

상황에 맞는 적절한 문체를 구사하는 일도 중요하다. 특히 공식적인 글에서 구어체 표현을 사용하지 않도록 주의하여야 한다. 여러 가지 디지털 매체가 발달한 현대 사회에서는 각 매체에 따른 특유의 문체들이 사용되는데 각종 인터넷 커뮤니티, 블로그, SNS에서는 구어체 글쓰기가 이루어지는 경우도 많아 최근에는 구어체와 문어체에 대한 의식이 점차 희미해지고 있다. 공식적 글쓰기에서는 적절한 문체가 사용되었는지 더욱 주의하여 검토할 필요가 있다.

### (2) 문장 다듬기의 대상

#### ① 필요한 성분이 갖추어지지 않았거나 서로 호응하지 않는 문장

| 수정 전 | 프랑스는 베트남의 독립을 인정하지 않았고 7년 간의 전쟁을 치른 후 북위 17도 선을 경계로 하여 분단되었다. |
|---|---|
| 수정 후 | 프랑스는 베트남의 독립을 인정하지 않았고 베트남은 7년 간의 전쟁을 치른 후 북위 17도 선을 경계로 하여 분단되었다. |

연습 1) 방화문 앞에 장애물을 설치하거나 훼손하는 행위는 소방법에서 금지하고 있음을 알려 드립니다.

#### ② 대등하지 않은 요소가 접속된 문장

| 수정 전 | 당근에는 베타카로틴이 풍부하여 시력감퇴와 두뇌세포를 활발하게 한다. |
|---|---|
| 수정 후 | 당근에는 베타카로틴이 풍부하여 시력감퇴를 예방하고 두뇌세포를 활발하게 한다. |

연습 2) 분실물을 습득 혹은 잃어버렸을 때 주인을 찾아 주거나 물건을 찾아 달라는 내용의 글을 올린다.

### ③ 조사가 자연스럽지 않은 문장

| | |
|---|---|
| 수정 전 | 각자의 목표를 달성한 후에 학생들은 습관을 버린다는 보장은 없다. |
| 수정 후 | 각자의 목표를 달성한 후에 학생들이 습관을 버린다는 보장은 없다 |

연습 3) 선생님은 그동안 많이 편찮으셨다는 사실은 아이들이 이미 다 알고 있었다.

### ④ 번역투 표현, 불필요한 피사동 표현이 사용된 문장

| | |
|---|---|
| 수정 전 | 올해 수출액이 결코 적은 것이 아니다. 상황이 비교적 나았던 작년의 그것보다 오히려 늘었다. |
| 수정 후 | 올해 수출액이 결코 적은 것이 아니다. 상황이 비교적 나았던 작년보다 오히려 늘었다. |

| | |
|---|---|
| 수정 전 | 이 문제가 해결되기 위해서는 먼저 제도적 장치가 마련되어야 한다. |
| 수정 후 | 이 문제를 해결하기 위해서는 먼저 제도적 장치를 마련하여야 한다. |

| | |
|---|---|
| 수정 전 | 좋은 사람 있으면 소개시켜 주시기 바랍니다. |
| 수정 후 | 좋은 사람 있으면 소개해 주시기 바랍니다. |

연습 4) 기계 문명은 인간의 삶에 큰 변화를 가져왔다.

### ⑤ 지나치게 긴 문장

| | |
|---|---|
| 수정 전 | '의, 식, 주', 이 세 가지는 생존을 위한 필요조건이고 이것이 충족되면 '생존'의 차원을 넘어서 '삶'을 위한 조건, 즉 쾌적한 환경과 편리한 문명의 혜택 및 마음의 풍요를 위한 문화생활을 찾게 된다. |
| 수정 후 | '의, 식, 주', 이 세 가지는 생존을 위한 필요조건이다. 그런데 이것이 충족되면 '생존'의 차원을 넘어서 '삶'을 위한 조건을 찾게 된다. 즉 쾌적한 환경, 편리한 문명의 혜택, 마음의 풍요를 위한 문화생활을 찾게 된다. |

연습 5) 위대한 분류가를 자처하는 나바호 인디언은 생물을 언어가 있는가, 없는가에 따라서 우선 두 종류로 분류하는데 언어가 없는 생물에는 동물과 식물이 포함되며 동물은 다시 '달리는 동물', '날아다니는 동물', '기어 다니는 동물'의 세 종류로 분류한다.

### ⑥ 군더더기가 많은 문장

| | |
|---|---|
| 수정 전 | 기숙사에 살면 기숙사 식당 운영시간이나 옷을 세탁하는 부분에 있어서도 많은 도움을 받을 수 있다. |
| 수정 후 | 기숙사에 살면 기숙사 식당과 세탁실도 이용할 수 있다. |

연습 6) 공항에서 학교로 가기 위한 가장 기본적인 방법은 버스를 타고 가는 것이다.

### ⑦ 공식적인 글에서 지나친 구어체 표현이 사용된 문장

| | |
|---|---|
| 수정 전 | 적성에 맞게 진로를 설정하는 것도 엄청 어렵다. |
| 수정 후 | 적성에 맞게 진로를 설정하는 것도 매우 어렵다. |

연습 7) 한국어는 조사랑 어미가 많으니까 외국인이 배우기에 어렵다.

## 2) 학생들이 자주 틀리는 한글 맞춤법

### ① 용언 끝의 'ㄹ' 표기

'ㄹ'로 끝나는 용언에 '-은, -으니까, -으니' 등의 어미가 붙으면 'ㄹ'이 탈락한다.

| | |
|---|---|
| 갈은 마늘(X)<br>거칠은 벌판(X)<br>치약에 들은 첨가물(X)<br>하늘을 날으니까(X) | 간 마늘(O)<br>거친 벌판(O)<br>치약에 든 첨가물(O)<br>하늘을 나니까(O) |

'ㄹ'로 끝나는 용언에 명사형 어미 '-음' 이 붙으면 '-ㄻ'으로 표기한다.

| | |
|---|---|
| 낯섬(X), 낯설음(X)<br>깃듬(X), 깃들음(X) | 낯섦(O)<br>깃듦(O) |

### ② 준말의 표기

'되어, 뵈어'의 준말은 '돼, 봬'이다. '되었-', '뵈었-'의 준말은 '됐-, 뵀-'이다.

| | |
|---|---|
| 그러시면 안 되요(X)<br>내일 뵈요(X)<br>아버지를 봬러 갔다(X)<br>책상 밑에 돌을 괴다(X) | 그러시면 안 돼요(O)<br>내일 봬요(O)<br>아버지를 뵈러 갔다(O)<br>책상 밑에 돌을 괬다(O) |

'갖-(가지-)'과 같은 준말 어간은 '-고, -다가'와 같은 자음 어미 앞에서만 쓴다.

| | |
|---|---|
| 그 주장이 갖은 문제(X)<br>그 주장은 이런 문제를 갖으니까(X) | 서류는 네가 갖고 오너라(O)<br>그 주장이 가진 문제(O)<br>그 주장은 이런 문제를 가지니까(O) |

'하다'가 줄어들 때 모음이나 유성 자음(ㄴ, ㄹ, ㅁ, ㅇ) 아래에서는 'ㅎ'을 남긴다. 무성 자음 아래에서는 '하' 전체가 줄어든다.

| | |
|---|---|
| 간편게(간편하게)(X) | 간편케(간편하게)(O) |
| 흔다(흔하다)(X) | 흔타(흔하다)(O) |
| 거북치(거북하지) 않다(X) | 거북지(거북하지) 않다(O) |
| 생각치(생각하지) 못해(X) | 생각지(생각하지) 못해(O) |
| 추측컨대(추측하건대)(X) | 추측건대(추측하건대)(O) |
| 단언건대(단언하건대)(X) | 단언컨대(단언하건대)(O) |

### ③ 사이시옷 표기

합성어에서 된소리가 나거나 'ㄴ' 소리가 덧나는 경우 합성어를 이루는 두 요소 중 하나라도 고유어가 포함되어 있으면 사이시옷을 쓴다. 다시 말해서 한자어끼리의 결합에서는 사이시옷을 쓰지 않는다. 단 외래어가 포함되어 있으면 쓰지 않는다. 덧붙여 '뒤쪽', '위층', '뒤풀이'에서는 된소리가 생기지 않았으므로 이 단어들은 사이시옷 표기와 무관하다.

> 사이시옷은 합성어에서 뒷말의 첫소리가 된소리로 나거나 'ㄴ' 소리가 덧나는 경우 다음과 같은 조건에서만 받치어 적는다.
>
> 1. 순우리말로 된 합성어로서 앞말이 모음으로 끝난 것
>
> 예 귓밥, 나룻배, 나뭇가지
>
> 2. 순우리말과 한자어로 된 합성어로서 앞말이 모음으로 끝난 경우
>
> 예 귓병, 전셋집, 제삿날
>
> 3. 두 음절로 된 다음 한자어
>
> 예 곳간, 셋방, 숫자, 찻간, 툇간, 횟수
>
> 단 외래어가 포함된 합성어에서는 사이시옷을 쓰지 않는다.
>
> 예 피자집, 스파게티집

| 북어국(X) | 북엇국(O) |
|---|---|
| 이사날(X) | 이삿날(O) |
| 등교길(X) | 등굣길(O) |
| 갯수(X) | 개수(O) |
| 헛점(X) | 허점(O) |
| 뒷쪽(X) | 뒤쪽(O) |
| 윗층 (X) | 위층(O) |
| 뒷풀이(X) | 뒤풀이(O) |

### ④ '-대'와 '-데' 구별하기

'-대'는 '-다고 해'의 준말이고 '-데'는 과거에 직접 경험한 사실에 쓰는 '-더라'와 유사한 의미를 가지는 종결어미이다.

| 철수가 그러는데 영희가 결혼한데(X)<br>결혼식장에 가 보니 영희가 잘생긴 남자랑 결혼하대(X) | 철수가 그러는데 영희가 결혼한대(O)<br>결혼식장에 가 보니 영희가 잘생긴 남자랑 결혼하데(O) |
|---|---|

### ⑤ '-던'과 '-든' 구별하기

'-든', '-든지', '-든가'는 선택의 의미를 가지는 연결어미이고 '-던', '-던가'는 과거에 직접 경험한 사실에 쓰는 '-더-'가 포함된 형식이다.

| 혼자 밥을 먹던, 누군가와 함께 먹던(X) | 혼자 밥을 먹든, 누군가와 함께 먹든(O) |
|---|---|
| 하던지 말던지 맘대로 해(X) | 하든지 말든지 맘대로 해(O) |
| 지금 가던가 아니면 내일 가던가(X) | 지금 가든가 아니면 내일 가든가(O) |
| 그럼 네가 해 보던가!(X) | 그럼 네가 해 보든가!(O) |
| 내가 얼마나 괴로웠든가!(X) | 내가 얼마나 괴로웠던가!(O) |

### ⑥ '로서, 로써' 구별하기

'자격'의 의미에는 '로서'를 쓰고 수단 혹은 방법의 의미에는 '로써'를 쓴다.

| 1단계는 생리적 욕구로써(X) 의식주 생활에 관련된 욕구이다.<br>이 사건은 우리의 결백을 입증할 사례로서(X) 이용할 수 있다. | 욕구로서(O)<br>사례로써(O) |
|---|---|

## ⑦ 기타

| {구지, 궂이}(X) 그런 말을 할 필요가 있나?<br>내가 처음 먹어 본 중국 음식은 탕수육이였다(X)<br>내가 말한 데로(X) 하면 안 되겠니? | 굳이(O)<br>탕수육이었다(O)<br>말한 대로(O) |
|---|---|

## ⑧ 복합어의 띄어쓰기

한글 맞춤법 띄어쓰기의 기본 원칙은 문장의 각 단어는 띄어 쓰되 조사는 앞말에 붙여 쓴다는 것이다. 따라서 이미 하나의 단어가 된 복합어(합성어, 파생어)는 붙여 쓰고 구는 띄어 쓴다. '치유 활동, 유럽 여행'을 국립국어원 홈페이지의 표준국어대사전www.korean.go.kr에서 찾아보면 이러한 단어는 검색되지 않는다. 이들은 두 단어가 접속된 구이므로 띄어 써야 한다. 특히 '-하다, -되다, -당하다, -받다, -시키다' 등의 접미사가 붙은 말을 붙여 쓰는 것에 주의하여야 한다.

| 치유활동, 유럽여행(X)<br>중간 고사, 맞장구 치다, 들여다 보다(X)<br>사랑 하다, 변질 되다(X)<br>배신 당하다, 이해 받다, 납득 시키다(X) | 치유 활동, 유럽 여행(O)<br>중간고사, 맞장구치다, 들여다보다(O)<br>사랑하다, 변질되다, 배신당하다(O)<br>이해받다, 납득시키다(O) |
|---|---|

## ⑨ 조사의 띄어쓰기

조사는 앞말에 붙여 쓴다. 조사가 여러 개 나오더라도 모두 붙여 쓴다. 조사에는 '이/가, 을/를, 에, 에서, 에게' 등의 격조사뿐 아니라 '처럼, 조차, 까지, 만큼' 등의 보조사도 포함된다. 보조사를 띄어 쓰지 않도록 특히 주의해야 한다. '-이다, -입니다, -이고, -이니, -이니까' 등은 서술격조사 '-이다'의 활용형이므로 역시 앞말에 붙여 써야 한다.

| | |
|---|---|
| 서울에서 부터(X) | 서울에서부터(O) |
| 학교에서 만큼은(X) | 학교에서만큼은(O) |
| 내가 제일 좋아하는 영화 까지(X) | 내가 제일 좋아하는 영화까지(O) |
| 예쁜 인형 처럼(X) | 예쁜 인형처럼(O) |
| 저는 아주대학교 학생 입니다(X) | 저는 아주대학교 학생입니다(O) |

### ⑩ 의존명사의 띄어쓰기

'수, 것, 데, 바, 지' 등 의존명사는 띄어 쓴다. 단 "무슨 말을 해야 할지 모르겠다, 선생님이 언제 오시는지 궁금하다."에서 '-을지, -은지'는 의문형 어미로서 이때의 '지'는 의존명사가 아니다. 띄어 쓰지 않도록 주의하여야 한다.

| | |
|---|---|
| 알수 있을거야(X) | 알 수 있을 거야(O) |
| 생각 해볼수 있다(X) | 생각해 볼 수 있다(O) |
| 가계에 보탬이 될거다(X) | 가계에 보탬이 될 거다(O) |
| 공부를 하는데에 어려움이 많습니다(X) | 공부를 하는 데에 어려움이 많습니다(O) |
| 그건 내가 상관할바가 아니다(X) | 그건 내가 상관할 바가 아니다(O) |
| 서울에 온지 1년이 되었다(X) | 서울에 온 지 1년이 되었다(O) |

### ⑪ 보조용언의 띄어쓰기

'먹어 보다'에서 보는 바와 같이 본용언과 보조용언은 띄어 쓰는 것이 원칙이다. 단 '-어 보다, -어 주다' 등 '-아/어'로 매개된 보조용언은 붙여 쓰는 것도 허용된다. 그러나 본용언이 합성어인 경우에는 '떠내려가 버렸다'와 같이 반드시 띄어 써야 한다. 원칙 규정을 적용할지 허용 규정을 적용할지 결정하고 하나의 문서에서는 일관된 표기를 적용하여야 한다.

| | |
|---|---|
| 엄마가 해주시는 밥(허용 표기) | 엄마가 해 주시는 밥(원칙 표기) |
| 먹어야한다(X) | 먹어야 한다(O) |
| 떠내려가버렸다(X) | 떠내려가 버렸다(O) |
| 아이스크림을 먹고싶다(X) | 아이스크림을 먹고 싶다(O) |

'-어지다, -어하다'의 '-지다, -하다'도 보조용언이지만 예외적으로 본용언에 붙여 쓴다.

| 이루어 지다, 예뻐 지다, 슬퍼 지다(X)<br>좋아 하다, 예뻐 하다, 두려워 하다(X) | 이루어지다, 예뻐지다, 슬퍼지다(O)<br>좋아하다, 예뻐하다, 두려워하다(O) |
|---|---|

문장 고치기 연습문제

▶p. 289

# 6 인용의 원칙과 양식: 주석과 참고문헌 작성하기

## 학술적인 글쓰기의 기본 요건

글을 쓰면서 참고한 자료를 정확하게 인용하고, 그 출처를 충실히 밝히는 것은 학술적인 글쓰기의 기본이다. 대학에서 과제로 제출하는 글들은 이러한 학술적인 글로서의 기본 요건을 갖추어야 한다. 고등학교 때까지 학생들은 인용이나 출처 표시가 없거나, 많지 않은 '교과서'로 기초 지식을 습득해 왔기 때문에, 인용을 하고 출처를 밝히는 학술적인 글쓰기 방식에 익숙하지 않을 수 있다. '교과서'에 인용이나 출처 표시가 없었던 것은, 교과서에 실린 지식이 어떤 의미에서는 이미 확정된 것이기 때문이다. 이는 지동설을 언급할 때 더 이상 코페르니쿠스를 인용하지 않는 것과 같다.

그러나 대학교에서 학생들은 전공 분야의 기본적인 지식뿐만 아니라, 가장 최근의 지식, 즉 만들어지는 과정 속에 있는 지식까지 배우게 되며, 더 나아가 스스로 새로운 지식을 생산해낼 수 있는 기본 역량을 갖추어 나가는 훈련을 받게 된다. 이 과정에서 반드시 습득해야 하는 역량이 학술적인 글을 읽고, 쓰는 능력이다. 즉 고등학생일 때와 같이, 주어지는 지식을 의심없이, 무조건적으로 익히고 배우는 것이 아니라, 능동적으로 새로운 지식을 습득하고, 주어지는 정보를 비판적으로 수용할 것을 요구 받게 되는 것이다.

능동적이고 비판적으로 새로운 지식을 습득할 때에는 반드시 해당 지식이 신뢰할 만한 것인지 검증하는 절차를 거쳐야 한다. 고등학교 때까지 교과서에 실린 지식은, 국정 교과서, 검정 교과서라는 말에서 알 수 있듯, 국가 또는 공인된 기관이 그러한 검증 절차를 대신해 주었다. 그러나 대학생이 된 지금, 내가 접하게 되는 모든 지식과 정보와 관련하여, 그것이 신뢰할 만한 것인지에 대한 판단은 나 스스로 해야 한다. 그렇다면 나는 어떤 글이나 논문의 내용이 신뢰할 만한 것인지 어떻게 판별할 수 있을까?

글의 신뢰성은, 그 글이 정확한 자료를 근거로 하고 있는지, 그리고 자신의 주장을 논리적으로 펼치고 있는지 살펴보는 것을 통해 합리적으로 판단할 수 있다. 모든 글은 저자의 주장을 담고 있으며, 사실을 근거로 자신의 의견을 구축한다. 따라서 글을 읽을 때에는 먼저 사실과 의견을 구분하여, '사실'로서 제시된 자료는 출처가 명확하고 신뢰할 만한, 정확하고 객관적인 자료인지 검증해야 하며, '의견'으로서 제시된 저자의 주장은 정확한 사실들을 근거로, 논리적으로 추론되고 있는지 살펴 보아야 한다.

이와 마찬가지로, 학생들이 대학에서 새로운 학문을 접하며 배우고 익힌 내용을 바탕으로 자신의 생각을 밝히는 글을 쓸 때, 동일한 기준에 의해 검증을 받게 된다. 대학생이 과제로 제출하는 글에서 어떤 획기적인 발견이나 주장을 담고 있는 글을 작성하기는 어렵다. 다만 그 학생이 신뢰할 만한 자료를 선별하여 지식과 정보를 얻고 있는지, 그리고 이를 바탕으로 글을 쓸 때에는 바르게 인용하고, 출처를 정확하게 밝히면서 자신의 주장을 논리적으로 개진하고 있는지, 평가받게 되는 것이다.

## 인용의 원칙

인류는 글을 통해 지식과 정보를 얻고, 진전시키고, 축적해왔다. 따라서 글을 쓸 때 우리는 무에서 유를 창조해 내는 것이 아니라, 기존에 있는 지식과 정보의 토대 위에서 새로운 관점이나 접근을 통해 유의미한 자신만의 주장을 펼치게 된다. 그러한 의미에서 좋은 글은 내가 참조한 자료를 정확하고 바르게 인용하는 것을 통해 선행 연구가 공헌한 바를 정확하게 밝히고 인정하는 한편, 기존의 연구에서 한 걸음 더 나아간 나의 주장이 무엇인지 선명하게 드러낼 수 있어야 한다. 학술적인 글은 선행 연구에 빚질 수밖에 없다. 다만 이를 바르게 인용하고, 정확하게 출처를 밝히면 성실한 연구가 되지만, 이를 제대로 하지 않거나, 부적절하게 하면 표절이 되므로 각별히 주의해야 한다.

인용에는 직접 인용과 간접 인용이 있으며, 이 두 가지 방식을 상황에 맞게 적절히 사용할 줄 알아야 한다. **직접 인용**quoting은 다른 사람의 표현을 문구 그대로 가져왔다는 것을 의미하며, 해당 부분에 따옴표(“ ”)로 표시를 하여 준다. 한 문단 정도의 긴 분량을 가져올 때에는 따옴표 표시를 하는 대신, 아래 위로 한 줄 씩 띄워 독립된 문단으로 만든 후, 글씨 크기와 줄 간격을 줄이고, 문단의 양옆도 들여쓰기를 하여 본문의 다른 부분과 구별이 될 수 있도록 한다. 다른 사람의 글에서 연쇄된 여섯 단어 이상의 문구를 그대로 가져왔을 경우, 반드시 직접 인용 표시를 해야 한다. 만약 직접 인용 표시를 하지 않고 가져오게 되면, 아무리 출처를 밝혔더라도 인용을 부정확하게 한 것에 해당되며, 표절로 간주될 수 있다. 다시 말해, 직접 인용 표시를 해야 하는데 간접 인용의 형식을 취하면 표절이다. 직접 인용을 하면 표절의 위험은 줄어들지만, 남용할 경우 글이 매끄럽지 못하게 되므로, 원저자의 표현 자체가 중요할 때에만 하는 것이 좋다.

**간접 인용**paraphrasing은 다른 사람의 생각이나 견해를 참고하였으나, 그 문장이나 표현은 그대로 가져오지 않고, 나의 말로 바꾸어 제시하는 방법을 말한다. 많은 내용을 압축적으로 제시할 때 주로 사용되며, 따옴표를 사용하지 않는 대신, 어디서부터 어디까지가 다른 사람의 견해인지가 문장 속에서 분명하게 드러나도록 써야 한다. 주로 “~에 따르면”이나, “~라고 한다”와 같은 표현을 사용하여 이를 표시한다. 나의 말로 표현을 바꾸었고, 출처를 밝혔더라도, 본문에서 간접 인용의 범위가 분명하지 않아 나의 생각과 타인의 생각이 정확히 구별되지 않을 경우, 또는 타인의 글을 일부러 또는 실수로 왜곡할 경우, 표절로 간주될 수 있으니 주의해야 한다.

다음 지문을 통해 간접 인용과 직접 인용의 실례를 함께 살펴보도록 하자.

고프먼은 사회적 공연performance에 배우로도 관객으로도 참여하지 않으며, 같은 공간 안에 있으면서도 거기 있지 않다고 여겨지는 사람에 대해 비인격이라는 단어를 쓴다. 비인격의 고전적인 유형은 하인 servant이다. "하인은 주인이 손님에게 환대의 연기를 하는 동안 무대 전면에 있도록 기대된다. 하지만 그는 어떤 의미에서 주인과 한 팀이면서도, 연기자와 청중 모두에 의해 거기 있지 않다고 규정된다."[1] 트롤로프의 『미국인의 가정예절』에 나오는, 흑인 남자 앞에서 태연히 코르셋을 졸라매는 숙녀나, 밤중에 깼을 때 목이 마를까봐 부부 침실 한구석에 여자 노예를 재우는 신사가 좋은 예이다.[2] 이 두 일화에서 하인은 주인의 눈에 보이지 않을 뿐 아니라, 주인의 행동을 볼 수 없다고 여겨진다. 아렌트 식으로 말하자면, 그는 주인에게 현상하지 않으며 주인은 그에게 현상하지 않는다. 즉 그는 현상 공간의 바깥에 있는데, 이것이 '거기 있지 않다'는 말의 의미이다.

1) Erving Goffman, *The Presentation of Self in Everyday Life*, New York: Anchor Books, 1959, p.151.

2) Mrs. Trollope, *Domestic Manners of the Americans*, London: Whittaker, Treacher, & Co., 1832; Erving Goffman, 위의 책, pp. 151~52에서 재인용.

※ 김현경, 『사람, 장소, 환대』, 문학과지성사, 2015.

위 지문의 세 번째 문장의 시작과 끝에 따옴표 표시가 되어 있는 것으로 보아, 누군가의 글을 직접 인용하고 있다는 사실을 알 수 있다. 문장의 끝에는 위첨자로 1)이라고 표시되어 있으며, 해당 페이지의 하단에 1)이라고 표시되어 있는 부분을 보면, 그 출처에 대한 설명이 나와 있다. 이어지는 문장에는 따옴표 표시는 없으나, 문장의 끝에 위첨자로 2)라고 표시되어 있다. 그리고 페이지 하단의 2) 항목에 출처 표시가 되어있는 것으로 보아, 이 문장에서 언급되고 있는, 흑인 남자 앞에서 속옷을 매만지는 숙녀나, 사적인 공간인 부부의 침실에 흑인 여자를 재우는 신사의 이야기가 간접 인용된 내용이라는 것을 알 수 있다. 즉 출처로 제시된 자료를 참고하여 저자가 해당 내용을 자신의 표현으로 바꾸어 적고 있다는 의미이다.

여기에서 눈에 띄는 것은 2) 항목에 출처로 제시된 글이 두 편이며, 끝에 '재인용'이라는 설명이 붙어 있다는 점이다. 재인용이라는 말은, 참고한 자료에 제시되었던 인용문을 다시 인용한다는 뜻이다. 즉, 흑인 노예 앞에서의 신사 숙녀의 행동에 대한 내용이 본래 언급되어 있는 것은 1832년에 출간된『미국인의 가정예절』이라는 책이지만, 위 글의 저자는 이 책을 직접 찾아서 읽은 것이 아니라, 어빙 고프먼이 쓴『자아 연출의 사회학』*The Presentation of Self in Everyday Life*에서 해당 책이 인용된 부분을 읽고, 그 내용을 다시 인용하고 있다는 의미이다. 이처럼 내가 직접 읽거나 찾아본 것이 아니라, 다른 저자가 간접, 또는 직접 인용한 부분을 다시 인용할 때에는, 위와 같이 두 출처를 모두 밝히고, 내가 참고한 자료 뒤에 '재인용' 표시를 해 주어야 한다. 재인용을 하면서 그 표시를 정확하게 해 주지 않을 경우, 이 또한 부정확한 출처 표기 방식으로 간주되어 저자의 신뢰성이 훼손될 수 있으니 주의해야 한다.

## 서지 정보

직접 인용이든 간접 인용이든, 인용을 한 뒤에는 위와 같이 내가 참고한 자료의 출처를 명확히 밝혀야 한다. 이때 명시되어야 하는 내용은 해당 글의 **저자, 글의 제목**, 그 글이 실린 **책(학술지 또는 단행본)의 제목**, 책을 출간한 **출판사, 출판 연도**, 그리고 인용문이 실린 **쪽수** 등의 정보이다. 이러한 기본 정보 외에, 편저자나 번역자가 있는 경우, 판본이 여러 개인 경우, 발행지가 중요한 경우, 이와 같은 정보도 추가로 기재한다. 서지 정보를 기재하는 구체적인 방식은 개별 학술지나 출판사에 따라 다르며, 하나로 통일되어 있지 않지만, 참조한 자료의 성격이나 종류에 따라 대체로 아래와 같이 기재하며, 직접 또는 간접 인용한 부분에 대한 주석을 작성할 때에는 반드시 마지막에 인용한 쪽수를 명시한다.

### ① 단행본

**저자명,『책 제목』, 출판지: 출판사, 출판 연도.**

김현경,『사람, 장소, 환대』, 문학과지성사, 2015.

F. Scott Fitzgerald, *The Great Gatsby*, New York: Simon & Schuster, 1995.

### ② 편집서

**저자명,「논문 제목」, 편집자 편,『책 제목』, 출판지: 출판사, 출판 연도.**

* '편' 대신 '엮음'이라는 표현을 사용할 수 있다.

조영일,「한국문학과 무라카미 하루키와 세계문학」, 김경연·김용규 편,『세계문학의 가장자리에서』, 현암사, 2014.

Andrew Travers, "Nonperson and Goffmann," Greg Smith(ed.), *Goffman and Social Organization*, London/New York: Routledge, 1999.

### ③ 번역서

**저자명,『책 제목』, 번역자 역, 출판지: 출판사, 출판 연도.**

* '역' 대신 '옮김'이라는 표현을 사용할 수 있다.

주디스 버틀러,『젠더 트러블』, 조현준 역, 문학동네, 2008.

Michel Foucault, *Discipline and Punish: The Birth of the Prison*, Alan Sheridan(trans.), New York: Vintage Books, 1995.

### ④ 학술지 소재 논문

**저자명,「논문 제목」,『학술지명』권호수, 출간 학회, 출판 연도.**

서동욱,「하이데거와 들뢰즈에서 존재와 사유」,『철학논집』68, 서강대학교 철학연구소, 2022.

Laura Mulvey, "Visual Pleasure and Narrative Cinema," *Screen 16(3)*, 1975.10.

### ⑤ 학위 논문

**저자명,「논문 제목」, 학위 수여 기관 및 학위 구분, 학위 수여 연도.**

김은엽,「스마트폰 중독이 우울증, 학습장애, 주의력결핍, 건강행태, 인식에 미치는 영향」, 아주대학교 의학과 박사학위논문, 2016.

Youngju Ryu, "The neighbor and politics of literature in 1970s' South Korea: Yi Mungu, Hwang

Sŏgyŏng, Cho Sehŭi," PhD dissertation, University of California, Los Angeles, 2006.

### ⑥ 신문 기사

저자명, 〈기사 제목〉, 《신문 제목》, 발행 연월일.

* 인터넷 기사일 경우 + 인터넷 주소 검색 연월일.

최준호, 〈인공지능, 미숙해도 너무 발달해도, 윤리문제 생길 수 있다〉, 《중앙일보》, 2022.11.25., https://www.joongang.co.kr/article/25120552(2023.1.29. 접속).

### ⑦ 온라인 자료

저자명, 〈글 제목〉, 《사이트 제목》, 게재 연월일, 인터넷 주소, 검색 연월일.

이민정보과, 〈2022년 12월 출입국외국인정책 통계월보〉, 《법무부 출입국·외국인정책본부》, 2023.1.19., https://www.immigration.go.kr/immigration/1569/subview.do(2023.1.30. 접속).

### ⑧ 방송 자료(텔레비전)

제작진, 〈에피소드 제목〉, 《프로그램 제목》, 방송사, 방송 연월일.

* 인터넷 링크가 있을 경우 + 인터넷 주소

임세형, 송철훈, 최용수 연출, 〈마음 여행, 나를 만나다〉, 《다큐온》 181회, KBS 1TV, 2023.1.13. https://program.kbs.co.kr/1tv/culture/docuon/pc/list.html?smenu=c2cc5a

### ⑨ 방송 자료(영화)

제작진, 《영화 제목》, 영화 제작사, 개봉 연도.

황동혁 감독, 《오징어 게임》, 넷플릭스, 2021.9.

자료의 종류에 따라 약간의 차이가 있지만, 대체로 아래와 같은 순서로 표기한다는 것을 알 수 있다.

저자명, 글 제목, 책 제목, (판수), 출판지: 출판사, 출판 연도, 인용한 쪽수.

다만 한국어 자료와 같은 동양서의 경우, 글의 제목은 주로 낫표(「」)로, 책의 제목은 겹

낫표(『』)로 구분하여 표시한다. 신문이나 잡지 기사, 온라인 자료, 영상 자료의 경우에는 논문이나 책과 같은 인쇄물이 아닌, 다른 매체라는 것을 드러내기 위해 〈 〉와 《 》와 같은 묶음표로 구별하여 표기하기도 한다.

한편, 서양서의 경우에는 대체로 글의 제목은 따옴표(“ ”)로, 책의 제목은 이탤릭체로 표시한다. 사회과학 분야의 경우, 동양서도 서양서와 동일하게 따옴표와 이탤릭체를 사용하여 표기하는 경우도 있다. 또한 서양서의 경우, 출판이 된 지역에 따라 판본이 다른 경우가 있어 출판지를 명시하는 경우가 많으나, 국내 논저의 경우에는 출판지에 따른 판본의 차이가 없기 때문에 생략하는 경우가 많다.

## 주석과 참고문헌

그렇다면 직접 또는 간접 인용을 한 후, 위와 같은 출처의 서지사항은 어디에 어떻게 밝혀야 하는 것일까? 앞서 언급하였듯이, 출처를 밝히는 구체적인 방식은 개별 학술지나 출판사에 따라 다르며, 하나로 통일되어 있지 않다. 다만 학문 분야에 따라 주로 통용되는 몇몇 대표적인 양식들이 있는데, 이를 크게 외주 방식, 내주 방식, 번호 방식 등의 세 가지 유형으로 나누어 정리해 볼 수 있다. 따라서 이 세 유형별로 출처를 표기하는 방법을 익혀 놓으면, 추후 필요에 맞게 적절히 사용할 수 있다.

<table>
<tr><th>학문분야</th><th>인용방식</th><th>스타일의 예</th></tr>
<tr><td>문학, 역사학, 예술</td><td>외주</td><td rowspan="2">Chicago Style</td></tr>
<tr><td>자연과학, 사회과학</td><td>내주</td></tr>
<tr><td>교육학, 심리학/사회과학</td><td>내주</td><td>APA Style</td></tr>
<tr><td>공학, 화학, 의학</td><td>번호</td><td>IEEE Style, ACS Style, Vancouver Style</td></tr>
</table>

인용한 자료의 출처에 대한 세부 사항은 주석annotation을 통해 명시하게 된다. 주석이라 함은 본문에 그대로 실을 경우 흐름을 방해할 수 있는 내용을 별도의 공간에 부가적으로 제시하는 방식이다. 주석 중에서 특히 참고한 자료의 출처를 밝히는 주석을 참조주bibliographic notes라고 하며, 본문에 들어가기에는 적합하지 않으나 부연 설명이 필요할 경우, 이를 따로 기술해 놓은 것을 내용주content notes라고 한다. 때로 참조주에 내용주를 덧붙이기도 한다.

자료의 출처를 밝히는 참조주의 경우, 주석이 어디에 위치하는가에 따라 외주와 내주로 나뉘는데, 외주(外註)는 본문 '바깥'에 별도의 공간을 마련하여 주석의 내용을 기재하는 방식을 말하며, 내주(內註)는 본문 '안'에 기본적인 사항만을 표시하고, 논문의 끝에 첨부하는 '참고문헌' 목록을 통해 해당 내용을 확인할 수 있도록 하는 방식을 말한다. 가장 널리 쓰이는 시카고 스타일The Chicago Manual of Style은 외주와 내주 방식 모두에 대해 구체적인 양식을 규정해 놓고 있으며, 인문학 분야에서는 주로 외주 방식을, 자연과학이나 사회과학 분야에서는 주로 내주 방식을 채택하여 사용하고 있다. 언어학과 문학 분야에서 많이 사용되는 MLAModern Language Association 스타일이나, 교육학과 사회과학 제 분야에서 주로 사용되는 APAAmerican Psychological Association 스타일은 기본적으로 내주 방식이라는 점에서 유사하지만, 세부적인 양식에는 약간의 차이가 있다. 공학 분야에서는 주로 IEEEInstitute of Electrical and Electronics Engineers 스타일, 화학 분야에서는 주로 ACSAmerican Chemical Society 스타일, 의학 분야에서는 주로 ICMJEThe International Committee of Medical Journal Editors가 합의한 벤쿠버 스타일Vancouver system을 사용하는데, 이 세 가지 스타일 모두 번호 방식이어서 기본 양식은 유사하다고 할 수 있다. 한국어로 발간되는 국내 학술지 또한 외주, 내주, 번호 방식 중 한 가지를 채택, 한국어의 특성에 맞게 보완하여 사용하고 있다.

출처를 표시하는 주석과 별도로, 대부분의 논문은 글을 작성하는 과정에서 참고한 모든 논문과 서적 즉, 참고문헌을 정리하여 논문의 마지막 페이지에 싣는다. 참고문헌을 제시하는 이유는, 해당 논문의 주제와 관련하여 참고할 만한 중요한 자료들을 섭렵한 후 글을 작성하였음을 드러내 신뢰를 얻는 한편, 해당 주제에 대해 관심을 가진 연구자들에게 주요 자료들을 소개함으로써 후속 연구에 도움을 주기 위함이다. 따라서 어떤 주제와 관련하여 자료 조사를 할 때, 신뢰할 만한 논문의 참고문헌이나, 여러 논문들에서 반복적으로 언급되는 참고문헌을 먼저 찾아보는 것은 자료 수집의 첫 단계라고 할 수 있다.

주의해야 할 점은, 출처 표시를 할 때 사용한 방식이 외주 방식인지, 내주 방식인지, 또는 번호 방식인지에 따라 참고문헌을 작성하는 방법 또한 달라진다는 점이다. 따라서 출처 표기 방식과 그에 따른 참고문헌 작성법을 함께 숙지해 놓을 필요가 있다. 다음 부분에서 이를 더 상세히 살펴보도록 하자.

### 1) 외주notes 방식과 참고문헌bibliography, references

가장 전통적인 출처 표기 방식은 외주 방식으로, 인용이 이루어진 문장의 끝에 위첨자로 번호를 달아 표시를 한 후, 추가적인 설명을 별도로 마련된 공간에 기재하는 방식을 말한다. 이때 외주의 내용을 해당 페이지의 하단에 기재하는 방식을 각주footnote라 하고, 논문의 맨 뒤에 따로 모아서 표시하는 방식을 미주endnote라 한다. 인문학 분야에서 주로 사용되며, 학술지 논문은 각주 방식을, 단행본은 미주 방식을 사용하는 경우가 많다.

모든 컴퓨터 문서 작업 프로그램은 각주나 미주 삽입 기능을 갖추고 있다. 마이크로소프트 워드의 경우, 참조 탭의 '각주 삽입' 또는 '미주 삽입' 버튼을 클릭하면 커서가 있는 위치에 위첨자로 번호가 자동 생성되고, 페이지의 하단(각주의 경우) 또는 문서의 끝(미주의 경우)에 그와 연동된 번호가 함께 생성되는데, 여기에 간접 또는 직접 인용한 글의 출처를 밝히면 된다. 한글 프로그램의 경우, 입력 탭의 '주석'을 선택한 후 '각주' 또는 '미주'를 클릭하면 된다.

각주나 미주를 작성하다 보면, 앞서 인용했던 자료에서 다시 인용하게 되는 경우가 생기게 된다. 그렇다면 동일한 책이나 글을 인용할 때에도 매번 서지사항을 모두 밝혀야 할까? 그렇지 않다. 동일한 책을 여러 번 인용하게 될 때, 서지사항을 반복해서 적는 것을 피하기 위해 약식 표기법이 발달하였는데, 이를 다음 예문을 통해 함께 살펴보도록 하자.

고프먼의 정의에 따르면, 의례란 "한 개인이 절대적 가치를 지니는 대상에 대한 자신의 존경과 경의를 그것 자체 혹은 그것의 대표자에게 표현하는, 형식적이고 관례화된 행위"이다.[8] 그런데 오랜 합리화 과정을 통해서 우리가 사는 세계는 주술로부터 풀려났으며, 그 결과 신이나 정령 같은 전통적인 숭배의 대상들은 그 절대적인 지위를 상실하게 되었다. 그 자리를 대신 차지하는 것이 개인이다. 인격human personality은 한때 신성시되었던 모든 것이 광휘를 잃은 시대에 여전히 신성하게 여겨지는 유일한 것이기 때문이다.[9]

8) 위의 책, p.88.
9) 이상길, 앞의 글, 39-77쪽.

※ 김현경, 『사람, 장소, 환대』, 문학과지성사, 2015.

위 예문의 각주 8)을 보면, 저자명, 글의 제목, 책의 제목, 출판사, 출판 연도 등의 기본 서지 정보가 적혀 있지 않다. 대신 "위의 책"이라고만 되어 있으며 페이지 표시만 있다. 또 각주 9)에는 저자명인 듯한 이상길이라는 이름과, "앞의 글"이라는 표현이 등장한다. "위의 책"이나 "앞의 글"과 같은 표현은 불필요한 중복을 피하기 위해 사용되는 약식 표기이다. 그렇다면 '위의 책'과 '앞의 글'이라는 표현은 어떻게 다를까?

앞서도 언급하였듯이, 인용하는 글이 단행본일 경우에는 '책', 논문일 경우에는 '글'이라고 구분하여 표기한다. '위의'라는 표현은 바로 앞 번호라는 뜻이다. 따라서 각주 8)의 '위의 책'이라는 말은 바로 앞 번호인 각주 7)에서 인용된 책이라는 의미가 된다. '앞의'라는 표현은 해당 각주보다 앞서 언급된 출처 중 하나라는 의미이다. 따라서 각주 9)의 '앞의 글'이라는 표기는 9)보다 앞 번호인 1)부터 8)까지 인용된 논문 중 하나라는 의미가 된다. 그러나 '앞의 글'이라고만 하면 그 중 어느 글인지 특정하기 어려우므로, 저자명을 함께 밝혀주어야 한다. 따라서 각주 9)의 "이상길, 앞의 글"이라는 약식 표기는, 앞서 언급된 출처들 중 이상길이 저자인 글이라는 뜻이 되는 것이다.

영어 논문에서는 '*ibid.*'나 '*op. cit.*'와 같은 약식 기호가 사용되는데, '*ibid.*'는 '위의'라는 약식 표기와, '*op. cit.*는 '앞의'라는 약식 표기와 동일하게 사용된다. 그러나 최근에는 이러한 약식 기호가 오히려 복잡한 것으로 여겨져, 약식 기호 대신, 저자명만 다시 쓰고 나머지 중복되는 정보는 생략하거나, 저자명만으로는 구별이 되지 않을 경우, 제목까지만 써 주는 방식으로 점차 바뀌는 추세이다. 다만 이때에도 해당 인용문이 실린 쪽수는 반드시 밝혀 주어야 한다.

외주 방식에서는 각주나 미주와 별도로, 참고한 문헌들의 목록을 정리하여 논문의 마지막 페이지에 추가로 싣고, 〈참고문헌〉이라 표시한다.

### 〈참고문헌〉


• 국내논저

역사학회 편, 『노비·농노·노예』, 일조각, 1998.
김현주, 『사회의 발견』, 소명출판, 2013.
배수아, 『소설집 No. 4』, 생각의나무, 2005.
서경식, 『난민과 국민 사이』, 임성모·이규수 역, 돌베개, 2006.
이상길, 「일상적 의례로서의 한국의 술자리」, 『미디어, 젠더, 문화』 1, 한국여성커뮤니케이션학회, 2004.4, 39-77쪽.
주경철, 『대항해시대』, 서울대학교출판부, 2008.
최규석, 『대한민국 원주민』, 창비, 2008.

• 국외논저

Douglas, Mary, *Purity and Danger*, New York: Routledge, 2002.
Goffman, Erving, *Behavior in Public Places*, New York: Free Press, 1963.
——, *Interaction Ritual*, London: Penguin Books, 1967.
——, *The Presentation of Self in Everyday Life*, New York: Anchor Books, 1959.
——, *Relations in Public*, London: Penguin Books, 1971.
Patterson, Orlando, *Slavery and Social Death*, Cambridge/Massachusetts: Harvard University Press, 1982.
Rawls, A. W., "Durkheim's Epistemology: The Neglected Argument," *American Journal of Sociology 102(2)*, 1996, pp.430-482.

참고문헌bibliography, references에는 내가 인용하지 않은 자료, 즉 각주에 등장하지 않는 자료도 포함시킬 수 있다. 다만 인용한 자료는 반드시 포함시켜야 한다. 참고문헌은 일목요연하게 볼 수 있도록 자료의 종류를 보통 나누어서 싣는데, 구분의 기준은 저자의 선택에 따라 달라질 수 있다. 보통 국내 논저와 국외 논저를 구분하여 싣고, 국내 논저는 저자명을 가나다순으로, 국외 논저는 보통 영어 저자명성(last name) 기준을 알파벳순으로 기재한다. 여기에서 주의할 점은, 영문 저서의 경우, 각주에서 출처의 서지사항을 밝힐 때는 Mary Douglas와 같이 저자명을 이름과 성의 순서로 적지만, 참고문헌 목록을 작성할 때에는 정렬의 기준이 이름이 아니라 성이기 때문에 Douglas, Mary와 같이 저자의 성을 앞으로 가져오고, 성과 이름 사이에 쉼표를 삽입한다는 점이다. 또한 동일한 저자의 이름이 반복되는 경우, 줄표로 저자명을 대신한다.

참고문헌을 작성할 때 또 한 가지 주의할 점은, 단행본이 아닌 학술지나, 편집서에 게재된 논문을 참고하였을 경우, 책 전체를 참고한 것이 아니므로, 해당 논문이 게재된 쪽수를 마지막에 명시해 주어야 한다는 점이다. 위의 참고문헌 목록에서 이상길의 「일상적 의례로서의 한국의 술자리」라는 논문은 한국여성커뮤니케이션학회에서 발행한 『미디어, 젠더, 문화』라는 학술지 1집의 39쪽에서 77쪽에 걸쳐 실렸으므로, 위와 같이 이를 명시하여 준다. A. W. Rawls의 논문도 학회지에 실린 논문이므로, 위와 같이 게재된 쪽수를 표기한다. 다만 주석에서는 보통 인용한 쪽수를 표시하지만, 참고문헌에서는 인용한 쪽수를 따로 표시하지 않는다.

외주 방식은 각주나 미주를 통한 추가적인 설명의 제공이나 빠른 출처 확인이 가능하며, 참고문헌 목록을 통해 후속 연구에 도움이 될 만한 귀한 정보를 제공할 수 있다는 이점이 있다. 그러나 이를 위해서는 추가적인 지면이 별도로 필요하고, 본문을 읽을 때 주의가 분산되며, 외주에 기재한 서지 정보를 참고문헌 목록에서 또 다시 반복, 기재하게 된다는 단점이 있다. 따라서 이러한 번거로움을 최소화하기 위해 내주 방식이 발전하게 되었다.

## 2) 내주in-text citation 방식과 참고문헌works cited

외주 방식의 단점을 보완하고, 서지 정보의 작성을 간소화하기 위해 만들어진 것이 내주 방식이다. 내주는 본문의 직접 또는 간접 인용 부분에 해당 자료에 대한 최소한의 정보를 괄호 안에 적고, 이를 단서로 하여 글의 마지막에 첨부되는 참고문헌에서 자료의 정확한 서지사항을 확인할 수 있도록 되어 있다. 이러한 방식의 장점은 본문을 읽다가 각주나 미주의 내용을 확인하느라 흐름이 끊기는 것을 방지할 수 있고, 서지 정보를 주석에서도 밝히고, 나중에 참고문헌에서도 또 다시 정리하여 제시하는 중복을 피할 수 있다는 것이다. 다만 구체적인 서지사항을 알기 위해서는 내주에 기재된 단서를 활용하여 참고문헌 목록 중 그에 해당되는 글을 찾는 수고를 해야 한다는 단점이 있다.

내주 방식 중에서도 괄호 안에 저자명과 글이나 책이 출판된 연도, 그리고 필요할 경우 인용한 쪽수를 표시하는 것을 저자연도 방식author-date citation system이라 한다. 저자연도 방식의 경우, 본문의 내주에 기재된 저자명과 출판 연도를 단서로 하여 참고문헌에서 해당 글이나 책의 구체적인 서지사항을 확인해야 하므로, 이를 빠르게 할 수 있도록 하기 위해 참고문헌에서 저자명 바로 뒤에 출판 연도를 표기한다. 시카고 스타일의 내주 방식이나, APA 스타일이 바로 이러한 저자연도 방식을 취한다.

다음은 내주 방식으로 출처를 표시한 논문의 일부분과 그 참고문헌의 예이다.

---

주지하듯 청춘/청년은 역사적으로 발명된 하나의 '개념'이다(Galland, 2011:9-34). 유럽에서 19세기 후반 동아시아에서 수입된 청년 개념은 당시의 다양한 사회적 과제들을 수행할 것으로 기대되는 존재들에게 이름이자 기호로서 부여되었다. 20세기를 거치면서 청년은 국가건설의 주역, 계몽주의자, 산업역군, 반공(反共)전사, 민주화투사, 새로운 문화의 창조자 혹은 아방가르드 등으로 다양하게 호명되어왔다(이기훈, 2014). 이 과정에서 청년은 특정 거대서사의 담지자 역할을 수행했고, 기성권력과 제도를 비판하고, 새로움을 추구하는 운동적 주체로

---

여겨졌다(Rossinow, 1998; 주은우, 2004). 그러나 21세기의 청년들은 불확실한 미래와 가혹한 경쟁에 노출된 채, 선배들이 누렸던 '영웅적' 청춘을 더이상 구가하지 못하는 것으로 관찰되고 있다(정상진, 2013: 316-20). 저항, 반항, 유희, 자유, 도전, 모험, 정치적 열정은 이들의 리얼리티와는 무관한 것이 되었다. 이들에게 가장 중요한 것은 '생존survival'이다. 청년들은 삶의 경쟁상황에서 도태되지 않고 각자도생하기 위해 스스로를 변화시켜나가고 있다. 생존이 급선무가 된 상황에서 생존에 최우선의 가치를 부여하는 '생존주의'를 마음으로부터 구성해나가는 것은 합당한 선택으로 주어지기 때문이다. 생존주의는 후기 근대적 상황이 야기한 새로운 삶의 곤경에 직면한 청년들이, 자신들에게 제기되는 문제들에 효과적으로 응전하고 이를 해결하기 위한 고투 속에서 형성한 집합심리의 시스템으로서, 순수한 이념적 표현물이나 철학적 세계관으로 환원되지 않는다. 그것은 생존에의 불안과 강박 그리고 의지와 욕망의 형식으로 작용하면서 행위자들을 구체적으로 움직이는 '마음'의 구성체이다.

※ 김홍중, 『사회학적 파상력』, 문학동네, 2016, 256-7쪽.


## 〈참고문헌〉

이기훈, 2014, 『청년아 청년아 우리 청년아』, 돌베개.

전상진, 2008, 「자기계발의 사회학」, 『문화와사회』 5.

——, 2013, 「경제민주화와 세대」, 한국사회학회 편, 『상생을 위한 경제민주화』, 나남.

주은우, 1998, 「현대성의 시각체제에 대한 연구」, 서울대학교 사회학과 박사학위논문.

——, 2004, 「4·19 시대의 청년과 오늘의 청년」, 『문화과학』 37.

Galland, O., 2011, *Sociologie de la jeunesse*, Paris: Armand Colin.

Rossinow, D., 1998, *The Politics of Authenticity*, New York: Columbia University Press.

위와 같이, 내주 방식에서는 참고한 자료를 언급하고 있는 부분 바로 뒤에 저자명 등의 정보를 괄호 안에 기재하여 해당 저자의 글을 직접 또는 간접 인용하고 있음을 표시하여 준다. 저자연도 방식의 경우에는 출판 연도를 함께 표기하며, 이러한 정보들을 활용하여 참고문헌을 통해 인용되고 있는 문헌의 구체적인 서지사항을 확인할 수 있다. 예를 들어, 위 글의 저자인 김홍중은 첫 문장에서 갈랜드O. Galland가 2011년에 출간한 책의 9쪽에서부터 34쪽에 걸쳐 펼친 논의에 기대어, 청년 또는 청춘이라는 개념이 역사적으로 만들어진 것이라고 주장한다. 참고문헌을 확인해 보면, 이 책의 제목이 '청년의 사회학'*Sociologie de la jeunesse*이라는 것을 알 수 있다. 본문의 문장 속에 저자명이 언급된 경우에는 괄호 안에 연도 표시만 하여 주기도 한다.

한편 내주 중 저자연도 방식이 아닌 저자명 방식도 있는데, 대표적으로 MLA 스타일이 그 예라고 할 수 있다. 괄호 안에 저자명, 그리고 필요에 따라서는 제목의 축약형 등 최소한의 정보만을 기재한다. 다만 출판 연도를 기준으로 삼지는 않는다는 점에서 저자연도 방식과 차이가 있으며, 참고문헌을 작성할 때에도 연도를 저자명 바로 뒤에 적지 않고, 참고문헌을 작성하는 일반적인 순서를 따른다.

### 3) 번호 방식과 참고문헌

번호 방식은 외주 방식과 내주 방식의 장점을 접목시켜 출처 표시를 간소화한 것으로, 직접 또는 간접 인용을 한 부분에 번호로 표시를 한 후, 본문에서 인용한 순서대로 번호를 붙여 참고문헌을 작성한다. 번호로 표시를 한다는 점에서는 외주 방식과 유사하지만, 참조한 자료의 서지사항을 별도로 마련된 자리에 따로 적지 않고, 참고문헌에서 그 내용을 확인할 수 있도록 한다는 점에서는 내주 방식과 유사하다. 다만 내주 방식에서는 괄호 안에 제시된 정보를 통해 참조한 자료가 무엇인지를 참고문헌에서 직접 찾아야 했다면, 번호 방식에서는 본문에서 인용된 순서대로 참고문헌을 작성하기 때문에 출처를 즉각적으로 확인할 수 있다. 이러한 번호 방식은 형태적으로 외주 방식 중 특히 미주

양식과 가장 유사하다고 할 수 있는데, 다만 미주와 참고문헌을 따로 적는 대신, 이 둘을 하나로 결합시켜 간소화한 것이라고 볼 수 있다.

번호 방식으로 출처를 밝히고 있는 아래 예문을 함께 살펴보도록 하자.

---

세계는 화석연료의 과다한 사용으로 인한 고갈과 환경오염이라는 커다란 두 가지 문제에 직면하고 있으며 자연과 공존하며 안정적으로 발전하자는 '지속 성장sustainable development'의 개념이 화두가 되고 있다[1]. [중략] 더불어 세계의 에너지 공급원인 중동의 정세가 불안해지면서 고유가 시대로 들어섰고, 게다가 기후협약 등으로 일산화탄소 배출에 대한 제재가 강화될 조짐이 보이고 있어 조화롭고 지속적인 발전과 함께 에너지 보존 및 효율적인 환경보존을 위한 대체 가능한 새로운 에너지의 개발에 관심이 모아지고 있다[2].

---

※ 박재일, 우희철, 이재화, 「해양조류로부터 바이오에너지 생산: 현황 및 전망」, 『화학공학』 46(5), 2008, 833-844쪽.

---

〈참고문헌〉

1. Mclaren, J. S., "Crop Biotechnology Provides an Opportunity to Develop a Sustainable Future," *Trends Biotechnol. 23(7)*, 2005, pp.339- 342.
2. Wright, L., "Worldwide Commercial Development of Bioenergy with a Focus on Energy Crop-based Projects," *Biomass and Bioenergy 30(8-9)*, 2006, pp.706-714.

---

'지속 성장'에 대한 언급 뒤에 [1]로 참조 표시를 한 것으로 보아 간접 인용을 하고 있으며, 논문의 끝에 실린 참고문헌을 보면 [1]에서 참고한 자료는 2005년에 출간된 Trends in Biotechnology 약식: Trends Biotechnol. 라는 저널의 23집 7호에 실린 J. S. Mclaren의 "Crop Biotechnology Provides an Opportunity to Develop a Sustainable Future"라는 제목의 글이라는 사실을 알 수 있다.

학술적인 글에서 선행 연구를 직간접적으로 인용하는 것은 반드시 필요한 일이다. 적절한 참고 자료를 인용하는 것은 나의 주장을 뒷받침해주는 주요 논거로 활용될 수 있으며, 내가 해당 분야의 연구 업적을 충실하게 검토했음을 드러내는 것이기도 하기 때문이다. 그러나 당연히 인용만으로 글을 쓸 수는 없으며, 인용의 앞뒤에는 반드시 왜 해당 부분을 인용하는지에 대한 나만의 설명이 있어야 한다. 다른 연구자들의 생각을 정리하여 내 글을 채우는 것보다, 나의 생각을 드러내는 것이 더 중요하다. 나의 목소리가 다른 연구자들의 목소리에 묻혀버리지 않도록, 정확하게 인용하는 법뿐만 아니라, 나의 생각을 명확하게 밝히고 표현하는 법을 훈련하도록 하자.

주석과 참고문헌
작성하기
연습문제

▶p. 293

II

# 글쓰기의 과정

# 발표하기

# 1 글쓰기와 말하기

대학생들은 글쓰기의 최종 결과물을 공개 발표하라는 요구를 자주 받게 된다. 이러한 경우, 발표를 맡게 되어 다행이라고 느끼는 경우는 그리 많지 않은 것 같다. 이와는 반대로 표정이 금세 굳어지거나 불안하고 초조해하는 경우가 대부분이다. 특히 말하기 훈련이 제대로 되어 있지 못한 대학 새내기의 경우, 공개적인 발표는 상당히 부담스러운 과제일 수밖에 없다.

수업 시간에 발표를 맡게 될 때, 여러분의 경우는 어떠한가? 편안한가, 아니면 떨리고 두려운가? 무리 없이 잘 진행되는가, 아니면 혼란스러운가? 결과는 만족스러운가, 아니면 불만족스러운가? 만일 여러분의 답변이 부정적인 쪽으로 기운다면 대학생의 말하기 전략을 다루는 이번 장에 관심을 기울일 필요가 있다. 이 장은 우리나라 대학생이 활용할 만한 말하기의 기본 요령을 알려주는 데 목적이 있다. 먼저 대학생 말하기의 기본 특성이 무엇인지를 살펴보고, 다음으로 대학생 말하기의 기본 전략을 검토한 다음, 마지막으로 실전에서 활용할 수 있는 핵심 전략을 소개하려 한다.

# 1. 대학생 말하기의 기본 특성

일반적으로 전문가들은 '무엇을'보다는 '어떻게' 말하는지가 중요하다고 말한다. 이는 말하려는 내용보다는 말하기의 형식이 더 중요하다는 뜻이다. 예컨대, 20세기 말하기의 달인 데일 카네기의 경우가 대표적이다. 현재의 '스피치' 세계에서 그의 영향력은 실로 엄청나다. 지금 현재 널리 읽히고 있는 말하기 관련 필독서는 그가 쓴 『성공대화론』의 아류라고 봐도 무방할 정도이다. 그의 대화론은 무엇보다도 일반 청중을 대상으로 하는 대중연설의 기술을 연마하는 데 주력해 왔다. 그런데 문제는 그의 대화론에 대한 우리나라 학술 세계의 반응은 냉랭하다는 사실이다. 그의 저서는 오히려 알량한 처세술을 가르치는 저급한 대중서로 폄훼되고 있는 것이 현실이다. 어쩌면 그의 말하기 기술이 말하기의 내용을 중시하는 학자들에게 확신을 심어주지 못하기 때문이리라. 바로 이런 맥락에서 우리나라 대학생을 위한 말하기 전략이 기본적으로 어떤 특성을 갖추어야 하는지를 점검해 볼 필요가 있다.

우리나라 대학생을 위한 말하기 전략은 올바른 기본 특성을 갖추는 것이 좋다. 이 기본 특성에는 말하기의 내용적 차원과 형식적 차원이 모두 통합되어야 한다. 그래야 말하기 교육이 지나치게 형식성에 치우친다는 비난과 오로지 내용만을 중시한다는 비판을 동시에 피할 수 있다. 여기서는 기본 특성을 전문성, 언어성, 구술성, 시각성, 청중성 순서로 구분해서 살펴본다.

## 1) 전문성

일반적으로 연설 내용을 일반 청중들의 수준에 맞추는 대중연설에서는 학술적인 냄새가 짙은 주제를 피하는 것이 원칙이다. 하지만 학교나 학계에서의 말하기 행위는 일정한 수준의 학술성을 반드시 담보해야 한다. 그래야만 좋은 평가를 받을 가능성이 높아진다. 대개의 경우, 발표자가 자신의 전공 분야와 관련된 학술적인 주제를 선정할 때, 발표의 학술성은 높아진다. 그래서 학교나 학회의 발표회에서 발표자는 특정한 전공 주제에 대해 어느 정도의 이해력과 통찰력을 갖고 있는지를 알리는 데 주력한다. 이때의 발표는 반드시 내용의 학술적 전문성을 확보해야만 학술적 가치가 높다는 평가를 받을 수 있다. 따라서 발표 내용의 학술적 전문성은 대학생 말하기의 첫 번째 기본 특성에 해당된다.

### 2) 언어성

대학생 글쓰기와 마찬가지로, 대학생 말하기 또한 언어성을 지닌다. 그런데 이러한 언어적 소통은 일상적인 대화와는 달리 일정한 수준의 문법성과 문장력을 갖출 때에라야 수월하게 지속될 수 있다. 한 마디로 말해, 대학생 말하기는 조리 있는 말하기, 곧 논증적 말하기가 제대로 수행될 때에라야 학술성을 확보할 수 있다. 그래서 대학생을 위한 말하기 교육은 발표자의 논증 역량을 나타내는 논증지수를 높이는 데 초점이 맞춰져야 한다. 만약에 발표 내용이 논증적 구조를 갖추지 못한다면, 학술적 가치를 제대로 평가받기가 어렵다. 그에 따라 일상적 말하기에서는 전문용어의 사용을 피하는 것이 바람직하다면, 대학생 말하기에서는 전문용어의 사용을 오히려 장려하는 것이 적절하다고 할 수 있다. 만약 적당한 설명이 주어지는 경우라면, 오히려 고급스러운 전문용어의 적절한 사용이 발표 내용의 학술성을 높이는 데 도움이 된다.

### 3) 구술성

대학생 글쓰기의 묘미가 서술성에 있다면, 대학생 말하기의 매력은 구술성에 있다. 대학생 말하기의 기본 특성인 구술성은 발표 내용의 전문성과 언어성을 실어 나르는 도구의 역할을 수행한다. 이때 주도적인 역할을 담당하는 목소리는 전달력의 수준에 영향력을 행사하여 청중과의 소통 가능 여부를 결정한다. 먼저 발음의 정확성은 발표 내용의 품질을 좌지우지하는 경우가 많다. 그래서 문장을 정확하게 발음하는 일에 신경을 곤두세워야 한다. 목소리의 경우는 청중의 듣기 행위가 얼마나 지속될 수 있는지를 결정하기 때문에 목소리 높이에 적당한 변화를 주어야 한다. 가령, 중요한 단어는 강하게 말하고, 중요하지 않은 단어는 약하게 말하며, 말의 속도에도 적절한 변화를 줘야 한다는 식이다. 그런데 이처럼 말하기의 구술성을 높이기 위해서는 발표 10분 전에 반드시 굳은 입과 입술을 풀어주고, 마른 혀와 성대를 촉촉하게 적셔 경직된 근육을 충분하게 풀어줘야 한다. 따라서 대학생 말하기의 성패 여부는 발표 내용의 깔끔한 전달 여부에 달려 있기 때문에 구술성의 의미를 분명하게 숙지하고 충분하게 연습해야 한다.

### 4) 시각성

통상적으로 대학생 말하기에서는 시각성의 특성이 차지하는 비중이 미미하다. 카네기의 경우에도 제스처에 관한 책 중 10분의 9는 엉터리라고 비판할 만큼 천편일률적인 제스처 교육이 말하기의 시각적 효과를 높이기는커녕 가식적이고 어색한 손짓 동작으로 오히려 발표를 망친다고 지적한다. 그런데 1950년대 신체언어 연구를 선도해온 알버트 메라비언은, 인간이 의사소통할 때 언어성이 차지하는 비중이 7%, 목소리의 높이, 음색, 억양 등 구술성이 차지하는 비중이 38%, 표정, 제스처, 시선 교류 등 비언어적인 시각적 효과가 55%를 차지한다는 놀라운 사실을 밝혀냈다. 이 연구 결과가 발표된 이후, 말하기의 시각적 효과에 대한 논쟁은 메라비언의 승리로 일단락되었다. 표정과 제스처, 시선 교류는 청중의 마음을 사로잡는 중요한 시각화 수단으로서의 가치를 널리 인정받고 있다. 그런데도 우리나라의 학교나 학회에서는 발표자가 준비한 원고를 그대로 읽어 내려가는 지루한 풍경이 그대로 방치되고 있다. 이런 의미에서 청중의 마음을 사로잡는 대학생 말하기를 추구한다면, 시각적 효과를 급격하게 떨어트리는 말하기 습관이나 발표회 관습은 하루라도 빨리 개선되어야 한다.

### 5) 청중성

대학생 말하기의 마지막 기본 특성에 해당되는 청중성은 발표의 내용과 형식의 종합적 가치를 최종적으로 결정하는 요소이다. 사실상 앞서 언급한 4가지의 기본 특성이 모두 청중을 위해 존재한다. 이런 의미에서 말하기의 궁극적인 목표는 청중의 마음을 사로잡는 일이라는 주장은 정당하다. 그런데 대학생 말하기의 경우, 청중의 대부분은 공부하는 학생들이나 연구하는 지식인들일 가능성이 높다. 따라서 학생과 지식인 집단으로 구성된 청중을 단박에 사로잡을 수 있는 좋은 기술이 시급하게 요구된다. 가령, 학문 세계의 종사자들은 무엇보다도 지적이고 정신적인 교류가 생산적이고 효율적으로 이루어질 때, 그런 발표를 높게 평가하는 경향이 있다. 따라서 발표자는 발표의 형식성을 최대한 고려하되, 무엇보다도 발표 내용의 전문성과 언어성이 높은 수준을 지닌 논증적 말하기를 수행하는 데 심혈을 기울여야 한다. 더욱이 대학생 말하기의 대상인 청중은 발표 직후의 토론 시간을 통해 발표자에 대한 적극적인 비평자로 변신한다. 그렇기 때문에 대학생 말하기에서 청중성이 지니는 가치와 중요성은 점점 더 커진다. 이런 의미에서 발표는 청중의, 청중에 의한, 청중을 위한 말하기 방식이라고 말해도 좋다.

## 2. 대학생 말하기의 기본 전략

'토끼는 귀를, 고양이는 목덜미를 잡아야 쉽게 사로잡듯, 사람은 마음을 사로잡아야 한다.' 탁월한 말솜씨로 유명한 말하기의 고수들은 대부분 '마음을 사로잡는 파워스피치'야말로 말하기의 기본 정석에 속한다고 믿는다. 그렇다면, 청중의 마음을 사로잡는 대학생 말하기는 어떻게 가능한가? 대학생 말하기의 내용을 구성할 때, 어떤 원칙들에 입각해서 구성 전략을 짜야 하는가? 여기서는 대학생의 말하기 수행 과정에서 중요하게 다루어야 할 3가지 기본 전략을 설명하고자 한다. 첫째, 논증 전략, 둘째, 구술 전략, 셋째, 시각화 전략이 그것이다. 아래에서 각각의 전략에 대해서 상세하게 살펴 보자.

### 1) 제1전략: 논증하라!

일반적으로 논증이란 '옳고 그름을 이유를 들어 밝힘. 또는 그 근거나 이유'를 뜻한다. 앞에서 설명한 것처럼, 논증하기는 우선 학술적 글쓰기를 위해 반드시 갖추어야 할 기본기이다. 논증하기는 논제, 논거, 논지로 구성된다. 이것이 논증의 3대 요소이다. 그런데 논증적 글쓰기의 수준은 이러한 3가지 구성요소들이 얼마나 '합合'을 잘 이루어내는가에 따라 결정된다. 이 3가지 구성요소들이 완벽한 '삼합'(또는 부합) 상태를 이룰 때, 글쓰기는 논리적이라는 평가를 받게 된다. 이런 의미에서 볼 때, 대학생의 말하기는 학술적 글쓰기의 논증 전략에서 출발한다고 말할 수 있다.

그러나 대학생 말하기는 논증적 글쓰기의 차원을 넘어서야 한다. 대학생의 발표하기는 논증적 글쓰기에 기초해서 작성된 원고를 그대로 읽는 것 이상을 의미하기 때문이다. 이런 의미에서 대학생 말하기의 논증 전략은, 첫째, 논증적 글쓰기의 기본 전략을 충실하게 따라가되, 둘째, 발표의 첫 부분을 어떻게 시작할 것인지에 신경을 써야 하고, 셋째, 발표를 인상적으로 마무리하는 방법을 강구해야 한다. 대학생 말하기의 성패는 발표의 첫머리와 끝부분의 구술 전략에 달려 있는 경우가 많다.

조셉 윌리엄스와 그레고리 콜럼은『논증의 탄생』이라는 책에서 논증적 글쓰기와 말하기에 유익한 10가지 지침을 제공한다. 그들의 '체크리스트'를 적절하게 활용한다면, 대학생 말하기를 위한 훌륭한 원고를 작성할 수 있고, 논증지수를 최대화할 수 있다.

〈논증지수의 극대화를 위한 10가지 체크리스트〉

1. 논증의 구조가 명확하게 드러나는가?
2. 논증이 독자들의 관심을 끌겠는가?
3. 독자들이 주장을 분명하게 이해하겠는가?
4. 논증의 일관성이 드러나는가?
5. 독자들이 핵심 개념을 인식할 수 있겠는가?
6. 독자들이 논증의 구조를 파악할 수 있겠는가?
7. 독자들이 논증의 구성 원칙을 이해할 수 있겠는가?
8. 독자들이 주장을 타당하다고 판단하겠는가?
9. 문단에서 문단으로 자연스럽게 이어지는가?
10. 글이 명확하고 간결하게 읽히는가?

출처: 조셉 윌리엄스·그레고리 콜럼, 『논증의 탄생』, 윤영삼 옮김, 홍문관, 2008, 16-17쪽.

### 2) 제2전략: 구술하라!

대학생 말하기의 성공 여부는 논리적으로 구성된 내용을 어떻게 잘 전달하는가에 달려 있기도 하다. 그래서 대학생 말하기에서는 구술 전략이 그만큼 중요해진다. 일반적으로 논증적 말하기는 지루하고 따분하다는 인상이 강하다. 전문 지식과 용어가 숱하게 등장하는 학술 발표의 특성상, 이러한 무미건조한 분위기가 공개적으로 문제시되는 경우는 별로 없다. 하지만 일반 학술 대중들이 집중하기 힘들어하는 것은 부정할 수 없는 사실이다. 그런데 발표 내용은 대단히 학술적이고 전문성이 뛰어나며 논증적인데, 발표 기술 때문에 청중들의 무관심을 조장하는 경우라면, 이 부분은 정확하게 지적하여 과감하게 수정할 필요가 있다. 한 마디로 말해, 발표자는 논증적 말하기의 구술적 특성에 각별한 주의를 기울어야 한다. 이를 위해 발표자는 아래의 4가지 측면을 중점적으로 고려해야 한다.

### (1) 원고를 그대로 읽지 마라

흔히 교실에서 발표를 듣는 학생들이 가장 힘들어하는 것은 준비한 원고를 처음부터 끝까지 읽는 행위이다. 물론 학술적인 내용을 다루는 수업에서는 발표의 내용이 가장 중요하다는 것은 부정할 수 없다. 하지만 교실에서의 발표라는 것이 발표를 듣고 있는 교수와 학생들과의 적극적인 대화라는 생각에 동의한다면, 독백 형식을 취하는 그런 발표는 좋은 질문이나 생산적인 토론을 유발하기 어렵게 만든다. 더욱이 발표자가 원고를 그대로 읽기 시작하면, 학생들은 점점 발표 내용에 집중하기 힘들어하다가, 급기야는 발표를 더 이상 듣지 않게 된다. 이처럼 청중들의 반응을 끌어내지 못하는 발표는 그야말로 '재미없는' 발표라는 좋지 못한 인상을 주기가 쉽다. 따라서 발표자는 원고를 그대로 읽는 행위를 멈추어야 한다. 준비한 원고에서 눈을 떼고, 청중과 소통하는 발표를 진행해야 한다.

### (2) 발표 속도를 조절하라

발표를 듣는 학생들이 힘들어하는 또 하나의 문제는 발표하는 학생이 발표 속도의 완급 조절에 실패하는 경우와 관련되어 있다. 발표를 지나치게 빠르게 진행할 경우, 듣고 있는 학생들이 발표 내용을 따라가지 못할 가능성이 높아진다. 심지어 내용에 관심이 있는 학생의 경우에도 발표 속도가 너무 빨라지게 되면, 결국에는 듣기 행위를 중도에 포기하게 된다. 게다가 발표에 가속도가 붙게 되면, 발음이 정확하지 않게 되어 내용 전달이 제대로 이루어지지 못하는 대목이 점점 더 많아진다. 그런데 반대의 경우도 마찬가지다. 발표 속도가 너무 느린 경우에도 듣고 있는 학생들의 긴장감이 풀어져 딴생각에 빠질 가능성이 높다. 이 경우에도 학생들은 발표 내용에 더 이상 집중하지 못하게 되고 결국 듣는 행위를 멈추게 된다. 이처럼 학생들의 호응이 없으면, 발표자의 의욕 또한 점점 식게 된다. 따라서 발표자는 발표 속도를 너무 빠르게도 너무 느리게도 하지 말고, 적당하게 속도를 조절해서 듣는 학생들과의 정서적 교감을 높이는 데 힘써야 한다.

### (3) 첫말 표현에 주의하라

글쓰기에서 독자들의 흥미를 단번에 유발하는 도입부와 논제 제시부는 좋은 글쓰기의 출발점이다. 이는 말하기의 경우에도 그대로 적용된다. 발표할 때, 첫마디를 어떻게 표현하는가에 따라 청중들은 발표를 계속 들을 것인지의 여부를 결정한다. 그렇기 때문에 발표자는 처음 발문할 때 쓰지 말아야 할 표현과 권장하는 표현을 잘 익혀서 청중들의 마음을 사로잡을 수 있도록 해야 한다. 가령, 사과의 말, 긴 도입의 말, 칭찬을 듣고자 하는 말, 자기중심적인 사고를 드러내는 말, 자기변명적인 말, 자기 비하적인 말, 부정적인 표현 등은 삼가야 한다. 그와는 반대로 흥미진진한 말로 시작하는 발표는 이미 절반은 성공한 것이나 다름없다. 예를 들면, 청중들의 호기심을 자극하는 질문 형식으로 발문을 시작하는 방식은 언제나 좋은 평가를 받는다. 왜냐하면 이러한 질문은 청중과의 즉각적인 교류를 만들어내고, 관심을 불러일으키며, 분위기나 기대치를 파악하고, 긴장 상태를 풀어주기 때문이다. 청중이 적당한 대화를 통해 발표 행위에 참여하게 된다면, 당신의 부담도 그만큼 줄어들 수 있다.

### (4) 인상적인 맺음말을 준비하자

말하기의 고수들은 예외 없이 발표에 대한 전체 인상을 결정하는 대목은 첫마디가 아니라 마지막 맺음말 부분이라고 강조한다. 마무리 표현은 발표에서 가장 중요한 부분인 셈이다. 비록 발표가 미흡했다손 치더라도 마무리를 잘하게 되면 나쁜 결과를 방지할 수가 있다. 그러나 결말이 허둥지둥 끝나게 되면, 발표는 실패할 확률이 높아진다. 따라서 무엇이 맺음말 표현으로 적절한지, 부적절한지를 잘 따져서 인상적인 맺음말로 발표를 마무리하는 데 진력해야 한다. 가령, 맺음말 부분에서는 앞에서 다룬 내용과 전혀 다른 색다른 이야기를 해서는 안 된다. 그리고 훌륭한 발표자는 청중들의 감정에 호소하는 감성적인 말을 선택하여 대미를 장식한다. 왜냐하면 청중들은 이성보다 감정에 호소하는 맺음말 표현에 더욱 빠르게 반응하기 때문이다. 결국, 맺음말은 발표의 전체 내용에 있어서 클라이맥스에 해당된다. 그런 의미에서 맺음말은 청중들의 기억 속에 오랫동안 저장되는 인상적인 표현이라야 성공적인 마무리라고 볼 수 있다. 마무리 표현법을 미리 작성해 놓고 철저하게 연습해서 확실하게 마무리해야 한다.

### 3) 제3전략: 시각화視覺化하라!

교실에서 주제 발표를 수행할 때, 시각적 효과를 높이는 보조 도구를 활용하는 것은 필수적이다. 그래서 학생들은 파워포인트, 한컴쇼, 프레지 중에서 적어도 한 가지 프로그램은 다룰 줄 알아야 한다. 발표할 기회가 주어졌을 때, 시각적 자료를 적당하게 사용하는 것이 성공적인 발표를 위한 지름길이라는 생각은 이제는 일반 상식에 속한다. 그런데 문제는 많은 학생들이 놓치고 있는 또 하나의 시각화 전략인데, 그것은 발표의 내용보다는 형식과 관련되어 있다. 이런 의미에서 이것은 발표 형식의 시각화 전략이라고 말해도 좋겠다. 이 시각화 전략은 발표자가 자신의 표정이나 제스처, 시선 교류 등을 통해 발표의 시각적 효과를 배가시키는 데 목적이 있다. 성공적인 발표를 수행하고자 하는 발표자는 특히 자신의 표정을 어떻게 관리해야 하는지, 발표 과정에서 몸짓은 어떻게 사용해야 하는지, 그리고 시선 처리는 어떻게 해야 하는지 등에 대해서 반드시 숙지하고 있어야 한다.

#### (1) 표정

발표자가 발표를 수행하기 위해 무대로 나갈 때, 참석한 청중들이 가장 먼저 바라보는 것은 발표자의 얼굴이다. 특히 얼굴 표정은 발표자의 심리 상태를 직접적으로 보여주는 거울이기 때문에 각별히 신경을 써야 한다. 발표자의 심리 상태는 곧바로 청중들의 심리 상태로 전이되어 발표회장의 분위기를 결정한다. 즉, 발표자의 표정이 어두우면, 청중들의 표정도 어두워진다. 반대로 발표자의 표정이 밝으면, 청중들의 표정도 밝아진다. 그런데 문제는 발표할 때의 표정 관리가 좀처럼 쉽지 않다는 데 있다. 발표 경험이 많든 적든 상관없이, 불안은 언제나 영혼을 잠식한다. 그런데 바로 이 대목에서 새로운 인식 전환이 필요하다. 하인츠 골트만의 진단처럼, 무대공포증은 어쩌면 자연스러운 현상이다.

이 현상은 위기가 아니라 오히려 기회일 수 있다. 왜냐하면 무대공포증은 당신의 잠재력을 활성화시키고 정신을 맑게 해서 작업 능률을 오르게 할 수 있기 때문이다. 따라서 발표자는 사전에 미리 다양한 표정을 취하는 연습을 충분하게 해두어야 한다. "무대공포증은 당신이 가지고 있는 에너지를 총동원할 수 있는 자극제이다. 무대공포증을 통제하고 그것을 연합군으로 만들 수만 있다면, 당신은 커다란 성과를 경험할 것이다."

### (2) 손동작

일상적인 대화를 할 때 손동작을 적절하게 사용하는 학생들이 제법 많다. 손동작을 잘 활용하게 되면 대화의 내용을 시각화하는 효과가 있다. 물론 손동작을 전혀 사용하지 않는 사람들 중에서도 달변가가 있기 마련이고, 손동작을 적절하게 잘 사용하는 사람 중에서도 말주변이 없는 사람이 있다. 그러나 손은 제2의 입이다. 입말과 손동작이 서로 합을 잘 이루게 되면, 탁월한 시너지 효과가 나타나게 된다. 그런데 교실에서 발표를 수행할 때, 학생들은 손동작을 거의 사용하지 않는다. 가령, 한 학생이 교실에서 발표를 한다고 가정해 보자. 이때, 학생은 파워포인트를 활용한 발표를 진행하기 위해 전자 교탁 뒤에 자리를 잡는다. 그에 따라 발표자의 손은 슬라이드를 넘기기 위해 컴퓨터 자판을 두드리는 일만 수행하게 된다. 그에 따라 발표의 전 과정을 통해 의미 있는 손동작을 전혀 보여줄 수가 없다. 따라서 적절한 손동작을 통해 발표의 시각적 효과를 높이고자 한다면, 발표자는 전자 교탁에서 무대 중앙으로 위치를 과감하게 옮겨야 한다. 그러고 나서 의미 있는 손동작을 적절하게 활용하며 발표 형식의 시각화의 효과를 최대한 발휘해야 한다. 이때, 만세처럼 양손을 번쩍 드는 동작, 양손을 마주잡고 머리 위로 흔드는 동작, 뒷짐을 지는 동작, 청중을 향해 주먹을 휘두르거나 손가락질을 하는 동작, 손으로 코나 귀 또는 옷자락을 만지작거리는 동작 등은 바람직하지 않은 손동작이니 각별한 주의를 요한다.

### (3) 시선 교류

교실에서 발표를 수행할 때, 청중들과 적당하게 시선을 주고받는 일이 가장 힘들다고 난색을 표하는 학생들이 의외로 많다. 매일 교단 위에서 가르치는 일을 하는 교수들조차도 모든 학생들에게 고른 시선을 보내가며 수업을 진행하는 일은 쉽지 않다. 하물며 단상에서 발표할 기회가 거의 없는 학생들이 청중들과 시선을 교류하는 일이 어려운 것은 어쩌면 당연하다. 그러나 성공적인 발표를 수행하고자 할 때, 청중과의 시선 교류는 필수적이다. 반드시 청중들과 눈을 마주쳐야 한다. 왜냐하면 시선을 교류하는 행위는 무엇보다도 발표자에 대한 청중의 관심을 높여주기 때문이다. 반대로 발표자가 청중의 눈길을 피하게 되면, 청중들은 발표자에 대한 좋지 못한 인상을 갖게 된다. 따라서 발표자는 주의를 기울여 청중을 골고루 쳐다보아야 한다. 눈으로 말하는 연애가 실패하지 않듯이, 청중을 사랑하는 시선으로 바라보는 발표자는 결코 실패하지 않는 법이다.

## 4) 대학생 말하기의 실전 전략

대학생이 말하기를 실제로 수행할 때, 적절한 이미지를 활용하게 되면 발표를 좀 더 수월하게 진행할 수 있다. 우리의 시각적 인상이 말하기 행위에서도 최대의 효과를 발휘하기 때문이다. 우리가 실전에서 이미지 전략을 어떻게 활용할 수 있는지에 대해 3가지 사례를 통해 설명해 볼 수 있다. 첫째, 발표의 준비 단계에서 전체 기획안을 짤 때, 둘째, 발표문을 구성할 때, 셋째, 파워포인트를 구성할 때, 대학생 말하기는 이미지를 적극적으로 활용해야 한다. 그럴 때, 대학생 말하기 활동은 그렇지 않은 경우보다 훨씬 더 매끄럽게 진행될 수 있다.

### (1) 전체 기획안의 구성

1단계 준비 과정에서는 먼저 자료 조사가 철저하게 진행되었는지, 다음으로 발표를 위한 자료들(원고와 파워포인트)이 적절하게 작성되었는지, 마지막으로 예행연습은 충분하게 수행되었는지 등을 철저하게 사전 점검해야 한다. 2단계 발표 과정에서는 첫째, 흥미로운 머리말을 잘 준비했는지, 둘째, 파워포인트를 활용한 발표 준비가 잘 이루어졌는지, 셋째, 인상적인 맺음말을 잘 준비했는지를 확인해야 한다. 그리고 3단계 평가 과정에서는, 첫째, 교수의 피드백을 어떻게 받을 것인지, 둘째, 교수의 피드백을 반영하여 발표문을 어떻게 수정할 것이지, 셋째, 최종 보고서는 언제, 어떻게 제출해야 하는지 등을 꼼꼼하게 살펴보아야 한다. 이처럼 학술적 말하기의 전체 기획안을 미리 짜 놓고 이 순서에 따라 차례차례 진행하게 될 때, 발표의 성공률은 높아진다.

### (2) 발표문의 구성

발표문의 구성에서는, 첫째, 제목이 흥미를 유발하는지, 주제어가 담겨 있는지 등을 확인해야 한다. 둘째, 서론의 도입부가 독자의 흥미를 유발하는지, 논제 제시부에는 주제의식을 담고 있는 질문 형식의 문장이 분명하게 제시되어 있는지를 따져봐야 한다. 셋째, 본론에서는 제시된 논제에 부합하는 논거 3가지를 적절하게 제시하고 있는지를 점검해야 한다. 마지막으로 결론 부분에서는 논지를 담고 있는 주제 문장이 명확하게 제시되어 있는지, 발표자가 제시한 논지가 어떤 가치와 의의를 지니고 있는지 등을 제시해야 한다. 이처럼 발표 내용을 적당한 이미지로 구성해 놓게 되면, 준비한 원고를 그대로 읽는 식의 단조로운 발표를 피할 수 있고, 간략하게 소통하는 발표가 진행되어, 청중들과의 적극적인 교감이 훨씬 더 쉽게 이루어질 수 있다.

### (3) 파워포인트의 구성

파워포인트의 구성에서는, 첫째, PPT 슬라이드가 발표문의 이미지 순서와 일치하게 배열되어 있는지를 검토해야 한다. 둘째, 모든 슬라이드가 한 화면상에서 보았을 때, 텍스트와 이미지의 균형을 잘 이루고 있는지를 시각적으로 살펴봐야 한다. 셋째, 전체 슬라이드의 이미지 색상들이 눈에 거슬리지 않게 잘 선택되었는지를 꼼꼼하게 따져보아야 한다. 마지막으로 전체 텍스트와 이미지의 구성이 핵심적인 내용을 잘 전달해 주고 있는지 등을 최종적으로 점검해야 한다. 만일 이 점검 과정에서 부족한 부분이 드러날 경우에는 조력자의 도움을 적절하게 받아서라도 시각적으로 뛰어난 파워포인트를 만들어야 한다. 이처럼 발표할 때 파워포인트를 적절하게 사용하게 되면, '시각화하라'는 핵심 전략을 통해 내용을 전달하는 데 최대 효과를 발휘할 수 있게 된다. 이런 의미에서 파워포인트의 올바른 활용법을 제대로 익혀두는 것이 성공적인 발표를 위해 반드시 필요한 기술이라는 것은 두 번 강조할 필요가 없다. 이에 대해서는 다음 장에서 조금 더 구체적으로 살펴보기로 하자.

## 2 프레젠테이션 준비하기

학술적 글쓰기와 마찬가지로 프레젠테이션은 성공적인 대학생활을 위한 필수품이다. 프레젠테이션을 지정 과제로 삼는 교과목에서뿐만 아니라 일반 과목에서도 프레젠테이션을 잘 수행한 학생이 상대적으로 높은 평가를 받는다. 그리고 학내의 다양한 프레젠테이션 대회를 통해 학생들이 프레젠테이션 기량을 발휘할 수 있는 기회가 점점 더 늘고 있다. 또한 교외에서 개최되는 전국 대학생 프레젠테이션 경진 대회에서도 탁월한 프레젠테이션 역량을 보여준 대학생들을 장학생으로 선발하여 많은 장학금을 수여한다. 이런 점에서 볼 때, 프레젠테이션 역량을 강화하는 일은 대학생들의 선택 사항이 아니라 필수 사항이다. 그렇다면, 과연 어떻게 해야 프레젠테이션을 잘 할 수 있을까?

사실 프레젠테이션에는 정해진 공식이란 없다. 만일 프레젠테이션 공식이 있다면, 프레젠테이션에 실패할 사람은 그리 많지 않을 것이다. 어떠한 상황 속에서도 정해진 공식만 적용한다면 문제를 쉽게 풀 수 있을 테니 말이다. 그런데 프레젠테이션은 상황에 따라 변하고, 또 변해야 한다. 프레젠테이션은 그야말로 '생물'이다. 그래서 프레젠테이션을 위한 기본 전략을 누가 설명하느냐에 따라 그 내용은 달라질 수밖에 없다. 프레젠테이션의 세계는 실로 무궁무진하다. 그러나 그럼에도 불구하고 대학생을 위한 프레젠테이션에는 많은 사람들이 공유할 만한 기본 전략이 분명하게 존재한다. 요컨대, 이야기 구성의 육하원칙을 응용해서 프레젠테이션의 기본 전략을 정리하자면 다음의 표와 같다.

| | 6가지 질문 | 중심 내용 |
|---|---|---|
| 제1전략 | 왜? | 프레젠테이션의 목적성 |
| 제2전략 | 어떻게? | 프레젠테이션의 형식성 |
| 제3전략 | 무엇? | 프레젠테이션의 내용성 |
| 제4전략 | 어디서? | 프레젠테이션의 장소성 |
| 제5전략 | 언제? | 프레젠테이션의 시간성 |
| 제6전략 | 누가? | 프레젠테이션의 주체성 |

그런데 일반적인 이야기 구성의 순서와는 달리, 성공적인 프레젠테이션을 수행하기 위한 기본 전략은 왜, 어떻게, 무엇을, 어디서, 언제, 누구의 역순으로 질문을 던져보는 것이 좋다. 비록 이 6가지 질문은 모두 필수적이지만, 현장 상황에 따라 고려하지 않아도 되는 요소가 한두 가지 발생할 수도 있다. 그러나 프레젠테이션을 미리 준비하는 입장에서는 각각의 항목을 모두 꼼꼼하게 따져보는 것이 필요하다. 자, 이제 6가지 질문에 따라 구분한 프레젠테이션의 기본 전략과 중심 내용을 각각 살펴보기로 한다.

## 1. 왜? - 프레젠테이션의 목적성

여러분은 왜 프레젠테이션을 수행하는가? 첫 번째 질문은 프레젠테이션의 목적성과 관련된다. 학술적 글쓰기와 마찬가지로, 프레젠테이션의 목적은 프레젠테이션 행위의 의미나 가치를 결정한다. 따라서 프레젠테이션의 성공 여부는 프레젠테이션이 목적하는 바를 이루었는지를 따져보면, 간단히 확인할 수 있다. 예컨대, 『이 공식을 모르면 PT하지 마라(P=OR²)』라는 책을 쓴 이용찬은 "PT는 처음부터 끝까지 계약을 위해서 존재하는 비즈니스 행위다"라고 역설했다. 그의 주장을 따른다면, 일반인이 수행하는 프레젠테이션의 목적은 한 마디로 계약을 성사시키는 것이다. 만일 고객과의 계약을 성사시키지 못한다면, PT는 목적을 달성하지 못한 것으로 저평가된다. 비록 대학 강의실에서 진행되는 프레젠테이션의 목적이 계약 성사와 관련된 경우는 없지만, 여러분이 프레젠테이션을 하는 목적이 좋은 결과를 얻기 위함이라는 측면에서 볼 때, 일반인과 대학인의 프레젠테이션 목적은 별반 다르지 않다고 말할 수 있다. 이런 의미에서 프레젠테이션의 목적의식은 성공적인 프레젠테이션을 위해 내딛는 첫걸음이다.

## 2. 어떻게? - 프레젠테이션의 형식성

여러분은 어떻게 프레젠테이션을 수행하는가? 두 번째 질문은 프레젠테이션의 형식성과 관련된다. 일상적인 과제를 수행할 때, 적당한 도구를 사용하면 작업의 효율성이 얼마나 높아지는지를 우리는 경험적으로 잘 알고 있다. 가령, 무거운 물건을 옮길 때, 맨손보다는 바퀴 달린 도구를 활용하는 것이 일의 효율성을 제고시켜 준다는 것은 일반 생활상식에 속한다. 이처럼 대학교에서 프레젠테이션 과제를 수행할 때, 적당한 도구 프로그램을 활용하는 일이 보편화된 지 벌써 오래다. 우리나라 대학생의 경우, 프레젠테이션을 수행할 때 파워포인트를 활용하는 경우가 대부분이다. 파워포인트, 프레지, 한컴쇼와 같은 대표적인 프레젠테이션 도구 중에서도, 파워포인트는 1987년 출시 이후 꾸준히 선호도 1위의 자리를 지키고 있다.

## 3. 무엇? - 프레젠테이션의 내용성

여러분은 무엇을 프레젠테이션 하는가? 이 질문은 프레젠테이션의 내용성과 관련된다. 뭐니 뭐니 해도 프레젠테이션의 성공 여부는 프레젠테이션의 중심 내용을 얼마나 짜임새 있게 구성해내는가라는 문제에 달려 있다. 한 마디로 말해, 프레젠테이션의 내용 구성은 성공적인 프레젠테이션으로 가는 지름길이다. 그러나 프레젠테이션 내용을 어떻게 구성해야 하는지를 정확하게 파악하고 있는 대학생들의 비율이 그다지 높지 않다. 특히 학술적 주제를 다루는 프레젠테이션의 경우, 중심 내용을 짜임새 있게 구성한 프레젠테이션을 만날 기회가 많지 않다는 게 우리 대학의 현주소이다. 이러한 문제는 학년이 내려가면 내려갈수록 더욱 심각해진다. 따라서 프레젠테이션 과제를 수행할 때, 여러분들이 심혈을 기울여야 할 부분은 프레젠테이션의 내용 구성이다.

비록 프레젠테이션의 내용은 주제가 무엇인지에 따라서 각각 달라지겠지만, 주요 내용을 구성하는 방식에는 일정한 공식 같은 것이 있다. 그렇기 때문에 여러분이 프레젠테이션의 내용 구성 방식을 완전하게 익혀서 실행해 본다면, 프레젠테이션이 실패하는 것에 대한 두려움에서 벗어날 수 있을 것이다. 많은 전문가들이 지적하듯이, 프레젠테이션의 효과적인 구성에는 프레젠테이션의 핵심 부분인 서론, 본론, 결론을 어떻게 짜임새 있게 구성하는가가 관건이다. 학술적 글쓰기와 말하기의 내용 구성에서처럼 이 부분은 여러 번 강조해도 될 만큼 매우 중요한 대목이다. 이러한 의미에서 다시 한번 상세한

설명을 해 보자면,

먼저 서론은 도입부와 논제 제시부로 구성해야 한다.

첫째, 도입부는 프레젠테이션에서 다루는 주제에 대한 청중의 흥미를 유발할 수 있는 방식으로 진행해야 한다. 그런데 청중의 흥미를 단번에 진작시킬 수 있는 방법이라는 게 그리 간단하지가 않다. 그러나 분명한 것은, 프레젠테이션의 도입부가 복잡하면 결코 성공하지 못한다는 사실이다. 『그래서 하고 싶은 말이 뭔데?』의 저자인 다케우치 가오루의 조언을 따른다면, "상대의 뇌에 신속히 '그림'을 그려주는" 방식의 도입부를 고민해 볼 필요가 있다.

둘째, 논제 제시부에서는 주제 의식을 담고 있는 질문 형식의 문장을 제시하는 것이 필수적이다. 굳이 질문 형식의 문장을 제시해야 하는 이유는 서론에서 질문 형식의 논제를 던지게 되면 청중의 궁금증을 유발해 관심을 집중시키는 효과가 있기 때문이다. 그것뿐만 아니라 질문 형식의 논제는 프레젠테이션에서 제출되는 논거와 논지에 대한 관심을 지속 가능하게 해준다. 필요한 경우, 질문 형식의 논제를 던지고 난 직후에 곧바로 논지를 제출하는 것도 좋은 서론 구성 방식이다. 논제 제시부에서 논지를 즉각 제시하게 되면, 청중이 발표자의 입장을 분명하게 파악할 수 있게 되어 발표자가 제시하는 논거의 타당성에 관심을 기울이게 된다.

다음으로 본론에서는 서론에서 제시한 논제(또는 논지)에 대한 논거를 제시해야 한다. 본론에서 논거를 제시할 때 주의해야 할 점은 다음과 같다. 첫째, 본론에서 제시한 논거는 타당해야 한다. 논거의 타당성을 판단하는 기준은 당연히 논제·논지와의 부합성이다. 가령, 논제, 논지, 논거 이 세 가지가 서로 부합하지 않는다면, 논리적인 구성이 이루어질 수 없다. 거꾸로 말해, 본론을 논리정연하게 구성하려 한다면, 본론에서 제시된 논거는 서론의 논제와 더불어 결론의 논지와도 완벽한 '삼합'(또는 부합)을 이루어야 한다.

그럴 때에만, 프레젠테이션의 논증지수가 극대화될 수 있다. 둘째, 본론에서 제시되는 논거는 충분해야 한다. 논거의 충분성은 프레젠테이션을 수행하는 사람마다 기준이 다르겠지만, 적어도 세 가지의 논거를 제시해야 한다는 데에는 전문가들 사이의 의견이 일치하고 있다. 논거를 세 가지 제시했을 때 청중이 가장 쉽게 이해하고 오랫동안 기억한다. 셋째, 본론에서 제시되는 논거 세 가지는 적절해야 한다. 달리 말해서, 제시된 세 가지 논거는 서로 부합해야 한다. 예컨대, 도로의 신호등 체계는 세 가지 색깔(빨강, 주황, 초록)로 구성되어 있다. 그런데 누군가가 임의적으로 보라색 신호등을 내단다면, 교통은 곧바로 마비되고 만다. 프레젠테이션에서도 빨강, 주황, 보라색 신호등을 세 가지 논거로 제시한다면, 청중은 곧바로 부적합한 논거의 오류를 즉각 알아챌 것이다.

마지막으로 결론에서는 반드시 논지를 담고 있는 주제문이 제시되어야 한다. 논지를 담은 주제 문장을 제시할 때 주의해야 할 점은 다음과 같다. 첫째, 논제와 논거를 다시 한번 간단하게 요약정리한 다음에 적절한 논지를 제시해야 한다. 그래야만 프레젠테이션에서 수미상관의 원리가 지켜지고 있다는 인상을 줄 수 있다. 둘째, 결론 부분에서 제시한 논지에 대한 가치 평가나 의미 부여를 빠트려서는 안 된다. 이 지점은 청중들이 프레젠테이션의 가치를 평가하고 의미를 부여하는 대목이기 때문에 신중을 기해야 한다. 셋째, 프레젠테이션에서 주제에 대한 한계점이나 후속 연구의 가능성, 그리고 미래 전망을 제시해야 한다.

끝으로 대학교 강의실에서 행해지는 프레젠테이션의 경우, 반드시 마지막 슬라이드에서 참고문헌을 올바르게 제시해야 한다. 참고문헌의 유무는 프레젠테이션에 대한 마지막 인상을 결정짓는다. 그런데 이때 제시하는 참고문헌의 양은 적당해야 한다. 참고문헌이 지나치게 많은 경우에도, 너무 적은 경우에도 학문적 신뢰성을 잃게 될 수 있다. 그러므로 참고문헌을 적당하게 제시하는 작업에 마지막까지 주의를 기울여야 한다.

## 4. 어디서? – 프레젠테이션의 장소성

일반인들의 프레젠테이션은 다양한 장소에서 진행되기 때문에 장소에 세심한 주의를 기울여야 한다. 그러나 대학생의 프레젠테이션의 경우에는 대략 세 가지 장소(교실, 중강당, 대강당)에서 진행될 가능성이 높다. 그렇기 때문에 일반 직장인들보다는 프레젠테이션의 장소성에 대한 신경은 조금 덜 써도 무방하다. 그럼에도 불구하고 30~50명 규모의 소형 강의실에서 프레젠테이션을 진행할 때, 적어도 세 가지 정도는 각별히 주의를 기울여야 한다.

첫째, 전자 교탁의 사용법을 미리 알아 두어야 한다. 오늘날 대부분의 대학 강의실에는 전자 교탁과 프로젝트, 그리고 스크린이 설치되어 있다. 그런데 전자 교탁과 프로젝트를 사용해 본 적이 없는 경우에는, 두 가지 도구의 사용법을 미리 익혀두어야 한다. 아주대학교의 경우, 컴퓨터 바탕화면에 깔린 큐빅 아이콘을 클릭해야 5단짜리 네모 박스로 된 팝업창이 생성된다. 그중에서 맨 위에 있는 빈칸을 다시 클릭해야 프로젝트를 사용할 수 있다.

둘째, 파워포인트를 활용하여 프레젠테이션을 수행할 경우, 전자 교탁의 컴퓨터에 파워포인트가 깔려 있는지를 미리 확인해야 한다. 가령, 아주대학교의 교실 컴퓨터에는 파워포인트가 깔려 있기 때문에 파워포인트를 활용한 프레젠테이션을 무난하게 진행할 수 있다. 그런데 파워포인트로 작성된 화면의 글꼴이 깨져서 프레젠테이션을 수월하게 진행하지 못하는 경우가 자주 목격된다. 파워포인트로 작성한 내용을 저장할 때 글꼴을 포함하는 저장 형식을 따르면, 이러한 오류는 간단하게 방지할 수 있다.

셋째, 파워포인트를 활용하지 않고 한컴쇼 프로그램을 이용하여 프레젠테이션을 하는 학생들이 있다. 그럴 경우에는 교실 컴퓨터에 한컴쇼 프로그램이 깔려 있는지 여부를 반드시 확인해야 한다. 아주대학교의 경우, 한컴쇼 프로그램이 깔려 있는 컴퓨터는 거의 없다. 그래서 프레젠테이션이 진행될 장소의 프레젠테이션 시설 환경을 사전에 미리 점검해 두지 않으면 전혀 예상하지 못한 난관에 부딪힐 수도 있다. 그렇게 되면 프레젠테이션이 예정대로 진행되지 못할뿐더러 결과적으로 수업 진행에 차질을 주게 되어 좋은 평가를 받지 못하게 된다. 따라서 프레젠테이션의 장소성에 대해서도 최소한의 주의를 기울어야 한다.

## 5. 언제? - 프레젠테이션의 시간성

일반적으로 프레젠테이션의 장소성만큼이나 시간성에 대해서는 크게 신경을 쓰지 않는 것 같다. 대학교 프레젠테이션의 경우에도 수업이 진행되는 시간대에 프레젠테이션이 진행되다 보니, 프레젠테이션의 시간 문제는 중요하게 생각하지 않는 경우가 대부분이다. 하지만 전문가들과는 달리 대학생들이 처음 프레젠테이션을 진행할 경우에 세심하게 고려해야 할 시간성의 문제는 적지 않다. 그중에서 중요한 순서에 따라 세 가지만 정리하기로 한다.

첫째, 프레젠테이션은 정확한 시간에 시작해야 한다. 대부분의 학생들은 프레젠테이션 과제를 차분하게 잘 수행한다. 그러나 프레젠테이션 하루 전날 감기몸살로 불참을 통보하는 학생도 있고, 프레젠테이션 하는 날에 지각을 하는 학생도 있고, 수업 전에 미리 프레젠테이션 준비를 해두지 않는 학생도 있다. 물론 프레젠테이션 당일에 예상하지 못한 돌발 상황이 발생할 수도 있겠지만, 이런 사례들은 대부분 프레젠테이션의 시간성을 심각하게 생각하지 않은 데서 비롯되었을 가능성이 높다.

둘째, 프레젠테이션은 주어진 시간 내에 끝내야 한다. 일반적으로 대학생들에게 프레젠테이션 과제가 주어질 때, 발표 시간은 미리 주어진다. 그런데 주어진 시간보다 너무 일찍 끝내는 경우가 많고, 주어진 시간을 훌쩍 넘어가는 경우도 많다. 전자의 경우에는 성의 없는 프레젠테이션이라는 인상을 주기 쉽고, 후자의 경우에는 정리되지 못한 프레젠테이션이라는 평가를 받기 쉽다. 프레젠테이션의 내용이 탁월해서 시간성의 문제를 따지지 않는 경우가 더러 있긴 하다. 그러나 일반적인 수준의 프레젠테이션을 수행할 경우, 정해진 프레젠테이션 시간은 반드시 엄수해야 한다.

셋째, 프레젠테이션은 청중의 시간을 고려해야 한다. 청중들은 점심 식사 직후 식곤증에 시달릴 때 프레젠테이션이 진행되는 경우를 가장 힘들어한다. 이 시간대에는 프레젠테이션 내용의 좋고 나쁨을 떠나서 졸음과의 사투를 벌이는 청중들이 의외로 많다. 게다가 이 시간대에 핸드폰을 만지작거리며 시간을 보내는 학생들도 적지 않다. 그럴 경우, 여러분은 무관심한 청중들 때문에 생기는 불쾌감이나 실망감에 붙잡히지 않도록 자신을 잘 통제해야 한다. 무관심한 청중 때문에 최선을 다해 준비한 프레젠테이션을 망쳐서는 안 된다. 여러분의 프레젠테이션을 경청하는 학생들은 분명히 존재한다. 그들과 함께 프레젠테이션의 시간을 즐길 줄 알아야 한다.

## 6. 누가? - 프레젠테이션의 주체성

누가 프레젠테이션을 하는가? 이 마지막 질문은 프레젠테이션의 주체성에 관한 문제와 직결된다. 대학교에서 진행되는 프레젠테이션은 크게 개인 프레젠테이션과 조별 프레젠테이션으로 구분된다. 전자는 개인이, 후자는 일정한 조원들로 구성된 조가 프레젠테이션을 수행하는 경우이다. 한 개인이 프레젠테이션을 진행하는 경우에는 프레젠테이션 전체 과정을 자신이 통제할 수 있기 때문에 크게 문제될 것이 없다. 그러나 조별 프레젠테이션을 수행할 때는 여러 가지로 어려운 점이 많다. 이에 각별한 주의가 요구된다. 여기서는 조별 프레젠테이션 시에 주의할 사항을 대략 세 가지 정도로 정리해 보고자 한다.

첫째, 훌륭한 조장을 선출해야 한다. 일반 활동과 마찬가지로 조별 활동에서도 훌륭한 조장을 선출하는 일은 성공적인 프레젠테이션을 위해 필수적이다. 조별 활동을 이끌 조장이 갖추어야 할 자격 요건은 여러 가지다. 그러나 무엇보다도 적극성, 지도력, 책임감은 조장이 갖추어야 할 3대 기본 요건이다. 조장이 역할을 제대로 수행하지 못하면 피해가 조원들에게 고스란히 돌아가게 된다. 따라서 조원 모두의 의사를 반영하여 신중하게 조장을 선출해야 한다.

둘째, 작업 분량은 공평하게 분담되어야 한다. 조별 프레젠테이션은 우수한 개인이 실력을 과시하는 것이 아니라 여러 학생들이 함께 만들어가는 팀 활동이다. 이런 팀 활동에는 모임 준비, 자료 조사, 스크립트 작성, 파워포인트 작업, 발표 담당, 최종보고서 작성 및 제출 등 많은 과정이 존재한다. 따라서 팀 활동을 효율적으로 진행하려면 무엇보다도 작업이 공평하게 분담되어야 한다. 가령, 다방면에 능력이 출중한 조원에게 지나치게 많은 일이 할당된다거나 무임승차하려는 조원이 있다면, 조원들의 능률적인 공동 작업은 처음부터 불가능하게 된다. 따라서 이 같은 문제가 발생할 경우, 담당 교수와의 상담을 통해 문제를 신속하게 해결하는 것이 성공적인 프레젠테이션을 위한 적절한 행동 방식이다.

셋째, 효율적인 작업 방식을 강구해야 한다. 조별 작업 방식은 오프라인 방식과 온라인 방식으로 크게 구분된다. 전자는 조원들이 직접 만나 동일한 시간과 장소에서 공동 작업을 진행하는 방식이고, 후자는 모든 조원들이 함께 만나는 시간과 장소가 여의치가 않을 때 온라인을 통해 공동으로 작업하는 방식이다. 물론 전자의 방식으로 작업을 진행하는 데 아무런 문제가 없다면, 굳이 온라인 방식을 추가할 이유는 없다. 그러나 바쁘게 지내다 보면 조원 모두가 다 함께 만나는 일이 가능하지 않을 때도 있다. 그럴 때는 온라인을 통한 공동 작업 방식을 활용하면 작업의 효율성을 높일 수 있다.

이 대목에서 다시 묻건대, 어떻게 하면 프레젠테이션을 잘 할 수 있는가? 학술적 글쓰기와 마찬가지로 대학생의 프레젠테이션에도 '절대반지'는 없다. 그렇지만, 앞에서 간략하게 정리한 대학생의 프레젠테이션을 위한 6가지 기본 전략을 꼼꼼하게 따져보고 적극적으로 잘 활용해 보라. 그렇게 한다면, 여러분이 성공적인 프레젠테이션을 수행하여 좋은 평가를 받을 가능성이 그만큼 높아질 것이다.

마지막으로 프레젠테이션은 자신을 위한 것이 아니라 청중을 위한 의사소통 행위라는 점을 다시 한번 명심하도록 하자. 물론 청중의 반응을 지나치게 의식하면 오히려 역효과가 날 수도 있지만, 청중을 충분하게 고려하는 태도는 성공적인 프레젠테이션을 위한 지름길이다. 모든 형태의 커뮤니케이션과 마찬가지로 프레젠테이션도 인간의, 인간에 의한, 인간을 위한 소통 행위이기 때문이다. 이런 의미에서 모든 프레젠테이션은 궁극적으로 '나를 위한 프레젠테이션'보다는 '너를 위한 프레젠테이션'을 지향해야 한다. 프레젠테이션은 분명히 '나'에 의해 시작되지만 '너'에 의해 완성된다. 따라서 여러분은 프레젠테이션의 목적성, 형식성, 내용성, 장소성, 시간성, 주체성을 인문주의적 감수성 안에서 성찰하는 작업을 지속해나가야 한다.

# III

# 대학 글쓰기의 유형

## 학술적 글쓰기

학술적인 글에는 학술 보고서와 논문 등이 있다. 이러한 글들에서는 사실을 설명하고 의견을 논리적으로 제시한다. 서·본·결의 삼단 구성이 이러한 글들의 기본 구조이다. 서론에서는 설명하거나 주장하고자 하는 대상이 무엇인지, 그러한 설명이나 주장의 의의가 무엇인지를 밝히고, 본론에서는 대상을 분석적이고 논리적으로 설명하거나 주장하며, 결론에서는 본론의 설명 또는 주장을 요약적으로 제시하고 이후 연결될 만한 탐구영역에 대해 전망한다.

학문 분야 및 특정 맥락에 따라 학술적 글쓰기의 구성과 내용은 세부 구조에서 차이가 날 수 있다. 자연과학이나 사회과학의 경우 특정 실험이나 조사, 관찰 등을 바탕으로 하며 글의 구조가 정해져 있는 편이다. 흔히 말하는 IMRADIntroduction, Methods, Results, and Discussion 같은 것이 그러한 형식이다. 이에 비해 인문학 보고서나 논문의 경우, 자연과학이나 사회과학과 달리 특정 실험이나 조사, 관찰 등을 바탕으로 하기보다 다양한 문헌 근거의 수집과 해석을 바탕으로 작성된다. 이때 해석의 방법은 단일한 기준에 의거하는 경우도 있지만 몇 가지 기준을 동시에 원용하는 경우가 잦다. 이 때문에 인문학 보고서와 논문의 구성은 보다 복잡하고 개방적이며 에세이 형식에 가까워지기도 한다. 이 장에서는 가장 간단한 형식을 지닌 실험 보고서를 먼저 살펴보고, 이어 일반적인 학술 논문의 구성에 대해 검토하기로 한다.

# 1 실험 보고서

실험 보고서의 일반적 형식을 제시하면 다음과 같다.

[실험 보고서의 일반적 형식]

1. 서론
   1) 실험의 배경 및 동기
   2) 실험 목적
2. 본론
   1) 관련 이론
   2) 실험 장비와 방법
   3) 실험 결과
   4) 고찰
3. 결론
   1) 실험의 주요 사항 요약
   2) 앞으로의 기대 효과 및 이후의 관련 연구 주제

*참고문헌

*부록

실험 보고서의 일반적인 내용과 형식은 위와 같지만, 실제 작성하게 되는 보고서의 형식은 실험의 성격에 따라 달라질 수 있으며 대개는 위에 제시한 것보다 약식으로 되어 있다. 과목과 실험의 종류에 따라 실험 보고서의 구체적 형식이 주어지는 것이 보통이므로, 주어진 형식에 맞추어 보고서를 작성하는 것이 중요하다. 이제 실험 보고서의 각 구성 단계에 대해 살펴보기로 하자.

# 1. 서론

서론에서는 무엇보다 실험을 통해 해결하거나 탐구하고자 하는 목표를 명확히 기술하여야 한다. 다음의 예에서는 자기력의 개념을 먼저 설명하고, 이어 자기력의 방향 및 세기를 측정하는 것이 실험의 목적임을 서술하였다.

[실험 목적의 예 -학생의 글]

전류가 흐르는 도선 주위에 형성된 자기장 속에 전류가 흐르는 다른 도선이 놓이면 그 도선은 힘을 받게 된다. 이 힘을 자기력이라 한다. 이번 실험에서는 솔레노이드에 직류 전류를 흘려 솔레노이드 내부에 균일한 자기장을 형성한 후, 일부가 그 자기장 안에 들어 있는 도선에 전류를 흘렸을 때 이 도선이 받는 힘을 측정한다. 이때 힘의 방향을 확인하고, 힘의 크기가 자기장의 세기와 전류의 세기에 어떻게 의존하는지 알아보는 것이 이 실험의 목적이다.

서론에 이어 본론에서는 실험과 관련된 이론을 설명하고, 실험 장비와 방법을 기술하며, 이어 실험 결과 및 고찰 내용을 서술한다. 관련 이론 및 실험 방법에 대해서는 일목요연하게 설명하고, 실험 결과는 수식 및 표와 그래프 등을 사용하여 명확하게 제시해야 한다. 본론의 이러한 내용들 또한 특정 맥락에 따라 변형되거나 가감될 수 있음에 유념하자. 각 단계에 대해 살펴보면 아래와 같다.

# 2. 관련 이론 및 실험 방법

다음은 관련 이론과 실험 방법 제시의 예다.

[관련 이론의 예 -학생의 글]

1) 전기 마당(전기장), 전위차, 등전위선

전기 마당은 전하 주위에 형성되며 전기력이 미치는 공간을 의미한다. 전기 마당의 세기는 전기 마당에 놓인 입자의 전하 q와 그 전하가 받는 힘 F를 통해 나타낼 수 있다. $\vec{E} = \frac{\vec{F}}{q}(V/m)$

전위차 $\Delta V = V_2 - V_1 = -\int_{r_1}^{r_2} \vec{E} \cdot \vec{dr}$로 나타내어진다. 이때 인접한 두 곳의 전위가 같다면$(V_1 = V_2 \neq 0)$ $E \perp dr$이다. 따라서 등전위점들을 이은 등전위선은 전기력선(전기장의 방향)과 서로 수직이다.

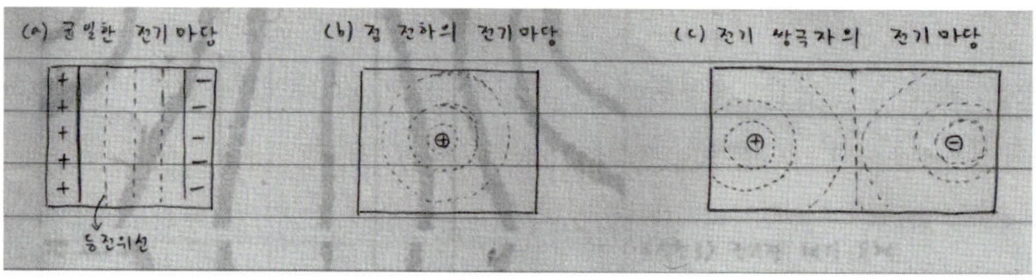


2) 전기 마당에 놓인 도체(가우스의 법칙)

도체 내에는 자유 전자가 존재하기 때문에 도체를 대전시키면 추가된 전하가 모두 도체 표면에 분포하여 도체 표면은 등전위면이 된다. 따라서 전기 마당에 도체를 놓으면 등전위선(면)의 형태가 변화한다.

어떤 폐곡면(가우스 곡면) 안으로 들어오는 전기력선의 개수와 밖으로 나가는 전기력선의 개수 차이를 $\Phi_E$라 하면 폐곡면 내의 총 전하량 $Q = \varepsilon_0 \cdot \Phi_E$의 관계가 성립한다. 이를 가우스 법칙이라 한다.

[실험 장비와 방법의 예 -학생의 글]

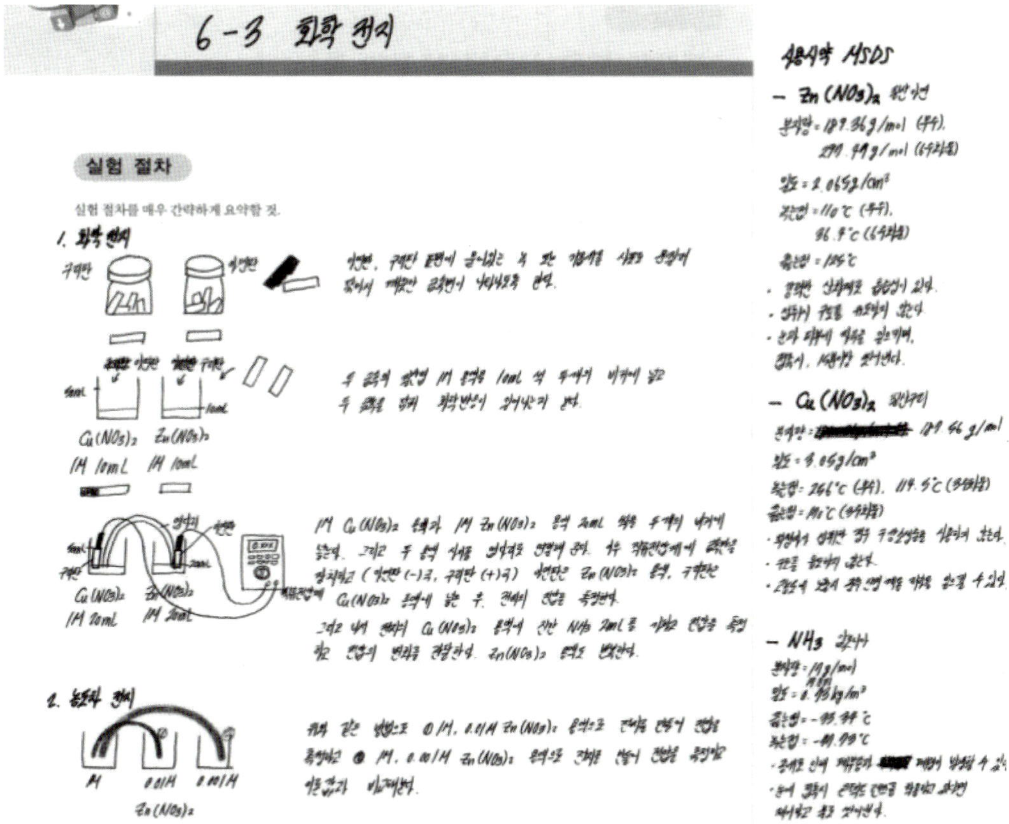


전자의 예에서는 '관련 이론'을 크게 두 가지로 나누어 설명하며 필요한 경우 그림을 덧붙였다. 후자의 예에서는 그림과 이에 대한 간략한 설명을 통해 실험에 필요한 장비와 실험 방법을 실험 순서에 따라 제시하였다. 이처럼 실험 보고서에서는 관련 이론과 실험 방법을 그림 등을 사용하여 간략히 제시하기도 한다. 이는 이어지는 실험 결과 항목에서도 마찬가지인데, 실험 결과 또한 줄글뿐만 아니라 수식이나 표, 그림 등을 사용하여 나타내기도 한다.

## 3. 실험 결과와 고찰

본론의 후반부에서는 실험 결과와 이에 대한 고찰 내용을 서술한다. 그 서술 방식 또한 각 실험 보고서의 유형에서 정해져 있는 형식을 따른다. 보통 실험 결과는 수식이나 표와 그래프, 그림 등을 사용하여 제시한다. 그리고 고찰 항목에서는 실험을 통해 얻은 결과를 자세히 기술하며 실험을 시작할 때 예측한 결과와 이를 비교해 본다. 또한 오차의 원인을 분석하고 이 실험에서 개선 또는 보완해야 할 사항을 기술한다.

특히 고찰 항목은 앞서 표나 그래프, 그림 등으로 표현한 실험의 과정과 결과를 글로 풀어 설명하고 이에 대한 검토를 아울러 해야 하는 곳으로, 실험 보고서 작성 중 글쓰기 실력을 가장 필요로 하는 부분이다. 또한 많은 경우의 실험 보고서에서 결론을 따로 요구하지 않고 고찰에서 끝내도록 하여, 고찰은 실험의 주된 내용을 요약하고 향후의 연구주제에 대한 전망까지 제시하는 결론으로서의 성격을 띠기도 한다. 실험 결과 및 고찰 서술의 몇 가지 예를 들어 보면 다음과 같다. 먼저 실험 결과와 고찰을 함께 서술한 예이다.

[실험 결과와 고찰의 예 -학생의 글]

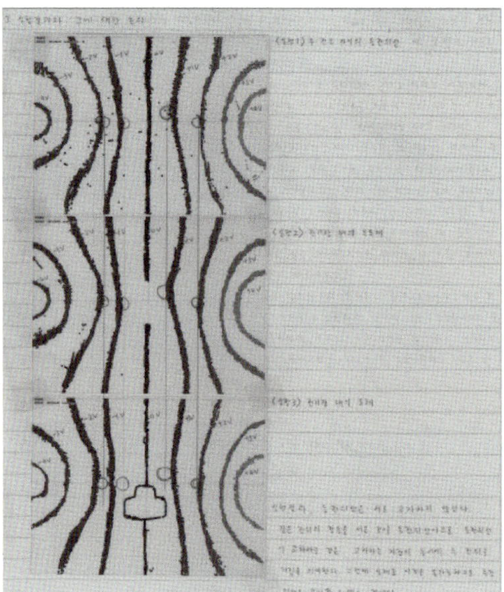

모든 실험에서 전극은 10원짜리를 사용하였다. 그리고 두 전극에 10V의 전압을 걸고 +5~-5V의 측정 범위에서 1V의 간격으로 지점의 전위를 측정하였다. 흑연판의 가운데 부분이 일직선으로 전위가 0인 상태가 되도록 실험을 하였고, 각 실험의 결과 위와 같은 전위 분포(등전위선)를 얻었다. (전체 실험 과정과 결과)

실험 결과, 등전위선은 서로 교차하지 않았다. 같은 전위의 점들을 이은 것이 등전위선이므로 등전위선이 교차하는 것은 교차하는 지점이 동시에 두 전위를 가짐을 의미한다. 그런데 실제로 이것은 불가능하므로 등전위선은 교차할 수 없는 것이다. (상세 실험 결과와 의미1)

등전위선은 각 전극 주변에서 동심원에 가까운 형태를 띠다가 전극에서 멀어지면서 퍼지는 형태로 바뀌었다. … (중략) … 전극에서 멀어짐에 따라 등전위선의 간격이 대체로 넓어지는 모습을 보였다. 이는 실험 1, 2, 3 모두에서 나타난 현상인데, 점전하 q 주변의 전위 $V = \frac{kg}{r}$에서 알 수 있는 $V \propto \frac{1}{r}$의 관계 때문인 것으로 보인다. (상세 실험 결과와 의미2)

전기장 내에 놓인 물체가 없거나(실험1), 부도체이거나(실험2), 도체일 때(실험3), 각 경우에 형성된 등전위선의 형태 차이를 알아보고자 했다. 그래서 각 실험 결과를 같은 크기로 출력하여 일렬로 두고 몇 개의 세로선을 그어 보았다. 그 결과 〈실험1〉과 〈실험2〉의 차이는 거의 없었다. 단지 〈실험2〉에서 부도체가 놓인 자리의 등전위선만 끊겨 있었다. 그런데 〈실험3〉에서는 등전위선이 도체를 중심으로 하여 도체에서 멀어지는 방향으로 약간 밀려 있는 것을 확인할 수 있었다. (그림에서 ○표를 한 곳. 전기장에 놓인 도체에서 먼 등전위선에는 눈에 띄는 변화가 없었다.) … (중략) … 이것은 전극 사이의 흑연판 위에 놓인 도체 표면이 등전위면이 되면서 전기력선과 등전위선의 형태가 변화했기 때문이다. (상세 실험 결과와 의미3)

이번 실험에서는 오차를 일으킬 요인이 별로 없었다. 실제로 등전위선의 형태도 이론과 유사하게 나온 것 같다. 다만 프로그램을 이용하여 전기장 벡터(전기력선)를 나타낼 수 있었다면 도체에 의한 등전위선의 변화를 좀 더 자세히 확인하고 이해할 수 있었을 것이다. 또 실험에서 전극으로 쓰인 동전을 점전하로 생각하고 실험하였는데 더 작은 크기의 도체를 사용한다면 실제 점전하의 등전위선과 더욱 비슷한 실험 결과를 얻을 수 있을 것이다. (오차에 대한 고찰)

위의 예에서는 실험 결과를 그림으로 제시한 후, 이어서 이와 관련한 내용을 몇 가지로 나누어 기술하였다. 첫째 단락에서는 제시한 그림과 같은 결과가 도출된 실험의 방법과 과정을 개괄하였다. 이어 둘째, 셋째, 넷째 단락은 실험의 결과에 대한 내용을 몇 가지로 나누어 설명하였으며, 마지막 단락에서는 오차와 관련하여 결과를 분석하였다. 이 예시문은 대부분의 단락이 두괄식으로 구성되어(밑줄 친 부분이 중심 문장이다.) 실험의 결과가 일목요연하게 정리된 편이다. 한편 다음은 실험 결과와 고찰을 따로 기술한 예이다.

[실험 결과의 예 -학생의 글]

## 실험 결과

**01** 두 가지 금속을 각각 다른 두 가지 금속 질산염 용액에 담구었을 때의 화학 반응의 유무를 ○, ×로 표시하라.

| | 1 | 2 |
|---|---|---|
| 조 합 | $Cu - Zn^{2+}$ | $Zn - Cu^{2+}$ |
| 반응 유무 | X | O |

**02** 다음 조합으로 된 전지에 대해 표를 작성하라.

| 전압 \ 조합 | Zn - Cu |
|---|---|
| 측 정 값 | 0.894 V |
| 계 산 값 | 1.10V |
| 오 차(%) | 20.5% |

→ 0.34V−(−0.76V) = 1.1V

→ $\frac{1.10-0.894}{1.10} \times 100 = 18.[illegible]\%$

**03** 암모니아수를 가했을 때의 전압의 변화

① 암모니아수의 농도 및 부피 28.0~30.0% % 2 mL

② 질산 구리 용액에 가했을 때의 전지의 전압 0.611 Volt

③ 질산 아연 용액에 가했을 때의 전지의 전압 0.894 Volt

**04** 실험 1에서 반응이 일어났을 때 그 이온 반응식을 써라.

① $Zn + Cu^{2+} \rightarrow Zn^{2+} + Cu$ (치환반응)

② $Zn \rightarrow Zn^{2+} + 2e^-$ (산화반응)

③ $Cu^{2+} + 2e^- \rightarrow Cu$ (환원반응)

**05** 실험 1의 실험 결과에서 산화제와 환원제를 그 세기의 순서로 기록하라.

① 산화제 $Cu^{2+} > Zn^{2+}$

② 환원제 $Zn > Cu$

[고찰의 예 -교수의 예시]

이번 실험은 직접측정과 간접측정의 두 가지 방법으로 시료의 밀도를 측정함으로써 우연오차와 계통오차가 어떻게 실험 결과에 영향을 주는지 정밀도와 정확도의 개념을 통해 확인하는 실험이다. 정확도는 측정값의 실제에 근접한 정도로 평균을 통해 비교할 수 있고, 계통오차의 영향을 받는다. 정밀도는 측정값을 비교했을 때 일치되는 정도로 표준편차를 통해 비교할 수 있고, 우연오차의 영향을 받는다. (실험 목적 및 원리)

실험은 직접측정과 간접측정의 두 가지 방법으로 진행되었다. 먼저 직접측정은 시료의 질량과 부피를 이용하여 밀도를 측정하는 방법이다. 전자저울을 이용하여 시료가 들어있는 비중병의 질량을 측정하고, 눈금실린더에 시료를 채운 뒤 빈 비중병의 질량을 측정하였다. 같은 실험을 세 번 반복하여 시료의 누적 질량과 누적 부피를 각각 측정하였다. 실험 결과 측정값은 0.821, 0.810, 0.798g/mL였다. 이때 평균은 0.798g/mL이고 표준편차는 $1.83 \times 10^{-2}$이다. (실험 과정과 결과1)

다음으로 간접측정은 비중병의 부피를 물의 알려진 밀도를 이용하여 간접적으로 구하고 시료의 질량을 구하여 밀도를 계산하는 방법이다. 전자저울을 이용하여 빈 비중병과 물과 시료가 채워져 있는 비중병의 질량을 각각 측정하였다. 이 역시 같은 실험을 세 번 반복하여 시료의 누적 질량과 누적 부피를 각각 측정하였다. 실험 결과 측정값은 0.7850, 0.7880, 0.7890g/mL이었고, 이때 평균은 0.7873g/mL, 표준편차는 $2.08 \times 10^{-3}$으로 계산되었다. (실험 과정과 결과2)

실험 시 측정한 시료의 밀도값은 17℃에서 0.788847g/mL이다. 이때 직접측정과의 오차는 0.011g/mL, 간접측정과의 오차는 0.0015g/mL이므로, 직접측정에 비해 간접측정으로 구한 시료의 밀도가 더 정확했다. 이는 계통오차가 간접측정 방법에서 덜 발생했다는 것을 의미한다. 이러한 결과가 나온 이유는 부피 측정에 사용된 눈금실린더가 질량 측정에 사용된 저울에 비해 부정확하기 때문일 것으로 생각한다. 실제로 전자저울은 정기적으로 영점 조절을 통해 관리되고 있지만, 눈금실린더는 만들어진 이후에 부피 측정에 대한 검증을 할 수가 없다. 또한 눈금실린더의 부피측정 오차가 ±5%나 된다는 점이 계통오차에 크게 작용한 것으로 생각된다. 또한 간접측정 시 알려진 증류수의 밀도를 가지고 비중병의 부피를 측정하는 방법이 비중병의 부피를 아주 정확히 측정할 수 있었던 이유일 것이라 판단된다. (실험 결과의 정리와 분석1)

두 방법의 표준편차를 비교해 볼 때 직접측정의 표준편차는 $1.83x10^{-2}$이고 간접측정의 표준편차는 $2.08x10^{-3}$으로, 간접측정이 보다 더 정밀한 실험이었다. 이는 우연오차가 간접측정 방법에서 덜 발생했다는 것을 의미한다. 간접측정은 저울을 사용했기 때문에 정확한 눈금값을 읽을 수 있었지만, 직접측정의 경우 눈금값을 읽기 다소 어려웠다. 그리고 부피 측정 시 최대한 주의하여 실험하긴 하였지만, 눈금실린더의 뚜껑을 여닫는 과정에서 시료가 증발했거나 시료가 눈금실린더 벽면에 달라붙거나 하여 부피가 작게 측정되었을 가능성도 있다. 직접측정을 이용한 밀도가 참값에 비해 크게 측정되었기 때문에 부피가 실제보다 작게 측정되었을 것이라 생각할 수 있고, 따라서 위와 같은 분석은 설득력을 가질 수 있다. (실험 결과의 정리와 분석2)

이번 실험은 직접측정과 간접측정의 방법으로 시료의 밀도를 측정해보는 실험이었다. 실험 결과 저울과 눈금실린더를 이용한 직접측정에 비해 간접측정의 결과가 보다 더 정확, 정밀하였다. 이로써 질량 측정이 부피 측정에 비해 우연오차와 계통오차를 줄일 수 있는 방법임을 확인할 수 있었다. (결과 요약)

앞에 보인 실험 결과의 예에서는 실험의 결괏값을 표와 수식을 통해 제시하였으며, 뒤이은 고찰의 예에서는 실험의 과정과 결과 및 그 의미에 대해 상세히 기술하였다. 특히 고찰의 예에서는 실험의 목적과 원리를 앞 단락에서 서술하고 마지막 단락에서는 실험의 결과를 요약정리하여, 서론-본론-결론의 구조를 갖추고 있다. 많은 실험 보고서에서 실험 과정과 결과 등의 부분은 흔히 수식과 표 등으로 간략히 제시되기에, 이러한 과정과 결과를 고찰에서 줄글로 풀어써야 하는 경우가 많은데, 각각의 보고서에서 요구하는 사항에 맞추어 내용을 구성하면 된다. 참고로 위에 제시한 고찰 예문은 아래와 같은 지시사항에 따라 작성된 것이다.

[실험 보고서 구성과 배점의 예]

*서론-본론-결론의 3단 구성을 갖춘 소논문 형식의 글
- 서론: 실험 목적을 밝히고 실험에 사용되는 원리를 간단히 요약
- 본론: 실험 과정을 기술하고 실험 결과를 정리한 뒤 실험 목적에 맞게 실험을 분석·해석해야 함
- 결론: 실험 목적을 다시 한번 상기시키고, 본론의 내용을 요약·정리하며, 실험 목적에 맞는 결론을 내려야 함

* 대부분의 실험은 문헌값에 근접한 값을 얻기 위한 실험이 아니라 실험 목적을 이해하기 위한 실험이므로 본론에서의 오차 분석은 지양

2

# 학술 논문

대학의 중간 또는 기말 보고서의 경우 실험 보고서와 유사하게 글의 구성과 집필해야 할 내용이 미리 주어지는 경우가 많다. 이때 실험 보고서에서도 그랬듯이 주어진 형식에 맞추어 보고서를 작성하는 것이 중요하다. 그러나 일반적으로 학기말 보고서는 실험 보고서처럼 단순한 형식을 띠기보다는 학술 논문에 보다 근접한 형식을 갖춰야 한다. 이 장에서는 학술 논문의 단계별 구성에 대해 살펴보기로 한다.

# 1. 서론

학술적 맥락에서 연구 동기를 설명하고 연구 목표를 제시하는 것은 논문이나 보고서의 서론에서 일반적으로 기대되는 내용이다. 앞에서 본 실험 보고서와 같은 보다 간략한 형식의 글에서는 실험 동기는 굳이 제시하지 않아도 되는 경우가 많지만, 학술 논문이나 일반 보고서의 경우에는 이 부분을 잘 서술하는 것이 필요하다. 연구 방법 또한 줄글로 풀어 서술할 수 있어야 한다. 특히 학술 논문의 서론에서는 연구 주제가 어떠한 학술적 맥락을 가지고 있는지를 밝힘으로써 연구 동기를 제시하고 연구의 주제가 무엇인지를 명시해야 하는데, 예를 들어 보면 다음과 같다.

[학술 논문 서론의 예 -김진희, 「송강가사의 선본 재고」, 『열상고전연구』 61, 2018]

현존하는 송강가사 판본은 잘 알려진 바와 같이 세 가지이다. 1747년에 송강의 5세손인 정관하(1685~1757)가 성주 목사 재임 시에 간행한 성주본, 1768년에 송강의 6세손인 정실(1701~1776)이 평안도 관찰사 재임 시 간행한 관서본, 그리고 지호 이선(1632~1692)의 발문이 달려 있지만 판본의 간행연도는 명확하지 않은 다른 한 판본이 그것이다. (중략) 그런데 이러한 판본들 중에서도 무엇을 더 선본으로 볼 것인가 하는 점은 다시 의문으로 남는다. (중략)

하지만 그 중요성에도 불구하고 이선본에 대한 이해는 아직 명확하지 못한 부분이 많으며, 송강가사의 선본 선정 문제 또한 여전히 남아 있다. 이선본은 현재 대부분의 백과사전류에서 이계상이 편찬하였다는 황주본으로 여겨지고 있는데, 이는 다음 절에서 볼 성주본의 발문을 통해 보면 명백한 오해라 할 수 있다. 실전된 황주본은 오히려 성주본에 가까운 것으로, 의성본이나 이선본과는 계열이 멀다. 이렇게 이선본에 대한 이해에 혼선을 빚고 있는 가운데, 송강가사의 텍스트로는 성주본이나 이선본이 뚜렷한 이유가 제시되지 않은 채 교재나 주해서 등에서 선택되고 있다. 따라서 이선본의 정체를 보다 명확히 규명하고 이를 통해 송강가사의 선본을 재고할 필요가 있다. (중략)

따라서 이 글에서는 이선본과 관서본, 그리고 성주본 등 송강가사의 세 판본에서 드러나는 어학적 차이를 분석하여 이선본이 지닌 고형의 면모를 살피고, 판본 간 표현상의 차이에 내재된 문학적 의미 또한 밝히고자 한다. 이를 통해 이선본이 관서본의 저본이 된 관북본 혹은 의성본이라는 주장의 타당성을 강화하고, 그 선본으로서의 면모를 보다 명확히 할 것이다. 본격적인 텍스트 비교에 들어가기에 앞서 다음에서는 각 판본의 발문을 비교하고 판본의 영인 과정에서 생긴 오류를 정정하여, 이후 논의의 발판으로 삼고자 한다.

[학술 논문 서론의 예 -박종만, 「나노 Ruthenium Oxide 고분자 복합재료 pH전극」, *Journal of the Korean Chemical Society 62*(4), 2018]

지난 수십여 년 동안 깨지기 쉽고 유지관리가 어려운 유리막 pH 전극의 단점을 보완하기 위하여 금속산화물에 기반한 pH전극에 관한 연구가 활발히 진행되어 왔다. TiO2, RuO2, RhO2, SnO2, Ta2O5, OsO2, PtO2, IrO2 등 다양한 금속산화물들이 수소이온의 감응물질로서 연구 대상이었다. 이들 금속산화물 중 IrO2가 우수한 수소이온 감응성과 안정성으로 인하여 중점 연구 대상이 되어왔다. (중략)

본 실험실에서는 이리듐산화물의 우수한 수소이온 감응특성과 낮은 표면기공도, 높은 전극매질의 균일성을 가능케 하는 고분자 복합재료 전극 제조법의 장점을 결합하여 우수한 수소이온 감응성을 나타내는 IrO2/고분자 복합재료 pH전극들을 보고하였다. (중략)

본 연구에서는 이와 같은 검토 결과에 근거하여 다양한 후보 수소이온 감응 금속산화물 중 IrO2 다음으로 연구가 많이 진행되어 온 RuO2를 선택하고 이에 고분자 복합재료 전극 제조기술을 적용한 RuO2/고분자 복합재료 pH전극을 제조하고 그 특성을 살펴보았다.

위에 예로 든 서론들은 논의하고자 하는 화제를 제시하고 그것이 연구되어 온 학술적 맥락을 설명하며 이어 본 연구의 주제를 명시한다는 점에서 공통된 구조를 지니고 있다. 예를 들어 뒤에 든 논문의 서론은 모두 세 단락으로 이루어져 있는데, 첫째 단락에서는 금속산화물에 기반한 pH전극에 관한 연구가 현재까지 학계에서 이루어져 온 상황을 설명하였고, 둘째 단락에서는 그와 관련하여 필자가 진행해 온 그간의 연구결과에 대해 서술하였다. 그리고 마지막 셋째 단락에서는 이러한 학술적 맥락 속에서 본 연구의 주제를 명시하고 있다. 이렇듯 논문의 서론에서는 연구의 학술적 배경과 주제를 명확히 밝혀 주어야 한다.

## 2. 본론

본론은 연구 방법을 설명하는 전반부와 결과 및 고찰을 제시하는 후반부로 나누어 볼 수 있다. 이러한 구성은 앞서 본 실험 보고서의 구성과 크게 다르지 않은 학술 논문의 기본 구조라고 할 수 있다. 여기서 특히 본론 후반부에 해당하는 '결과 및 고찰' 부분의 내용은 논문에서 가장 분량이 많고 의미적으로도 중요한 부분이다. 따라서 이 부분은 하위 항목으로 나누어 체계적으로 서술하는 것이 필요하다.

학문분야 및 연구주제에 따라 본론의 내용은 여러 가지 기준으로 분류할 수 있다. 그러나 어느 경우에나 본론의 주요 내용은 세부항목으로 분류하여 일목요연하게 제시해야 하는 것은 마찬가지다. 학술 논문의 목차를 통해 본론의 다양한 구성 방식을 예시하면 다음과 같다.

[학술 논문 목차의 예 -강경란, 방준호, 「네트워크 이동성과 분산 이동성 관리와 연동하는 HIP 기반의 이동성 지원 기법」, 『한국통신학회논문지』 43(2), 2018 / 김진희, 앞의 글]

| | |
|---|---|
| 1. 서론<br>2. 관련 연구<br>2.1 Host Identity Protocol<br>2.2 Network Mobility Basic Support<br>3. 제안하는 기법<br>3.1 기술적 고려사항<br>3.2 단말의 등록과정<br>3.3 네트워크 단위의 이동에 따른 위치자 정보 그룹 갱신<br>3.4 연결 설정 과정<br>3.5 연결 설정 후 데이터 전달<br>3.6 Mobile Router(MR)의 기능 확장<br>4. 성능 분석<br>4.1 환경<br>4.2 데이터 전달 경로의 길이<br>4.3 단말이 발송하는 제어 메시지 수<br>4.4 MR에서 발송하는 제어 메시지 수<br>5. 결론 | 1. 서론<br>2. 발문 비교와 영인본의 오류 검토<br>3. 어학적 비교<br>1) 이선본과 관서본의 비교<br>2) 이선본과 성주본의 비교<br>4. 문학적 비교<br>5. 결론 |

좌측 논문의 목차에서는 본론이 크게 세 부분으로 나뉘어 기술되었다. 먼저 관련 연구에 대해 설명하여 이후의 설명들을 이해하는 데 배경지식이 될 수 있도록 하였다. 이어 논문에서 제안하는 기법의 특성 및 절차에 대해 여섯 가지로 나누어 자세히 설명하고, 그러한 기법의 성능을 분석하여 그 우수성을 입증하였다.

우측 논문의 목차 또한 크게 세 부분으로 본론이 나뉘어 있다. 연구 대상인 문헌의 이본들을 본격적으로 분석하기에 앞서 먼저 문헌 말미의 발문跋文들을 비교하고 영인본影印本의 오류를 검토하여 논의의 전제로 삼았다. 이후 어학적 기준과 문학적 기준의 두 가지 기준을 통해 이본들을 비교하였으며, 이 가운데 내용이 많은 어학적 비교는 다시 두 가지로 하위분류하여 서술하였다.

이처럼 학술 보고서 및 논문의 본론은 하나의 항목으로 서술하기보다는 필요에 따라 여러 개의 대항목과 소항목으로 나누어 제시하는 경우가 많다. 이때 본격적 논의의 전제가 되는 일반적이고 기초적인 사항들에 대해서는 먼저 서술한다든지, 분량이 많은 대항목은 다시 소항목으로 분류하여 서술한다든지 하는 것처럼 논리적이고 체계적인 구조를 고안해야 한다.

## 3. 결론

마지막으로 결론 부분에서는 연구 내용을 종합하고 그 의미에 대해 서술하며, 향후 관련하여 연구할 만한 주제를 언급한다. 예를 들면 다음과 같다.

[학술 논문 결론의 예 -김진희, 앞의 글]

본고에서는 현전하는 송강가사의 세 판본을 비교하여 그 선본을 재고하였다. 송강가사의 판본에 대한 연구는 일찍부터 이루어졌지만, 판본 간의 관계 및 선본에 대한 의식에는 아직까지도 불분명한 측면이 있다. 이에 본고에서는 어학적 측면과 문학적 측면의 양 방면에서 세 판본의 차이점을 검토하고, 이를 통해 시대적 선후 관계 및 문학적 의미를 고찰하였다. 그리고 이에 앞서 판본들의 발문을 비교하여 선본에 대한 간행자들의 의식을 파악하고 그간 잘못 알려졌던 영인본의 오류도 교정하였다.

어학적 측면에서 볼 때 시기적으로 빠른 면모를 보이는 것은 '이선본'이다. 그 동안 '이선본'은 실전된 의성본으로 추정되기도 하고 때로는 황주본으로 여겨지기도 했다. 그러한 과정에서 '이선본'이 지니고 있는 고풍스러운 면모가 언급되곤 하였지만, 어학적으로 '이선본'이 고형을 지님은 검증된 바가 없다. 이에 본고에서는 '이선본'을 성주본 및 관서본과 비교하여 실제로 '이선본'이 나머지 두 판본에 비해 음화와 원순모음화 등의 음운 규칙, 그리고 분철과 혼철 등의 표기법을 더 자주 사용하여 후대적 특징을 지니고 있음을 확인하였다.

문학적 측면에서 볼 때도 '이선본'은 성주본에 비해 더 의미가 있다. 성주본에는 누락된 구절이나 행이 존재하여 결함이 있다는 사실은 이미 알려진 바이다. 본고에서는 비단 이러한 구절상의 문제뿐만 아니라 단어나 형태소 등의 차이에서도 '이선본'이 내용적·형식적으로 보다 자연스러운 면모를 보임을 살펴보았다.

본고에서 검증한 것처럼 어학적 측면에서 '이선본'이 고형을 지니고 있다는 사실은 '이선본'이 현전하는 세 판본 중 시기적으로 가장 앞선 본이며, 관서본의 모본이 된 관북본 혹은 의성본으로 볼 가능성이 더욱 크다는 점을 말해준다. 또한 '이선본'은 문학적 측면에서도 내용적으로나 형식적으로 성주본에 비해 의미를 지닌다. 그렇다면 '이선본'이 지니고 있는 선본善本으로서의 가치는 보다 더 확고히 정립될 필요가 있을 것이다.

성주본과 관서본의 발문에서 각 판본의 간행자들인 정천과 정관하, 그리고 정실은 각기 자신이 간행하는 판본이 선본임을 주장하였다. 그러한 상황에서 간행연도가 뚜렷한 성주본은 그 가치를 부여받을 수 있었던 반면 간행상황이 뚜렷하지 않은 '이선본'은 그 중요성에도 불구하고 아직도 황주본으로 잘못 알려져 있는 등 제대로 된 이해를 받지 못하고 있다. 이러한 오해를 불식하고 '이선본'의 의미를 재조명하는 데 본고는 이바지하고자 하였다. 본고의 결론은 또한 차후 필사본을 포함한 송강가사의 전체 이본 연구에 밑거름이 될 수 있을 것이다.

### *부록1. 실험 보고서 작성 후 점검사항

| 번호 | 체크할 내용 | 예 | 아니오 |
|---|---|---|---|
| 1 | 실험의 목적을 구체적으로 알렸나? | | |
| 2 | 실험 과정을 적을 때 매뉴얼을 그대로 복사하지 않았나? | | |
| 3 | 좋은 데이터를 얻기 위해 실험 수치 조작이 없었나? | | |
| 4 | 데이터에 대한 해석과 사용한 수식이 적절하였나? | | |
| 5 | 실험 데이터와 그래프가 서로 잘 맞는가?<br>그래프의 각축에 대한 설명 혹은 표시가 잘 되어 있는가? | | |
| 6 | 결과에 대한 해석이 실험 결과와 일치하는가? | | |
| 7 | 논의 혹은 고찰에서 이 실험을 통해 기대할 수 있는 효과나 예측에 대해 언급을 하였나? | | |
| 8 | 인용문과 관련한 참고문헌을 빠짐없이 명기하였나? | | |

### *부록2. 학술 논문 및 보고서 작성 후 점검사항

| 구성단계 | 체크할 내용 | 예 | 아니오 |
|---|---|---|---|
| 서론 | 논제를 명확히 설명하였는가? | | |
| | 논제의 의의와 학술적 맥락을 설명하였는가? | | |
| | 연구방법을 서술하였는가? | | |
| 본론 | 상위항목과 하위항목을 체계적으로 구성하였는가? | | |
| | 논지를 뒷받침하기에 적절한(상관성 있는) 논거를 들었는가? | | |
| | 논거가 충분히 구체적인가? | | |
| | 주석을 형식에 맞추어 작성하였는가? | | |
| | 무분별한 직접인용 혹은 표절이 없는가? | | |
| 결론 | 본론의 내용을 요약하였는가? | | |
| | 논지를 명확히 제시하였는가? | | |
| | 향후 연구할 만한 관련 주제를 제시하였는가? | | |

## *부록3. 표와 그래프 작성 시 유의사항

표와 그래프는 학술적 문서를 작성할 때 자료를 분석하고 설명하는 중요한 도구가 된다. 표는 개별 데이터의 값들을 정확히 나타내고자 할 때, 그래프는 대량의 데이터가 지닌 추세를 파악하고 이를 제시하려 할 때 사용할 수 있다. 표나 그래프를 제시할 때는 그것의 주제를 명시하고 가로값과 세로값을 명확히 확인할 수 있도록 해야 한다. 또한 자료의 성격에 따라 적절한 그래프의 종류를 선택하도록 한다. 예를 들어 막대형 그래프는 불연속 변수를 표현하는 데, 선형 그래프는 연속 변수를 표현하는 데, 원형 그래프는 백분율을 나타내기에 편리하다.

### [표 작성 시 유의사항]

- 표의 제목과 표 안의 내용은 간결하게 표현한다.
- 제목을 표의 윗부분에 붙인다.
- 독립변수는 가로축에, 종속변수는 세로축에 기입한다.
- 행과 열의 서두에 항목의 종류와 단위를 제시한다.
- 기타 약호나 단위 등에 대한 설명은 표 아래에 기입한다.

### [그래프 작성 시 유의사항]

- 변수의 특성에 따라 적절한 그래프의 종류를 선택한다.
- 독립변수는 가로축에, 종속변수는 세로축에 기입한다.
- 가로축과 세로축의 척도 및 단위를 밝힌다.
- 그래프의 제목과 그래프에 대한 설명은 그래프 아래에 표시한다.
- 그래프를 인용한 경우 출처를 밝힌다.

[막대형 그래프의 예]

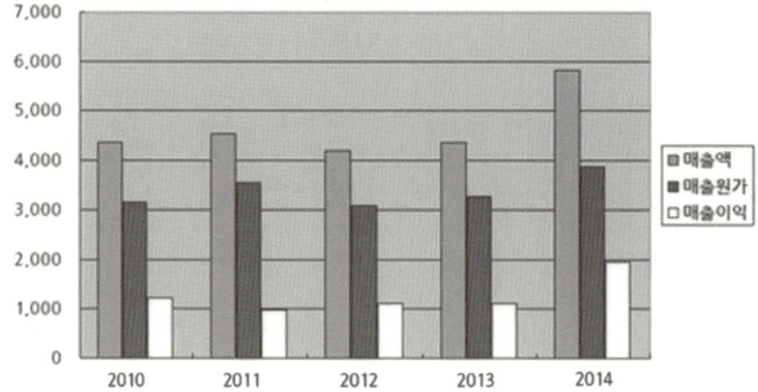


단위: 만 원

[선형 그래프의 예]

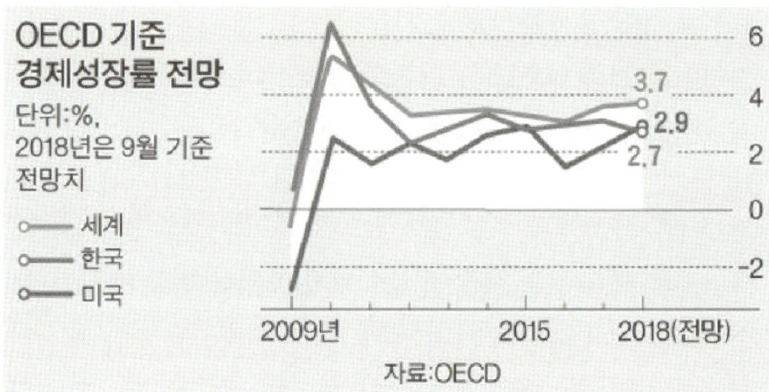


[원형 그래프의 예]

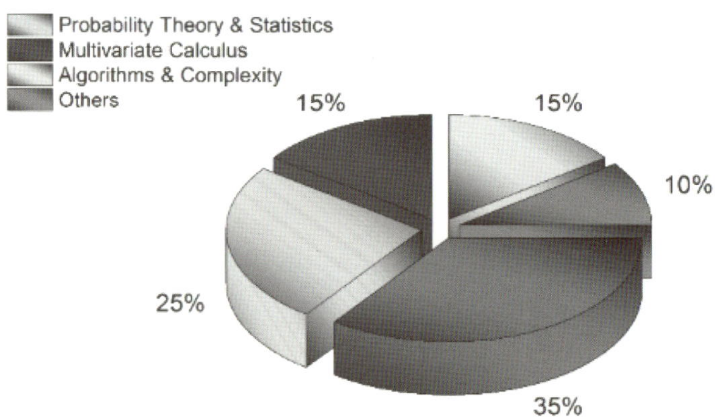

III

# 대학 글쓰기의 유형

## 실용적 글쓰기

1

# 자기소개서 쓰기

우리나라 젊은이들 대부분이 겪는 진학과 취업의 과정. 그 과정에서 자기소개서는 마치 '한약방의 감초'처럼 거의 빠지지 않고 등장하는 서류이다. 그렇게 기회가 많다 보니 누구나 익숙하게 작성할 수 있을 것도 같은데, 실제로 흡족한 결과물이 나오는 경우는 별로 많지 않다. 물론 쓰는 사람 스스로 만족스럽게 생각할 만한 자기소개서가 아예 없지는 않을 것이다. 그러나 '읽는 사람도 과연 그렇게 생각할까?' 이것은 누구도 쉽게 장담할 수 없는 일이다.

자기소개서의 실제적 가치는 읽는 사람이 그 자기소개서를 통해서 '나'를 얼마나 높이 평가하게 되느냐에 달려있다. 그러한 가치를 놓고 본다면, 자기소개서는 실용적인 목적을 갖는 글이 분명하다. 여기에서 실용적이라는 말은 '실제로 유용하다, 혹은 실제로 효율적이다' 정도의 의미를 갖는다. 그러므로 실용적인 측면에서 제 역할을 하는 자기소개서란 결국 이러한 것을 말한다 할 수 있겠다.

'효율적인 자기표현을 통해서 진학이나 취업을 성공으로 이끄는 자기소개서'

우리가 만약 실용적인 관점에서 제대로 된 자기소개서를 작성했다면, 그것은 곧 '읽는 사람이 알고 싶어 하는 내용을 선별해서 가장 설득력 있는 방식으로 전달했다'는 것과 같다. 그렇다면 자기소개서 쓰기에서 우선 염두에 두어야 할 점은 다음의 두 가지일 것이다. 하나는 '읽는 사람이 나에 대해서 도대체 무엇을 알고 싶어 하는가?'이고, 다른 하나는 '그 알고 싶어 하는 것들을 어떻게 조금이라도 돋보이게 쓸 것인가?' 하는 것이다.

## 1. 자기소개서에 들어가야 할 정보들

자기소개서를 읽는 사람이 알고 싶어 하는 것은 무엇일까? 이 물음에 대한 답은 자기소개서 양식들을 살펴보면 쉽게 찾을 수 있다. 진학과 취업에 쓰이는 자기소개서 양식들은 보통 해당 학교나 회사의 홈페이지에 공개되어 있는데, 그 양식들을 서로 비교해보면 대부분 비슷한 내용으로 구성되어 있다. 우선 가정환경이나 성장배경을 묻고, 학력이나 경력에 관련된 내용을 제시하게 한 다음, 지원동기와 더불어 앞으로의 계획을 밝히게 한다. 이어서 지원하는 사람의 장점과 단점을 쓰게 하는 경우도 많이 있다.

### 1) 가정환경과 성장배경

가정환경과 성장배경은 자기소개서에서도 가장 쓰기 어려운 부분에 속한다. 사실대로 쓰자니 별로 눈에 띌 만한 이야기가 없고, 눈에 띄게 쓰자니 과장이 드러나 보이거나 억지스러운 내용으로 흐르기 일쑤이다. 이처럼 별다른 아이디어가 없는 경우라고 한다면,

상대적으로 손해를 보지 않게 쓰는 것이 우선일 테고, 그다음은 그것을 조금이라도 나아 보이게 꾸미는 과정이 뒤따라야 할 것이다. 추천할 만한 방법은 '감동이 있는 에피소드'를 통해서 읽는 사람에게 차별화된 첫인상을 심어주는 것이다. 그 외에도 잘 알려진 책이나 영화의 내용을 언급하면서 그것에 빗대어 자신의 인성이나 가치관을 드러내는 것도 있는데, 그것들도 평가자들에게 좋은 이미지를 남기기 위해서는 여전히 추천할 만한 방법이다.

### 2) 학력이나 경력사항

거의 대부분의 학교나 회사에서 기본적인 제출서류로 자기소개서 외에 이력서도 요구한다. 그렇기 때문에 이력서에 기재된 정보를 자기소개서에서 그대로 다시 언급하는 것은 바람직하지 않다. 그런 실수는 앞에서 살펴본 성장배경을 쓸 때는 물론이고 학력이나 경력사항을 쓸 때도 자주 발생하게 되는데, 어찌 보면 사소한 일이기는 하지만 얼마든지 감점의 원인으로 작용할 수 있다. 따라서 학력이나 경력사항을 쓸 때는 자신의 학력이나 경력을 단순히 나열하려 해서는 안 된다. 그것들 중에서 지금 지원하는 학교나 회사에 내용적으로 관련된 것들을 추린 다음, 앞으로 하게 될 일에 그것들이 구체적으로 어떤 유익한 영향을 미칠 수 있는지를 보여주는 것이 좋다.

### 3) 지원동기와 앞으로의 계획

'이 지원자가 정말로 다른 어떤 곳이 아니라, 꼭 우리 학교나 우리 회사에 들어오고 싶어 하는 것일까?' 그리고 '만약 그렇다고 한다면, 어떤 이유로 그런 마음을 먹게 된 것일까?' 이 두 가지는 입학이나 채용을 결정하는 사람이라면 반드시 확인하고 싶어 하는 내용일 것이다. 다시 말해서 그것들이 입학이나 채용을 결정하는 데 있어서 다른 어떤 것들보다 중요한 판단 기준으로 작용할 수 있다는 것이다.

심사하는 입장에서 그런 것들을 확인하는 방법은 의외로 간단하다. 지원자 자신이 지금 지원하는 학교나 회사에 대해서 얼마나 잘 알고 있는가를 살펴보는 것이다. 그러므로 지원자의 입장에서는 정확한 정보를 바탕으로 왜 자신이 이 학교나 회사에 적합한 사람인지를 반드시 밝혀야 한다. 또한 그 내용은 앞으로의 구체적인 계획과 포부로 자연스럽게 연결되는 것이 좋은데, 그 과정에서 만약 지원자가 자신의 잠재력을 드러낼 수만 있다면 효과는 배가 될 것이다.

## 4) 지원자의 장점과 단점

우리는 보통 잘난 척하거나 거짓말하는 사람을 싫어한다. 입학이나 채용을 결정하는 위치에 있는 사람들도 당연히 그런 사람들을 피하려 할 것이다. 그렇다고 한다면 장점과 단점을 쓰는 방법에 대해서는 이미 어느 정도 답이 나와 있는 셈이다.

**'장점은 겸손하게, 단점은 솔직하게!'**

이것을 원론적인 차원의 작성 지침이라고 한다면, 실제로 쓸 때에는 구체적인 사례를 제시하면서 강한 느낌을 전달하는 것에 초점을 맞춰야 한다. 예를 들어서, '저의 장점은 매사에 침착하다는 것입니다'라고 직접 이야기하는 것은 별로 효과가 없다. 그보다는 자신의 경험을 이야기하면서, 심사하는 사람이 '아, 이 지원자 참 침착한 사람이구나!'라고 실제로 공감할 수 있게 만들어야 한다.

단점의 경우는 무엇보다도 솔직하게 쓰는 것이 중요하다. 그러나 이 경우 역시 가장 중요한 것은 심사하는 사람이 실제로 지원자가 솔직한 사람이라고 느끼게 만드는 것이다. 특히 심사하는 사람들이 대부분 경험이 많다는 점을 고려한다면, 지원자로서는 정말로 솔직하게 쓰는 것이 가장 현명한 방법이다. 그렇지만 '실용적인' 관점에서 생각해 본다면, 이야기가 조금 달라질 수도 있다. 결과적으로 솔직하게 보이기만 하면 그만이라는 것이다. 그러므로 이 부분을 마치 '자기 고백' 하듯이 있는 그대로를 모두 드러내 보여서는 안 된다. 그러다가 중대한 결함이라 할 만한 어떤 것이 드러나기라도 한다면 결과는 어떻게 되겠는가? 그런 가능성이 염려되는 상황이라고 한다면, 자신의 단점을 기술적으로 감추는 쪽이 훨씬 더 나을 것이다.

## 2. 돋보이는 자기소개서 쓰기

이력서와 더불어 자기소개서는 1차 서류 심사에서 가장 중요한 평가 자료이다. 특히 자기소개서는 면접에서 적극적으로 활용되기 때문에, 지원자의 입장에서는 아주 사소한 부분까지 신경을 쓰면서 대단히 신중하게 작성해야 한다. 비슷한 조건의 경쟁자들을 물리치기 위해서 자기소개서는 반드시 '차별성'을 가져야 하며, 그럼에도 불구하고 너무 '튀어서' 문제가 생기지 않도록 주의를 기울여야 한다. 내용적인 측면에서 그러해야 하는 것은 물론이고, 표현적인 측면도 세세하게 따지고 또 따져봐야 한다. 그렇기 때문에 자기소개서를 단시간 안에 집중해서 쓰려하는 것보다는 일단 대충이라도 써 둔 다음에 시간을 두고 고치면서 완성도를 높여나가는 것이 바람직하다.

### 1) 격식과 형식을 갖춰서

자기소개서에 예의에 어긋나거나 외형적 통일성이 깨어진 표현이 있으면 우선 감점 처리될 가능성이 높다. 예를 들어서, 유행어나 은어의 느낌이 있는 말은 격식에 맞지 않기 때문에 그런 말이 들어간 자기소개서는 무례한 느낌을 주기 쉽다. '나'와 '저'를 섞어 쓴다든지 혹은 존댓말과 반말을 섞어서 써도 안 되며, 아울러 맞춤법이나 띄어쓰기에 유의해야 하는 것은 더 말할 나위도 없을 것이다. 그리고 비슷한 시기의 일이나 동일한 사건에 대해서 이야기를 할 경우, 그와 관련된 용어들은 가급적 통일해서 쓰는 것이 좋다. 예를 들어서, 어느 곳에서는 '학창 시절에'라고 하다가 갑자기 '청소년기에'라고 한다든지, 또 어느 곳에서는 '고등학교 때'라고 쓰기도 한다면, 그런 지원자는 일관성이 없는 사람이라는 인상을 남기기 쉽다.

### 2) 간결하고 명료하게

내용이 빈약할수록 글에는 추상적인 표현이 늘어가고, 문장력이 떨어질수록 글은 과도한 수사에 의존하기 마련이다. 자기소개서는 특히나 실용적인 목적이 분명한 글이다. 추상적인 표현과 과도한 수사로 '장황'해진 자기소개서를 높이 평가할 사람은 없다. 표현이 간결할수록 오히려 내용에 더 집중할 수 있기 때문에, 적당하게 절제된 표현은 평가자의 관심과 시선을 오래 붙잡아두는 역할을 한다. 구체적으로, 하나의 문장 안에는 하나의 내용만 들어가도록 가능하면 단문으로 나누어 쓰고, 접속사가 많아지지 않도록 내용의 흐름을 자연스럽게 만드는 것도 자기소개서를 간결하고 명료하게 만드는 좋은 방법이다. 또한 어렵고 복잡한 표현을 최대한 간단하게 고치고 한자어나 외래어의 남용을 피하는 것도 매우 효과적이다. 이처럼 읽기 편한 자기소개서가 가장 경쟁력 있는 자기소개서가 될 수도 있음을 절대로 잊어서는 안 된다.

### 3) 구체적이면서 참신하게

자기소개서에 좋은 인상이나 좋은 느낌을 강하게 남길수록 지원자의 성공 가능성은 그만큼 높아진다. 그런 것들은 다른 어떤 것들보다 '구체적이고도 참신한 이야기'를 통해서 나오기 마련이다. 자기소개서에 담긴 식상한 내용이나 진부한 표현은 평가자에게 지원자를 '대충' 탈락시키기에 아주 적당한 빌미가 되어준다. 이런 상황에서 지원자가 택할 수 있는 가장 현명한 방법은 이러할 것이다. 실제로는 비슷한 내용의 이야기를 한다 할지라도, 그나마 구체적이고 참신해 보이게 만들 수 있는 아이디어를 찾아내는 것이다.

예를 들어서, 이미 그 효과가 검증된 방법으로는 이러한 것들이 있다. 각 내용별로 짧고 강렬한 느낌의 소제목을 단다거나, 하고자 하는 이야기의 핵심을 맨 앞으로 배치하는 것이다. 그러나 이런 것들 정도는 누구라도 시도할 것이 분명하기 때문에, 그런 것들만으로는 여전히 '평균적인 수준'을 벗어나기 어렵다. 따라서 현명한 지원자라면, 자신의 글에 어울리는 자신만의 표현 방식을 고안해 내기 위해서 지속적으로 노력을 기울일 것이다.

## 3. 자기소개서 고쳐 쓰기

### 1) 가정환경과 성장배경

저는 2000년 9월에 경남 창원에서 3남 2녀 중 차남으로 태어났고, 그곳에서 초, 중, 고등학교까지 마쳤습니다. 원래 쾌활한 성격이라 가족들과도 잘 지냈을 뿐만 아니라, 학교에서도 인기가 많았습니다. 그래서 집안이나 학교에서 행사가 있을 때에는 항상 분위기를 주도하는 역할을 맡았습니다. 어머니는 모든 일을 대화를 통해서 해결하도록 가르치셨고, 아버지는 자신감과 추진력을 강조하셨습니다. 그런 환경 때문인지, 저는 다른 사람들과 잘 협력하는 성격, 그리고 모든 일에 침착하면서도 적극적인 성격을 갖게 되었습니다.

● 도움말

평가자들은 보통 지원자가 어느 곳 출신인지, 가족관계가 어떻게 되는지에 대해서 별로 관심이 없다. 또한 그들은 지원자의 '자화자찬'을 높이 평가하지도 않는다. 그러므로 여기에서 지원자가 집중해야 할 일은 '도대체 어떤 이야기를 해야 평가자들이 나에 대한 좋은 인상을, 그것도 강하게 갖게 될 것인가?' 하는 것이다. 만약 첫 부분에서 그렇게 하지 못한다면, 평가자들은 그다음에 나오는 이야기들도 대충 읽고 지나갈 가능성이 높다.

● 고쳐 쓰기

'자기 마음을 다스릴 줄 아는 사람이 싸움을 잘하는 사람보다 낫다.' 교직에 계셨던 아버지께서 제가 어릴 적부터 자주 해주셨던 말씀입니다. 저는 그 말씀을 이렇게 받아들이고 있습니다. '따져보는 것이 우선이고, 싸움은 그다음이다. 그래야 싸우지 않고서도 이길 수 있다.'

중학교 때 일입니다….

## 2) 학력, 경력사항

중, 고등학교에서의 우수한 성적을 바탕으로 우주대학교 천문학과에 입학했습니다. 세부 전공으로는 '은하계'를 선택했고, 직접 은하계를 관찰하고 연구해 보고 싶어서 대학교 2학년 때 미국 NASA가 운영하는 은하계 연구(교육) 기관인 EPM에 1년간 교환학생으로 다녀왔습니다. 그곳에서 정말로 다양한 경험을 할 수 있었으며, 성적도 좋아서 성적우수상을 수상하기도 했습니다. 그 후 대학원 진학을 고민했으나 하루라도 빨리 실무에 뛰어들고 싶어서, 이번에 주식회사 '세별 우주항공'에 지원하게 되었습니다.

● 도움말

위에 나열된 학력과 경력사항은 대부분 이력서에 기재된 것들이다. 그런 것들을 자기소개서에서 다시 반복하기보다는 오히려 그 학력, 경력 과정을 거치면서 지원자가 구체적으로 어떤 '특별한, 혹은 남다른' 경험을 쌓았는지 밝히는 것이 훨씬 더 중요하다. 그럼에도 불구하고 이 지원자처럼 그저 '다양한 경험을 했다'라고만 하고 지나간다면, 지원자로서는 자신의 강점을 부각할 좋은 기회를 놓치는 것이며, 그것은 곧 다른 지원자들이 상대적으로 유리하게 된다는 것을 의미한다.

● 고쳐 쓰기

은하계 교육과 연구에 있어서 NASA의 EPM은 자타가 공인하는 세계 최고의 기관입니다. 대학교 2학년 때 제가 그곳에 교환학생으로 갔었는데, 그곳에는 이미 선진국 여러 나라에서 교환학생들이 와 있었고, 우리를 지도해 주시던 교수님들도 다양한 국적을 가지고 계셨습니다. 그래서 저는 그곳에서 선진국들의 은하계 연구의 기술 수준과 우리의 기술 수준을 상세하게 비교해볼 수 있었습니다.

그 과정에서 저는 주요 선진국들이 아직 잘 활용하지 않는, 독자적인 천문기술을 우리 조상들이 이미 가지고 있었음을 알게 되었습니다. 그래서 학기말 보고서에 그 기술이 은하계 내부 항성들 사이의 거리측정에 적용될 수 있음을 밝혔고, 결국 제가 쓴 보고서는 그 학기 우수 보고서로 선정되었습니다.

그때부터 저는….

### 3) 지원동기와 앞으로의 계획

제가 RG물산에 지원하게 된 동기는 우선 기업의 사회적 이미지 때문입니다. RG물산이 다양한 사회사업에 앞장서고 있는 것은 물론이고, 인재 채용에 있어서도 화려한 스펙보다는 창의성과 성실성을 중시한다고 알고 있습니다. 비록 제가 그리 좋은 스펙을 가지고 있지는 않지만, 누구보다도 창의적이고 모든 일에 성실하게 임하기 때문에, 제가 바로 RG물산에 가장 적합한 인재라 확신합니다….

저는 무엇이든 용감하게 도전하는 성격을 가지고 있습니다. 제가 만약 RG물산에 채용된다면, 저는 어떤 일이든 용감하게 도전해서 제가 맡은 바 책임을 반드시 완수할 것입니다. 특히 저는 해외영업에 관심이 많습니다. 아직 RG물산이 진출하지 않은 곳을 찾아나가서 새로운 시장을 개척하고자 합니다….

### ● 도움말

기업의 사회적 평판은 지원자의 지원동기로서는 충분하지 못하다. 그리고 그다음 이야기로 미루어 보아, 평가자의 입장에서는 이렇게 생각하게 될 수도 있다. '아무래도 지원자가 스펙에 자신이 없다 보니, 그런 부담이 덜한 기업을 찾아서 지원하게 된 것 같다.' 여기까지 이야기만으로도 지원자가 긍정적인 평가를 받기 어려울 텐데, 그다음은 문제가 더욱 심각하다. 그 바로 아래에 지원자는 자신이 '성실하다'고 말하고 있기 때문이다. '성실함에도 불구하고 스펙은 부족하다?', 뭔가 앞뒤가 맞지 않는 이야기로 들린다. 또한 평가자는 지원자가 제시한 앞으로의 계획도 신뢰하기 어려울 것이다. '아직 RG물산이 진출하지 않은 곳'은 정확하게 어디를 말하는 것일까?

### ● 고쳐 쓰기

RG물산의 기록적인 성장 속도는 공격적인 해외시장 개척에 있다고 생각합니다. 세계적인 불황 탓에 대부분의 기업들이 안전한 길만 찾고 있을 때, RG물산이 보여준 과감하고 역동적인 모습은 제게 아주 깊은 감명을 주었습니다. 제가 무역학과를 택한 이유도 바로 RG물산과 같은 회사에 입사해서 해외시장 개척에 제 젊음을 불사르고 싶었기 때문입니다….

RG물산은 현재 세계 거의 모든 지역에 지사를 두고 활발한 영업활동을 벌이고 있으며, 그 결과 전체 매출액도 매년 눈에 띄게 늘어나고 있습니다. 그런데 유독 남미 시장에서는 몇 년째 별다른 성과를 거두지 못하고 제자리걸음만 계속하고 있습니다. 예컨대,

무역협회 통계를 보면, 최근 3년간 A상품의 남미 시장 점유율에서 RG물산은 세계 13위(국내 3위)에 그치고 있습니다…. 만약 제게 기회가 주어진다면, 저는 RG물산 남미 지사에서 일해보고 싶습니다. 그곳에서 RG물산의 시장점유율을 최상위까지 끌어올리는 것이 저의 목표가 될 것입니다. 그때 저의 부전공인 '스페인어'가 큰 도움이 될 수 있을 것이라 확신합니다.

### 4) 지원자의 장점과 단점

점수화된 자료들만으로 따진다면, 실제로 저는 경쟁력이 약한 편에 속합니다. 학점도 제대로 관리하지 못했고, 토익점수도 별로 높이지 못했습니다. 그런 면에서 상대적으로 좋은 평가를 받기 어렵다는 것을 저 역시 잘 알고 있습니다. 그러나 그렇게밖에 할 수 없었던 이유는 대학교 때 가정형편이 갑자기 어려워져서 아르바이트에 많은 시간을 투자해야 했기 때문입니다. 지금은 그때보다 상황이 나아져서, 저는 대학교 때 채우지 못했던 지식을 뒤늦게나마 부지런히 채워 나가고 있으며, 부족한 영어 실력도 계속해서 향상시키기 위해 노력하고 있습니다….

저의 장점은 어려서부터 많은 운동을 해왔다는 것입니다. 그래서 체력과 정신력이 강하기 때문에, 모든 일에 인내심을 가지고 처리할 수 있습니다. 또한 엄한 가정교육 탓에 긍정적인 마인드를 갖게 되었으며, 대인관계도 원만한 편입니다. 그래서 대학교 때는 자전거 여행 동아리 회장을 맡기도 했는데, 그때 뛰어난 리더십으로 회원 전원이 무사히 전국일주를 마칠 수 있도록 도왔습니다. 이러한 강점들이 ㈜ 다산 레저스포츠의 발전에 큰 도움이 될 것이라 확신합니다.

● **도움말**

지원자는 지금 평가자들에게 별로 환기시킬 필요가 없는 약점을 스스로 드러내어 강조하는 실수를 범하고 있다. 더구나 그다음 이야기들도 평가자들의 입장에서는 사실여부를 확인할 수 없는, 일종의 핑계에 불과해 보인다. 또한 보완을 위한 노력을 밝히는 부분도 원론적인 차원의 이야기에 머물고 있어서, 평가자들로서는 지원자가 구체적으로 무엇을 하고 있는지 전혀 알 수 없다. 장점을 말하는 곳에서도 문제는 여전히 계속된다. 지원자는 그저 그럴듯한 이야기들을 모아 대충 나열하고 있을 뿐이다. 그렇기 때문에 이 부분에서 평가자들은 아마도 이런 생각을 하게 될 것이다. '지원자는 지금 자신을 회사가 선호할 것이라 생각하는 인물에 억지로 끼워 맞추고 있다.'

### ● 고쳐 쓰기

대학교 3학년 때 후배들을 인솔해서 전남 함평 지역으로 농촌 봉사활동을 간 적이 있습니다. 마지막 날, 무너진 담벼락 보수를 마치고 저녁에 주민들과 함께 식사를 하기로 약속이 되어 있었습니다. 그런데 모두들 경험이 부족했던 탓에 어디서부터 손을 대야 할지를 몰랐고, 그렇게 우왕좌왕하며 시간만 계속 흘러가고 있었습니다. 그때 저는 반대편 그늘에 혼자 앉아서 차근차근 해결책을 생각했고, 결과적으로 제가 제시한 해결책으로 문제를 해결할 수 있었습니다. 하지만 당시에 후배들로부터 이런 불평을 듣게 되었습니다. '지나치게 여유를 부리고, 함께 고민하려 하지도 않았다'고.

저의 장점은 모든 일을 대단히 신중하고 깊게 생각한다는 것입니다. 그래서 어떤 일이든 차근차근 따져보고, 문제가 생기지 않도록 확실하게 마무리합니다. 그러나 그것은 다른 한편으로 저의 단점으로 작용하기도 합니다. 생각을 깊게 하다 보니, 이따금 일을 신속하게 처리하지 못하는 경우도 있고, 때로는 주변 사람들과의 의사소통에 소홀하기도 합니다….

## 2

# 사업계획서 쓰기

자기소개서를 쓰는 목적이 주로 입학과 취업에 있다고 한다면, 사업계획서는 크게 다음과 같은 두 가지 목적으로 쓰게 된다. 하나는 이미 있는 사업체에서 새로운 영역을 개척하기 위한 '기획'의 목적이고, 다른 하나는 아예 회사를 새로 만들고 사업을 시작하려는 '창업'의 목적이다. 어떤 목적으로 쓰게 되든 간에 사업계획서 역시 일종의 소개서이며, 그래서 그것도 실용적인 성격, 즉 '유용성과 효율성'을 기준으로 그 실제적인 가치가 정해지게 된다.

대학교를 졸업하고 취업에 성공한다면, 이따금 제안서나 기획서 같은 것을 작성해야 하는 일이 생기곤 한다. 그런 것들이 바로 사업계획서에 해당하는데, 사업계획서 작성은 앞으로 회사가 나아가야 할 방향을 제시한다는 면에서 다른 일반적인 업무들과는 성격이 크게 다르다. 그러므로 사업계획서를 작성하는 사람의 입장에서는 그것이 자신의 진가를 입증할 수 있는 절호의 기회가 된다. 반면에 혹시라도 사업계획서가 제대로 작성되지 못했을 경우, 작성하는 사람이 감당해야 할 타격 또한 상당히 클 것이다.

대학생들에게 취업의 문이 점점 더 좁아지는 상황에서 창업은 자신의 역량을 펼쳐볼 수 있는 또 다른 기회를 제공해준다. 실제로 많은 학생들이 취업의 길을 버리고 창업을 시도하고 있으며, 정부에서도 그런 학생들을 지원하기 위해서 매우 다양한 프로그램을 시행하고 있다. 대부분의 프로그램들에서 지원대상은 참가자들의 경쟁을 통해서 결정되는데, 그 첫 관문이 바로 사업계획서(혹은 창업계획서)이다. 지원 프로그램이 다양하다고는 하지만 워낙에 많은 참가자들이 치열한 경쟁을 펼치고 있기 때문에, 차별성 있는 좋은 계획서를 작성한 참가자만이 지원받을 기회를 잡을 수 있다.

## 1. 사업계획서에 들어가야 할 내용들

사업계획서는 사업을 계획하는 사람이 투자자들을 설득하기 위한 목적으로 작성하는 문서이다. 설득하는 사람이 아무리 좋은 아이디어를 가지고 있다 해도, 투자자들을 제대로 설득을 하지 못한다면, 그 아이디어가 실제 사업으로 이어지기는 대단히 어려울 것이다. 이것이 바로 사업계획서가 사업계획 그 자체 못지않게 중요한 이유이다. 그렇다면 투자자들은 사업계획서를 통해서 어떤 것들을 확인하고 싶어 할까? 우선 사업 자체에 대한 정확한 정보는 당연한 것이고, 그다음으로 작성자의 준비 정도나 사업 능력도 필수적인 점검사항이 될 것이다.

### 1) 사업의 목적과 내용

사업계획서의 첫 부분에는 보통 사업의 개요를 밝히게 되는데, 그 안에 담길 내용은 대체적으로 이러한 것들이다. 지금 계획하고 있는 사업이 왜 필요하며, 어떤 방식으로 진행되는가? 사업에 무엇을 얼마나 투입할 것이며, 그 결과 누구에게 어떤 이익을 가져다 주게 되는가? 사업의 실제 전망은 어떠하며, 어떻게 성장시켜 나갈 것인가?

순서상 이런 내용들은 당연히 사업계획서의 맨 앞부분에 배치되어야 한다. 그렇지만 실제로 사업계획서를 작성할 때에는 이 부분을 맨 마지막에 쓰는 것이 유리하다. 사업의 개요를 밝히는 과정에서는 전체적인 내용이 균형과 조화를 잃지 않는 것이 무엇보다 중요한데, 그런 이유로 이 부분은 다른 부분들이 모두 작성된 다음에 그 내용들이 골고루 반영되도록 쓰는 것이 좋다.

### 2) 시장조사와 고객분석

특별한 경우가 아니라고 한다면, 사업에서 가장 중요한 것은 수익이다. 시장조사는 수익에 직결되는 요소이기 때문에, 가능한 한 구체적이고 정확한 자료들로 뒷받침되어야 한다. 그래야 투자자들이 수익의 정도를 예측해서 그에 맞는 투자규모를 결정할 수 있기 때문이다. 이 과정에서 자연스럽게 '고객'에 대한 정보도 제공되는데, 여기에서 시장의 규모는 곧바로 고객의 규모를 의미한다.

고객에 대한 분석이 향하는 방향은 '시장 점유율 분석'과 '예상 매출액 추정'이다. 시장 점유율을 분석하면 경쟁자들이 누구인지와 시장에 대한 그들 각각의 영향력을 알 수 있다. 그것을 바탕으로 예상 매출액도 추정하게 되는데, 투자자들에게 그것은 지금의 사업계획이 어느 정도 현실성이 있는지, 또한 어느 정도의 경쟁력을 갖추고 있는지를 판단하는 일종의 척도가 된다. 특히 이 부분은 다음에 이어질 '사업 시행방법'을 결정하기 위한 예비 단계의 역할을 한다는 면에서 더욱 신중하게 작성해야 한다.

### 3) 자금 운용 계획과 사업 시행방법

사업계획서에는 사업을 시행하기 위해서 어느 정도의 자금이 필요한지, 또 그 자금을 어떻게 운용해 나갈 것인지에 대한 뚜렷한 계획이 드러나 있어야 한다. 거기에는 사업을 시작하기 위한 자금 조달 계획부터 예상 수익과 지출을 바탕으로 하는 손익 계산, 그리고 예상 지출의 세부적인 내역과 수익의 관리 및 분배에 대한 내용도 포함된다. 이 부분이 분명하지 못하면 투자자로서는 사업의 잠재력이나 성장 가능성을 확신할 수 없게 될 것이고, 경우에 따라서는 사업 자체에 대한 타당성을 의심하게 될 수도 있다.

사업 시행방법은 앞서 이루어진 시장조사와 고객분석의 결과를 충실하게 반영하여 결정해야 한다. 사업 나름의 특성을 고려하여 어떤 것을 어느 정도의 가격으로 누구에게 어떻게 제공할 것인지 가능한 한 차별화된 방식을 제시하는 것이 좋다. 또한 홍보를 어떻게 할 것인지, 그에 대한 자세한 설명도 빠뜨려서는 안 된다. 사업의 내용이 아무리 좋다 하더라도 홍보에 대한 준비가 부실하다면, 투자처로서의 매력은 크게 줄어들 것이다.

### 4) 사업 진행일정과 위험요소 분석

사업을 시작하기 위해서는 생각보다 많은 것을 준비해야 한다. 앞에서 이야기했던 것들은 기본이고, 업종에 따라서는 수년에 걸친 추가 작업이 필요한 경우도 있다. 예를 들어서, 직접 공장을 설립해야 하는 경우, 혹은 사업 인허가 과정이 복잡한 경우, 사업 진행일정은 더욱 자세하고 꼼꼼하게 작성되어야 한다. 만약 그런 작업을 소홀히 한다면, 투자자들은 사업계획이 부실하다고 느낄 가능성이 높으며, 그것은 곧 사업 자체에 대한 신뢰가 떨어지게 됨을 의미한다.

투자를 받아야 하는 입장에서 계획 중인 사업의 장점을 부각하려 하는 것은 너무나 당연한 일이다. 그러다 보면 사업의 단점이나 위험요소에 대해서 대충 숨기고 지나가는 일이 많아진다. 단점이나 위험요소가 없는 사업은 없다. 그렇기 때문에 그런 것들에 대해서 억지로 숨기려 하거나, 어물쩍 넘어가려 해서는 절대로 안 된다. 오히려 투자자들이 그런 것들에 대해서 의문을 갖기 전에 스스로 드러내 놓고 고민하는 자세를 보이는 것이 바람직하다. 그다음 문제를 해결하거나 충격을 완화시킬 방안을 제시한다면, 투자자들은 더욱 긍정적인 시선으로 사업(계획)을 바라보게 될 것이다.

## 2. 경쟁력 있는 사업계획서 쓰기

'어떻게 하면 경쟁력 있는 사업계획서를 쓸 수 있을까?' 이 물음은 결국 '투자자들이 마음에 들어 하는 사업계획서는 어떤 것일까?'라는 물음과 같다. 아무리 좋은 마음을 가지고 있어도 그 마음이 제대로 표현되지 않는다면, 사람들 사이의 관계는 점점 더 멀어지기 마련이다. 마찬가지로 아무리 좋은 내용의 사업이고 아무리 준비가 잘 되어 있다 하더라도, 사업계획서에 그런 것들이 충분히 반영되지 못한다면, 성공적인 결과를 기대하기란 사실상 어려울 것이다. 그렇다면 어떤 면에 유의하면서 사업계획서를 작성해야 투자자들의 마음을 움직일 수 있을까?

### 1) 객관적 근거를 바탕으로 명료하게

사업계획서의 궁극적인 목적은 투자자들을 설득해서 투자를 유치하는 것이다. 우리가 사업계획서를 작성할 때, 설득 가능성을 높이기 위해서 절대로 잊지 말아야 할 것이 몇 가지 있다. 그중에 가장 중요한 것은 '사실'과 '의견'을 반드시 나누어 작성해야 한다는 것이다. 그 두 가지가 한데 뒤섞일 경우, 그런 사업계획서는 객관성을 유지하기 어렵기 때문에 결과적으로 투자자들의 호응을 얻어내기 힘들어질 것이다.

사실과 의견을 제대로 나누어 썼다고 한다면, 그다음 점검할 일은 '그 사실을 객관적인 자료를 통해서 뒷받침했는가?' 하는 것이다. 사업을 준비하는 과정에서 비중 있게 다루어지는 사실들은 대개 객관적인 자료나 통계가 없이는 제대로 증명이 어려운 것들이다. 그러므로 사업계획서 작성자는 그런 사실들 중에 어느 하나라도 '~라고 하더라'라든지, '~라고 알고 있다'라는 식으로 허술하게 다루어서는 안 된다.

사업계획서는 실용적인 목적이 분명히 정해져 있는 글이다. 그러므로 작성자는 그 내용들이 명료하게 기술되도록 계속해서 세심한 주의를 기울여야 한다. 실용적인 목적에 맞지 않게 불필요한 기교를 부려서도 안 되며, 또한 읍소를 하듯이 작성자의 사적인 감정을 드러내서도 안 된다. 오직 사업내용에만 집중하면서, 그 내용들이 얼마나 잘 정리되어서 효과적으로 투자자들에게 전달될 것인지를 고민해야 한다. 그런 고민이 구체적인 노력으로 집중된다면, 사업계획서는 투자자들에게 더욱 강한 믿음을 심어주게 될 것이다.

### 2) 간결하면서도 일관성 있게

사업을 소개하고 투자를 설득하는 과정은 어렵고 복잡하기 마련이다. 그렇다고 해서 사업계획서마저 어렵고 복잡하게 작성된다면, 투자자들은 그 사업에 대해서 흥미를 갖기 어려울 것이다. 사업 내용이 어렵고 복잡할수록 거꾸로 사업계획서는 더욱 간단하고 짜임새 있게 작성해야 한다. 특히 사업계획서를 작성하는 사람은 투자자들이 특정 사업분야에 전문성이 없을 수도 있다는 점을 반드시 고려해야 한다. 그렇기 때문에 지나치게 전문적인 용어나 자료는 사용하지 않는 것이 좋겠고, 불가피하게 사용해야 하는 경우라고 한다면 그에 대한 충분한 설명을 덧붙여야 한다.

사업계획서 각각의 요소들은 일관성을 잃지 않도록 서로 유기적으로 연결되어 있어야 한다. 많은 것들을 더구나 간결하게 쓰려다 보면, 사업계획서 내용 모두를 자연스럽게 연결시키기란 결코 쉬운 일이 아니다. 많은 내용을 장황하게 늘어놓는 것도 나쁘겠지만, 내용적인 연결이 틀어지는 것은 훨씬 더 나쁘다. 예를 들어서, 중저가 서비스 사업을 구상하면서 고가에 어울리는 마케팅 전략을 덧댄다거나, 혹은 초기 자금 조달 계획에 어울리지 않는 엉뚱한 투자비용을 예상하고 있다면 어떻게 되겠는가?

### 3) 차별성 있게 개성적으로

대부분의 투자나 지원의 대상은 경쟁을 통해서 결정된다. 경쟁에 앞서기 위해서 내용적인 차별성은 필수적이며, 그 차별성은 기존의 사업과 다른 점을 분명히 해야 얻을 수 있다. 워낙에 다양한 사업과 사업체들이 이미 있기 때문에, 사업계획을 세우는 과정에서 기존 사업이나 사업체에 대한 확인은 지나치다 싶을 정도로 많이 이루어져야 한다. 그렇게 하지 않으면 애써 작성한 사업계획서가 이미 있는 사업의 '재탕'이 될 가능성이 매우 높다.

새로 세운 사업계획이 기존의 사업에 대해서 차별성을 갖는다는 것, 그것은 정확하게 어떤 것을 말하는 것일까? 대부분의 사업계획서가 '획기적인 변화'를 이야기하려 하지만, 현실적으로 모든 면에서 완전히 새로운 사업이 나타나기는 대단히 어렵다. 그러므로 사업계획서에서의 차별성이란 사실 '어느 특정 부분을 개선해서 이전보다 강한 경쟁력을 갖게 하는 것'이라는 의미에 가깝다. 그런 면을 고려했을 때, 작성자로서는 지나치게 큰 그림에만 매달리기보다는 어떤 한 부분을 선택해서 그 부분을 집중적으로 공략하는 것이 좋다. 예를 들어, 서비스의 내용이나 상품의 구성을 바꾼다거나, 혹은 새로운 고객층을 확보하기 위해 마케팅 방식에 변화를 준다거나, 혹은 사업 운영방식을 달리해서 수익의 구조를 개선한다거나 하는 것이다.

사업계획서가 충분한 경쟁력을 갖추기 위해서는 내용적인 면에서 차별성을 확보하는 것 못지않게 모든 것을 개성적인 방식으로 표현하는 것도 중요하다. 사업 내용에 적합한 개성적 표현 방식을 어떻게 찾아낼 수 있을까? 그것은 계획 중인 사업의 특성, 투자자들의 구성, 혹은 심사과정에서의 변수 등을 모두 고려해서 결정해야 한다. 예를 들어서,

창업을 위한 사업계획서를 작성하는 경우, 주관 기관들이 홈페이지를 통해 제시하는 정보를 적극적으로 활용하는 것이 좋다. 특히, 이전 공모에 당선된 사업계획들이 게재되어 있는 경우도 많은데, 그런 것들을 적극적으로 활용한다면, 지원하는 사업에 어떤 표현 방식이 적합한지를 비교적 쉽게 판단할 수 있을 것이다.

## 3. 사업계획서 양식 및 작성 방법

사업계획서를 요구하는 경우, 대부분의 기업이나 기관은 지원자에게 특정한 양식을 제공하고, 그 양식에 맞게 사업계획서를 작성하도록 요구한다. 각 기업이나 기관마다 조금씩 차이가 있기는 하지만 대체적으로 사업계획서 양식은 거의 비슷한 내용으로 구성되어 있다. 예를 들어 '창업 진흥원'에서 제공하는 양식이 대표적인데, 구체적인 작성 방법은 아래와 같다.

# □ 창업 지원사업 사업계획서 (개요)

| 항목 | 세부내용 |
|---|---|
| 일반 현황 | 대표자, 아이템명 등 일반현황 및 제품(서비스) 개요 |
| 창업아이템 개요 (요약) | 창업아이템의 차별성, 개발경과, 국내외 목표시장 등 |

| | |
|---|---|
| 1. 문제 인식<br>(Problem) | **1-1. 창업아이템의 개발 동기**<br>창업아이템이 없을 경우 불편한 점, 국내외 시장의 문제점 등 |
| | **1-2. 창업아이템의 목적(필요성)**<br>창업아이템이 구현하고자 하는 목적,<br>국내외 시장의 문제점을 해결하기 위한 혁신적 방안 등 |
| 2. 실현 가능성<br>(Solution) | **2-1. 창업아이템의 사업화 전략**<br>비즈니스 모델, 제품(서비스) 구현 방식,<br>제품 제작 소요기간 및 제작 방법, 향후 사업 추진일정 등 |
| | **2-2. 창업아이템의 시장분석 및 경쟁력 확보 방안**<br>기존 회사(경쟁사) 대비 우위요소, 차별화 전략 등 |
| 3. 성장전략<br>(Scale-up) | **3-1. 자금 계획**<br>자금의 필요성, 적정 자금 규모, 조달 및 지출 계획 등 |
| | **3-2. 시장진입 및 성과창출 전략**<br>내수시장: 주 소비자층 분석, 시장진출과 판매 전략 등<br>해외시장: 주 소비자층 분석, 시장진출 시기와 현지화 전략 등 |
| | **3-3. 출구(EXIT) 목표 및 전략**<br>투자유치: 향후 투자유치 추진전략 및 방법 등<br>인수·합병(M&A): M&A를 통한 중·장기적 사업 확장 전략<br>기업공개(IPO): 기업의 경쟁력 강화, 투자자금 회수 등을 위한 IPO 중·장기 전략<br>정부지원금: R&D, 정책자금 등 정부지원금을 통한 자금 확보 전략 |
| 4. 팀 구성<br>(Team) | **4-1. 대표자 및 팀원의 보유역량**<br>대표자 및 직원들이 보유하고 있는 경력, 기술력 등 |
| | **4-2. 사회적 가치 실천 계획**<br>양질의 일자리 창출을 위한 노력, 근로환경 개선을 위한 노력 등 |

# □ 창업 지원사업 사업계획서 (사례)

<table>
<tr><td colspan="3">창업아이템명</td><td colspan="5">인공위성용 초정밀 적외선 카메라와 영상 분석 소프트웨어</td></tr>
<tr><td colspan="3">신청자 성명</td><td>우주인</td><td>생년월일</td><td>1900.00.00</td><td>성별</td><td>남/녀</td></tr>
<tr><td colspan="3">직업</td><td>대학원생</td><td>창업유무</td><td colspan="3">예비창업자</td></tr>
<tr><td colspan="3">기업명</td><td>○○○○</td><td>사업장 소재지</td><td colspan="3">○○도 ○○시</td></tr>
<tr><td colspan="3">개업 연월일<br>(회사설립 연월일)</td><td>2019. 00. 00 (예정)</td><td>사업자 구분</td><td colspan="3">예비창업자</td></tr>
<tr><td colspan="3">기술분야</td><td colspan="5">정보·통신</td></tr>
<tr><td rowspan="4">사업비<br>구성 계획<br>(백만원)</td><td colspan="2">정부지원금</td><td>00백만 원</td><td rowspan="4">주요<br>성과</td><td>고용</td><td colspan="2">0명(대표자 제외)</td></tr>
<tr><td rowspan="2">대응<br>자금</td><td>현금</td><td>00백만 원</td><td>매출(백만원)</td><td colspan="2">00백만 원</td></tr>
<tr><td>현물</td><td>00백만 원</td><td>수출(백만원)</td><td colspan="2">00백만 원</td></tr>
<tr><td colspan="2">합계</td><td>00백만 원</td><td>투자(백만원)</td><td colspan="2">00백만 원</td></tr>
<tr><td colspan="8">팀 구성(신청자 제외)</td></tr>
<tr><td>순번</td><td colspan="2">직급</td><td>성명</td><td>담당 업무</td><td>주요 경력</td><td colspan="2">비고</td></tr>
<tr><td>1</td><td colspan="2">공동대표</td><td>○○○</td><td>S/W 개발 총괄</td><td>우주대<br>컴퓨터 공학 석사</td><td colspan="2">공동대표</td></tr>
<tr><td>2</td><td colspan="2">대리</td><td>○○○</td><td>해외 영업</td><td>우주대<br>경영학 전공</td><td colspan="2">팀원</td></tr>
<tr><td>…</td><td colspan="2"></td><td></td><td></td><td></td><td colspan="2"></td></tr>
<tr><td>…</td><td colspan="2"></td><td></td><td></td><td></td><td colspan="2"></td></tr>
<tr><td>…</td><td colspan="2"></td><td></td><td></td><td></td><td colspan="2"></td></tr>
<tr><td>…</td><td colspan="2"></td><td></td><td></td><td></td><td colspan="2"></td></tr>
</table>

## □ 창업아이템 개요(요약)

| 창업아이템 소개 | ※ 핵심기능, 소비자층 등을 중심으로 쓴다. |
|---|---|
| 창업아이템의 차별성 | ※ 창업아이템의 현재 개발 단계를 쓴다.<br>예) 시제품 개발 등 |
| 국내외 목표시장 | ※ 국내외 목표시장, 판매 전략 등을 쓴다. |
| 이미지 | 아이템의 특징을 나타낼 수 있는 참고 사진(이미지) 또는 설계도 등 |
| | 기타 자료 |

# III

# 대학 글쓰기의 유형

## 일상적 글쓰기

1

# 감상문 쓰기

감상은 읽는 과정을 즐기는 행위를 말하는데, 그 행위의 과정을 기록한 것이 감상문이다. 감상문은 대상에 대한 감상 주체의 인식, 공감, 문제, 상상의 내용으로 채워진다. 즉 감상문은 읽기 전에는 알지 못했던 것을 읽고 나서 알게 되었음을, 읽기 전에는 느끼지 못했던 것을 읽고 나서 느끼게 되었음을, 읽기 전에는 던지지 못했을 문제를 읽고 나서 던지게 되었음을, 읽기 전에는 상상하지 못했던 것을 읽고 나서 상상하게 되었음을 그 내용으로 한다. 일반적으로 책이나 영화 등의 문화 텍스트가 읽기의 대상이 된다. 책을 읽고 쓰면 독서 감상문, 영화를 보고 쓰면 영화 감상문이 된다. 그러나 읽기의 대상은 꼭 문화 텍스트에 한정되는 것은 아니다. 타인이 읽기의 대상이 될 수 있고, 국가나 사회 등의 공동체도 읽기의 대상이 될 수 있으며, 더욱 본질적으로는 자기 자신마저도 읽기의 대상이 된다. 국가나 사회가 읽기의 대상이 되는 경우 감상문은 사회적 성격을 띠게 되고, 자기 자신을 읽기의 대상으로 하는 경우 감상문은 자기 성찰의 성격을 띠게 된다. 때문에 읽기의 대상이 무엇인가에 따라서 감상문의 성격이 달라진다고 볼 수 있다.

지금까지 대학 글쓰기 교육에서 감상문은 크게 주목을 받아오지 못했다. 학술적 담화 공동체로서 대학이 학술적 글쓰기를 강조해왔고, 글쓰기 과목이 학문을 탐구하고 그것을 표현하는 기초과목으로서 위상을 부여받아왔기 때문이다. 때문에 자기의 주장을 세우고, 이유를 덧붙이고, 그 이유를 객관적인 근거를 들어 뒷받침하는 논리에 비해, 감상은 부차적인 것으로 여겨져 온 것이 사실이다. 하지만 감상은 대상에 대한 이해를 바탕으로 한다는 점에서 자료의 조사와 분석, 정리의 과정을 거칠 수밖에 없고, 때문에 학술적 글쓰기와 결코 무관하지 않다. 또한 인식, 공감, 문제, 상상의 과정을 구체적으로 표현하는 가운데 자기 자신에 대한 이해에 이르기 때문에 성찰적 글쓰기와도 같은 영역을 공유한다고 볼 수 있다. 무엇보다 읽기의 대상이 우리가 다 알지 못하는 것이라는 점에서 감상문 쓰기는 진리 탐구의 행위와 크게 다르지 않다.

대학에 입학한 다수의 학생들이 보고 듣고 읽은 대상을 정확하게 인식하지 못하고, 그만큼 자신의 감정을 표현하지 못한다. 다양한 영화, 음악, 도서 등을 향유하고 있음에도 불구하고 자신의 감상을 글로 표현하는 데까지 연결하지 못하기 때문이다. 하지만 감상했음에도 불구하고 표현하지 못하는 것이 아니라 표현하지 못하는 만큼 감상하지 못한 것이라는 사실을 잊어서는 안 된다. 즉 우리는 글로 표현한 만큼만 감상했음을 뒤늦게 알아차릴 수 있다. SNS 등이 발달하고, 다양한 문화생활이 가능한 요즘이야말로 감상문의 중요성이 전에 없이 중요하다고 볼 수 있다. 지금 자신이 보고 있는 콘텐츠가 있다면 짧은 댓글을 달아보자. 운영하는 SNS가 있다면 이미지나 영상을 링크하고 짧은 감상을 표현하는 것도 좋다.

다음은 어느 블로그에 게시된, 대중음악을 감상하고 쓴 감상문이다. 글을 읽고 감상의 구성요소를 찾아보자.

〈SBS KPOPSTAR 4〉 참가자 중 한 명인 홍찬미 씨의 노래 「나쁜 아이」에 대해서 짧게 언급하려고 한다. 이 노래에서 화자는 자신을 '나쁜 아이'라고 자책하면서, 그럼에도 불구하고 당신의 사랑을 받고 싶다고, 나를 홀로 두지 말아 달라고 호소하고 있다. 너의 사랑을 받아서도 나쁘고, 너로부터 버림을 받아서도 나쁘고, 그리하여 너의 기억을 지워버려서 '나'는 나쁘다는 것. 할 수 있는 것을 모두 하고, 그것으로도 충분하지 못해 '나'는 스스로를 자책한다.

우리는 이런 사람에게 고결하다는 말을 붙인다. '나'는 이 세계가 '나' 하나의 쉴 곳도 용납하지 않는 곳이라는 것을 알고 있고, 그럼에도 불구하고 이 세계에 발붙여야만 한다는 것도 알고 있다. 그런 '나'에게 곁을 준 '너'는 너무나 소중한 사람이다. 왠지 '나'는 너의 사랑을 받을 자격이 있는지 몰라서 미안하고, 그래서 네가 '나'를 떠날 때에도 '너'에게 버림받은 자기 자신을 자책할 뿐이다. 이런 사람은 어떻게든 이 세계에 발붙이고자 한다는 점에서 비관적이지 않으며, 타인을 탓함으로써 자신을 보호하려 하지 않는다는 점에서 비겁하지 않다. 폭력적 세계를 탓하며 마음의 문을 닫기보다는 자신을 받아줄 작은 공간에 감사할 만큼 세계에 마음을 열어놓는다. 그러니 폭력적 세계가 보기에 이 고결한 화자가 얼마나 '나쁜 아이'겠는가.

어쩌면 이 노래가 어렵다고 말한 심사위원 박진영의 말은 사실일 것이다. 이 노래에서 '화자'의 마음을 쉽게 알아차리기는 쉽지 않다. 전반적으로 어둡고 가라앉은 분위기에 간단히 이끌릴 수도 있다. 그러나 어두운 하늘일수록 별은 더욱 빛나고, 어둠을 직시하는 사람만이 그 별을 볼 수 있다. 이 노래의 화자가 자신을 '나쁜 아이'라고 말하는 그 순간, 사실은 '착한 아이'라는 것을 알아차리는 것이, 이 노래의 가라앉은 분위기 안에 도사리고 있는 밝은 분위기를 느끼는 것이, 이 노래가 말하지 않은 것을 듣지 못함에도 불구하고 들으려 하는 것이, 이 노래를 제대로 듣는 태도이지 않을까.

음악은 '음학'이 아니지만, 그보다 더 넓지 않을까. '음학'을 배제하는 음악이 있을 수 있을까. 홍찬미 씨의 노래「나쁜 아이」는 인문학적으로 마음을 끄는 노래라고 생각한다. 감정이 인식을 끌 수도 있지만, 그 역도 가능하지 않을까. 노랫말이 무슨 뜻일까라는 질문에서 이 노래를 듣기 시작했고, 들으면서 이 노래를 좋아하기 시작했다. "사랑받고 싶어요, 혼자 두지 말아요." 말은 돌고 돌아 결국 여기까지 온다. 저 말을 내뱉기 위해 얼마나 노력했을까. 아니, 저 말을 쉽게 내뱉지 않기 위해 얼마나 노력했을까. 어쩐지 말하지 않았더라도 들었을 것 같다. 말하지 않았다면, 들으려고 계속 노력했을 것 같다.

—「당신은 사실 착한 아이예요-홍찬미, <나쁜 아이> 듣기」

위 감상문은 네 개의 단락으로 구성되어 있다. 첫째 단락은 노래의 화자가 자신을 '나쁜 아이'라고 자책하고 있음을 서술하고 있다. 노래를 듣기 전에는 알지 못하는 화자의 정보를 담고 있으므로 '인식'에 해당된다. 둘째 단락은 비관적이지 않고 비겁하지 않으며 감사하는 마음을 갖고 있는 화자의 마음을 서술하고 있다. 화자의 마음을 읽고 그 마음에 공감하고 있기에 '공감'에 해당된다. 셋째 단락은 화자가 사실은 '착한 아이'이고, 노래 안에 도사리고 있는 밝은 분위기를 느껴야 함을 서술하고 있다. 노래를 듣는 시각에 대해서 문제를 제기하고 있기에 '문제'에 해당된다. 넷째 단락은 화자가 사랑받고 싶다고 말하는 모습을 상상하고 있기에 '상상'에 해당된다. 이처럼 감상문은 자신의 감상을 정리하고, 그 과정에서 대상에 참여하는 자기 자신을 확인하는 글이다.

# 2 기행문 쓰기

기행문은 여행하는 동안 보고 들은 것을 기록하고, 그 과정에서 느낀 감상을 표현한 글이다. 교통이 발달하지 못한 과거의 경우 기행문은 실제로 여행을 다녀보지 못한 사람에게 여행지에 대한 정보를 제공하고, 그곳에 대한 상상을 불러일으키는 역할을 담당했다. 가령 혜초가 인도를 여행하고 쓴 『왕오천축국전』과 박지원이 청나라를 여행하고 쓴 『열하일기』, 유길준이 유럽을 순방하고 쓴 『서유견문』 등이 그 예에 해당된다. 하지만 여행이 일상화되고 해외여행도 어렵지 않게 다녀올 수 있는 요즘에는 기행문이 일상적인 글쓰기의 영역에 들어오게 되었다. 많은 사람들이 여행하는 동안 실시간으로 견문과 감상을 SNS 등에 게시하여 타인과 공유하고, 그 반응을 살핀다. 때문에 과거와 달리 기행문은 소소한 일상의 기록, 삶의 의미 탐색, 타인과의 공유 및 소통의 매개체로서 의미를 갖게 되었다.

그렇다면 기행문의 구성요소는 무엇인가. 이태준은 『문장강화』에서 기행문의 구성요소로 다음의 다섯 가지를 언급한 바 있다. ①떠나는 즐거움이 나와야 한다. ②노정路程이 보여야 한다. ③객창감客窓感과 지방색이 나와야 한다. ④그림이나 노래를 넣어도 좋다. ⑤고증을 일삼지 말아야 한다. 여기서 '떠나는 즐거움'은 여행에 대한 기대감을, '노정'은 여행하는 과정을, '객창감'은 여행지에서 느끼는 낯선 감정과 떠나온 곳에 대한 그리움을, '지방색'은 여행지의 자연이나 풍속, 인정 등이 갖는 고유한 성격을 말한다. 더불어 감정 표현을 위해 그림이나 노래 등을 넣는 것도 좋으며, 여행지에서 얻은 정보를 지나치게 나열하는 것은 피해야 한다는 것이 이태준의 생각이다. 이를 간략히 정리하자면, 기행문의 구성요소는 여행 과정(여정), 여행지에 대한 정보(견문), 여행지에서 느끼는 감상(감상)이라고 말할 수 있다. 여정의 세부 내용에는 여행 일정, 교통편, 날씨 등이 있고, 견문의 세부 내용에는 여행지의 자연, 풍속, 기후, 인정, 유물, 설화 등이 있으며, 감상의 세부 내용에는 여행 동기, 여행에 대한 기대감, 여행지에서 느낀 낯선 감정, 떠나온 곳에 대한 그리움, 여행을 하고 난 후의 느낌 등이 있다.

기행문과 소설은 탐색의 서사라는 점에서 유사하다. 두 글은 고정되고 불변하는 진리를 확인하는 글쓰기가 아니라 낯선 곳을 찾고 거기에서 몰랐던 것을 알아가고 느끼지 못했던 것을 느껴가는 탐색의 글쓰기이다. 하지만 소설이 허구를 미학적 기반으로 하는데 비해 기행문은 사실을 기반으로 글쓴이의 체험을 그대로 노출하기에 그 성격이 다르다. 기행문과 수필은 글쓴이의 감정을 정해진 형식 없이 솔직하게 표현하는 글이라는 점에서 유사하다. 하지만 수필이 정해진 형식적 제한 없이 붓 가는 대로 쓰는 글인데 비해 기행문은 여행 과정을 중심으로 큰 틀이 구성되기 때문에 그 성격이 같다 할 수 없다. 기행문과 감상문은 대상에 대한 인식과 공감을 중요시하고, 이 과정에서 자기 성찰에 이른다는 점에서 유사하다. 하지만 감상문이 읽기의 대상에 특별한 기준을 두지 않는 것에 비해 기행문은 '여행'이라는 계기가 반드시 필요하기 때문에 그 성격이 다르다. 정리하자면 기행문은 '여행'이라는 계기를 통해, 여행 과정이라는 큰 틀 아래에서 작성되는, 탐색과 자기 성찰의 글이라고 말할 수 있다.

기행문의 형식은 특별히 정해진 바가 없다. 다만 여정을 중심으로 작성된다는 큰 틀 아래, 여행 과정 중에 보고 듣고 느낀 점을 그때그때 기록하는 수필의 형식, 장기간 여행하는 경우 그날그날 있었던 일을 일기 쓰듯이 작성하는 일기의 형식, 여행 과정 중 보고 듣고 느낀 점을 누군가에게 전달하는 편지의 형식 등으로 작성되는 것이 일반적이다. 수필의 형식은 견문과 감상을 솔직하게 표현하는 데 좋고, 장기간 여행하는 경우에는 일기의 형식을 취하는 것이 기록하기에 좋다. 편지의 형식의 경우, 여행지에서 느낀 감상을 대화의 형식으로 작성하기에 유리하다. 모든 발신은 수신을 전제하기에, 특정인을 대상으로 삼는 편지의 형식은 글쓴이가 자신의 감상을 스스로 점검할 수 있도록 돕는다.

여행을 한다는 것은 익숙한 곳에서 낯선 곳으로의 공간적 이동을 수반한다. 이 과정에서 여행 주체는 알지 못하던 것을 알게 되고 느끼지 못하던 것을 느끼게 된다. 즉 공간의 이동은 신체의 이동이면서 동시에 정신의 이동이기도 하다. 기행문은 바로 이 이동의 과정을 담아내는 최적화된 형식이다. 여행 주체는 자신의 신체가 어디로 이동하는지는 알지만, 정신이 어디로 이동하는지는 알지 못한다. 정신의 이동 경로가 어디인지는 여행지의 낯섦이 우리에게 말해준다. 낯섦은 '나'라는 자기 동일성 안에 들어와 균열을 낸다. 때문에 여행 주체는 혼란스럽지만 그만큼 더욱 넓어질 수 있다. 이것이 여행이 우리에게 주는 가치이고, 기행문은 이 의미 있는 가치의 기록이다. 모든 여행은 돌아오기 위해 떠나는 행위이다. 여행을 떠나기 전의 '나'와 여행을 마치고 돌아온 '나'는 질적으로 다른 사람이 되며, 기행문 쓰기는 그 과정의 사후적 확인에 해당된다. 이제 우리는 여행을 떠나기 전의 '나'로는 다시 돌아갈 수 없다.

다음은 어느 블로그에 게시된 기행문이다. 글을 읽고 기행문의 구성요소를 찾아보자.

---

위에서 내려다본 장터목 대피소의 정경

15:40 장터목 대피소에 도착했다. 부족한 라면과 햇반을 구입했다. 종아리 부근 근육통이 심해져 '안티푸라민'을 발랐다. 오늘은 여기서 자고, 내일 천왕봉 일출을 보러 가기로 한다. 작은 빗방울이 대피소를 감싸며 내리고 있다.

---

대피소는 보름 전에 인터넷을 통해 예약해야 하나, 공간에 비해 신청자가 많아 예약이 쉽지 않다. 나를 포함하여 비박bivouac하는 사람들이 많았다. 대피소를 예약했으나 오지 못한 사람이 있는 경우, 관리소 측은 비박하는 사람 중에 신청자를 선별하여 대피소 공간을 내어준다. 내가 갔을 때 벽소령 대피소의 경우 60세 이상 고령자를 우선 선별했고, 장터목 대피소의 경우 60세 이상 고령자, 여성, 40세 이상이면서 아이를 동반한 부모의 순서로 자리를 내어줬다.

나는 추위를 많이 타는 편인데, 장터목은 여름임에도 불구하고 매우 춥다. 몸의 떨림이 좀처럼 멈추지 않는다. 다리 상태가 좋지 않아 걷기가 힘들다. 내일은 천왕봉 일출을 보기 위해 새벽에 일어나야 한다. 오늘까지 걸은 거리는 26.3km이다.

천왕봉 일출 광경

05:36 지리산의 정상인 천왕봉에 올랐다. 다행히 날씨가 맑아서 일출을 볼 수 있었다. 삼대가 덕을 쌓아야 볼 수 있다는 천왕봉의 일출이다. 주변 사람들이 일출을 보면서 크게 감탄하고 있다. 해가 서서히 솟아오르는 광경이 마치 내 몸에 새겨지는 듯하다. 어느 순간 나는 우리 가족이 늘 건강하길 빌고 있다. 여기까지 올라온 나 자신을 칭찬하고 싶다.

글쓴이는 지리산을 종주하는 과정에서 겪은 경험을 글로 썼다. 이 글에는 종주 과정에서 겪은 경험, 종주 계획 및 과정 등이 서술되어 있고, 대피소 예약 및 장소 배정과 관련한 정보가 담겨 있다. 때문에 기행문의 구성요소인 여정, 견문, 감상 등이 비교적 잘 드러난 글이라고 볼 수 있다. 특히 다녀온 곳의 사진을 이미지로 삽입하여 읽는 이들에게 현장감을 주고 있어 특징적이다. 블로그, 페이스북, 인스타그램 등의 SNS는 이미지나 영상 등을 첨부하여 글을 작성하기에 유리하다. 기행문을 글로 남기는 것은 경험에 의미를 부여하는 일이면서 삶의 서사를 써 내려가는 일이기도 하다. 지금 떠나고 싶은 어딘가를 머릿속에 떠올려보자. 기행문은 거기서부터 시작된다.

Ⅳ

# 연습문제

## 개요 작성하기

1. 다음 개요에 나타난 문제점을 지적하고 바르게 고쳐 보시오.

주제: 대학생 우울증의 실태와 대책
주제문: 우리나라 대학생들 사이에 우울증 문제가 심각하므로 이에 대한 시급한 논의와 해결방안 마련이 요구되고 있다.

1. 서론
2. 대학생 우울증이란 무엇인가
3. 대학생 우울증의 실태
3.1. 외국 대학생 실태와 비교
4. 대학생 우울증의 원인
4.1. 기질적 원인
4.2. 환경적 원인
5. 대학생 우울증의 대책
5.1. 약물치료
5.2. 인지치료
5.3. 사회적 대책
6. 대학생 우울증의 해결이 필요하다.

2. '장기화되고 있는 청년실업 문제를 해결하기 위해서는 무엇보다도 국가와 기업이 적극적으로 나서야 한다'는 내용의 글을 쓰기 위해 아래와 같이 글 재료(제재)를 모아 보았다. 이를 바탕으로 개요를 완성하시오.

- 아래의 제재를 모두 개요의 항목으로 활용할 것.
- 개요의 하위 항목은 '절'까지만 작성할 것.
- 필요하다면 항목을 추가할 것.

◇ 청년실업의 심각성과 현황
◇ 청년실업 문제의 해결방안
◇ 청년 구직자들의 새로운 직업의식
◇ 청년실업과 국가경제의 미래
◇ 기업의 경력직 선호 현상
◇ 청년실업 해결을 위한 기업들의 노력
◇ 고용 없는 성장
◇ 거시적 관점에서 산업구조의 재조정
◇ 일자리 창출을 위한 국가의 중단기 정책
◇ 청년 구직자들의 중소기업 기피현상
◇ 청년실업 문제의 원인

## 개요 작성하기

개요 1. 청년실업의 심각성과 현황

3. 다음 제시문을 읽고서 글의 제목을 달아보고, 주어진 개요를 완성하시오.

(개요는 모두 화제 개요로 쓰시오.)

포털사이트 검색창에 '긍정'이란 단어를 치면 여러 연관 검색어가 나온다. '긍정적으로 살아가는 방법', '긍정적인 명언', '긍정의 힘' 등. 이처럼 우리 사회에서 '긍정'은 의심할 여지없이 '긍정적인 것'으로 여겨진다. 그러나 통념과 반대로 '긍정'의 부정성에 대해 이야기하는 입장이 있다.

『피로사회』와 『긍정의 배신』은 공통적으로 현대사회에서 과도한 긍정성의 폐해에 대해 이야기한다. 『긍정의 배신』은 기업 사회에 유행하는 긍정성 열풍을 다룬다. 그 예로, 동기 유발 산업은 구조조정의 원인을 개인의 능력 부족으로 여기게 하여, '해고'라는 부정적 사건을 '자기계발'이라는 긍정적 기회로 인식하게 한다. 이런 구체적 예는 『피로사회』에서 일반론적으로 분석된다. 외부와 내부의 경계가 비교적 분명했던 과거와 달리 현대에는 경계가 사라졌다. 성과 사회에서 경계의 상실은 능력의 무한성을 긍정하는 자기 착취로 이어진다. 이러한 긍정성의 과잉은 우울증과 같은 현대의 신경성 질환들을 유발한다. 결국, 긍정성의 과잉은 사람을 피로하게 만든다.

긍정성 과잉의 폐해는 이미 우리 삶에 깊숙이 파고들었다. '힐링', '자기계발' 열풍이 대표적이다. 서점에는 『멈추면 비로소 보이는 것들』, 『아프니까 청춘이다』, 『언니의 독설』과 같은 자기치유, 자기계발 도서가 베스트셀러 코너의 한쪽 면을 차지한다. 또한 힐링 콘서트와 자기계발 강연이 우후준숙 생겨났다. 이런 열풍은 개인의 변화를 초점으로 한다. '힐링'은 부정적 상황의 대응책으로 긍정적 사고로 내면을 다스리기를 제시한다. '자기계발'은 개인이 실패에 좌절하지 말고 스스로를 더 채찍질하기를 강요한다. 그러나 이러한 힐링과 자기계발이라는 긍정성의 열풍은 오히려 개인을 더욱 피곤하게 한다.

## 개요 작성하기

최근의 경제위기와 공동체 해체라는 거대한 외부 상황을 마주한 사람들은 그에 순응하며 내적 태도를 바꾸기 시작했다. 그 결과가 바로 책과 강연을 통한 힐링과 자기계발이다. 그러나 외부 상황이 그대로인 가운데 마음을 달래고 속이는 것은 효과가 단기적이다. 한마디로 힐링이나 자기계발 열풍은 값싼 진통제다. '할 수 있다', '괜찮다', '믿는 대로 이루어진다'와 같은 긍정성은 비과학적 주술로 바뀐다. 또한 개인은 자신의 가능성을 맹신하여 스스로를 신격화한다. 이러한 긍정성의 한계는 사회의 문제를 개인의 문제로 축소시킨다는 것이다. 때문에 국가와 기업은 자진해서 긍정성을 확산시킨다. 긍정의 배신에서 언급한 기업의 동기 유발 강연회가 대표적인 예다. 주술이 된 긍정성은 맹목성을 띤다. 신이 된 개인은 자신의 범위 안에서 해결책을 찾으려 하고, 이는 자기 착취로 이어진다. 그리고 이는 『피로사회』에서도 이야기하듯, 우울증과 소진증후군과 같은 병리학적 결과를 낳는다. 결과적으로 사회적 차원의 문제가 개인의 자유인 내면적 차원의 문제로 위장되어 개인은 끊임없이 피로해지는 상황에 놓인다.

긍정주의는 인간이 다른 동물보다 우수한 '생각하는 능력'으로 마침내 모든 것을 극복하려는 시도라고 볼 수 있다. 하지만 이때 발생하는 현실적 문제는 개인이 긍정주의를 강요받는 것이다. '긍정성'을 종교처럼 맹신하는 태도가 외려 더 사람들을 한계 상황으로 몰아 갈 수 있다는 것을 충분히 경계해야 한다.

## 개요 작성하기

제목 :

개요

1.

2. 긍정성 과잉에 대한 비판 -『피로사회』와『긍정의 배신』

3.

1) '힐링'과 '자기계발' 열풍

2)

4.

## 단락 만들기

1. 다음 문장을 첫 문장으로 하는 두괄식 단락을 만들어 보자.

좋은 글쓰기의 비결은 모든 문장에서 가장 분명한 요소만 남기고 군더더기를 걸어내는 데 있다.

2. 아래의 마지막 문장으로 끝나는 미괄식 단락을 만들어 보자.

혼자라는 것은 매력적이다.

# 단락 만들기

3. 다음 글의 빈 단락을 문맥에 맞게 300자 이상으로 완성해 보자.

21세기 한국 사회에 새로운 청년들이 몰려오고 있다. '88만원 세대'라 불리는 젊은이들이다. 이들은 연령적으로는 대개 20대에서 30대 중반에 이르는 청년들이며, 학교와 직업의 자동적 연계가 파괴되어 최종 학력기관을 졸업한 이후 상당 기간을 비정규직 또는 잉여로 지내야 하는 동시에, 결혼과 출산을 삶의 당연한 과제로 생각하기보다는 하나의 선택으로 여기거나 또는 포기하면서 이전의 청년들과는 사뭇 다른 형태의 라이프스타일과 가치를 만들어가는 주목의 대상이다. 2007년에 우석훈과 박권일이 '88만원 세대'라는 용어로 당시의 20대를 규정한 이래 'IP세대', 'Global 세대', '2.0세대', '삼포세대' 등의 호명과 후속 진단들이 연쇄적으로 등장하면서 한국 사회는 이른바 청년세대론의 폭발을 목도했다. 이런 관찰들 속에서 청년들은 만성적 실업과 높은 등록금 그리고 정서적 불안과 폐색감閉塞感에 시달리면서 사회적 문제보다는 개인적 활로를 타개하는 데 더 몰두하는 존재들로 표상되고 있다.

청춘 또는 청년은 역사적으로 발명된 '개념'으로서, 19세기 후반에 동아시아에 수입되어 당시의 다양한 사회적 과제를 수행할 것으로 기대되는 존재들에게 부여된 기호이다. 20세기를 거치면서 청년은 국가 건설의 주역, 계몽주의자, 산업역군, 반공反共 전사, 민주화 투사, 새로운 문화의 창조자 또는 아방가르드 등으로 다양하게 호명되어 왔다. 이 과정에서 청년은 대개의 경우 특정 거대 서사의 담지자 역할을 수행했고, 기성 권력과 제도를 부정·비판하고 새로움을 추구하는 운동적 주체성의 상으로 여겨졌다.

그러나 21세기에 등장한 새로운 청년들은 ____________________

## 단락 만들기

생존주의는 후기 근대적 상황이 야기한 새로운 삶의 곤경에 직면한 청년들이 자신에게 제기되는 문제에 효과적으로 응전하고 이를 해결하기 위한 고투 속에서 형성한 집합심리의 시스템으로서, 순수한 이념적 표현물이나 철학적 세계관으로 환원되지 않는다. 그것은 생존에의 불안과 강박 그리고 의지와 욕망의 형식으로 작용하면서 행위자들을 구체적으로 움직이는 '마음'의 구성체이다. 그리하여 그 이념적·의식적 내용뿐만 아니라 그것이 구성하는 습속, 그것을 형성시키는 장치나 제도, 더 나아가 생존에 대한 열망의 미적 표현물을 내포하는 - 마르셀 모스Marcel Mauss가 말하는 - 하나의 '총체적 사회적 사실'로 접근될 필요가 있다. 이런 의미에서 21세기 한국의 청년 세대는 다시 '생존주의 세대'라 명명될 수 있으며, 그 마음의 구조와 논리를 탐구하기 위한 이론적 성찰이 요구되고 있다.

## 요약문 쓰기

1. 다음 예문을 읽고 필자가 '무엇'에 대해 '어떤' 입장을 취하고 있는지, 그리고 그 '이유'는 무엇인지를 한두 문장으로 정리해 보자.

8월의 마지막 날 아침, 교체가 확정된 김상곤 사회부총리 겸 교육부장관 발로 단신 뉴스가 보도됐다. 형사 미성년자인 '촉법소년' 연령 기준을 현행 만 14살에서 만 13살 미만으로 내리는 내용의 형법과 소년법 개정을 올해 안에 추진하도록 국회와 협력하기로 했다는 내용이었다. '촉법소년'에 해당하면 범죄를 저질러도 처벌을 받지 않고 1개월 이내의 소년원 송치와 보호처분 등을 받게 된다. 교육부 관계자는 법 개정 추진 이유에 대해 "과거보다 현저히 청소년의 정신적·신체적 성장 속도가 빨라지고, 강력범죄를 저지르는 청소년의 연령이 낮아지고 있다"고 설명했다.

김 부총리는 지난달 23일 청와대 SNS를 통해 "올 상반기 만 10~13살의 범죄 증가율은 7.9%, 만 13살 범죄 증가율은 14.7%에 달한다"며 "13살 이후 범죄가 급증한다면 형사 미성년자 연령을 13살 미만으로 조정할 필요가 있다"고 말했다. 그는 이어 "2007년과 2016년 전체범죄 중 강력범죄 비율이 1.1%에서 1.6%로 늘어난 반면 청소년 강력범죄는 2.2%에서 4.4%로 증가했다"고도 했다. 이 말은 지난 6월 서울 관악산과 노래방 등에서 또래 여고생을 때리고 추행한 14~17살 사이의 중·고교생 9명의 집단폭행 가해 사건을 계기로 소년법을 개정해달라는 청와대 국민청원 2건이 55만여 명의 동의를 얻으면서 나온 청와대의 답변이다. 이 말은 또 촉법소년의 강력범죄가 늘어나고 있으니 더 강력하게 이들을 처벌해서 경각심을 심어주는 방식으로 범죄를 줄여보겠다는 정부의 의지를 담고 있기도 하다.

잔혹 범죄를 저지른 소년들에 대해 처벌을 강화해달라는 엄벌주의 여론은

## 요약문 쓰기

소년들의 범죄가 이슈가 될 때마다 되풀이되고 있다. 지난해 3월 발생한 인천 초등생 살인사건과 9월 발생한 부산 여중생 폭행사건 때도 소년법을 개정해달라는 청와대 국민청원에 40만여 명의 시민이 참여했다. SNS와 커뮤니티에서 관련 피해 사실이 참혹한 이미지와 함께 이슈가 되면, 언론이 이 피해 상황을 전시하는 방식으로 사건을 앞다퉈 보도하고, 대중은 가해자들의 일거수일투족에 공분하면서 소년법 개정으로 처벌을 강화해달라고 목소리를 높인다. 그러면 정치권은 민주주의의 이름으로 대중의 여론을 정치로 수렴해 처벌을 강화하는 개정 소년법을 입법하면서 대중의 환영을 끌어낸다. 이런 점에서 소년법이 2007년 이후 11년 만에 처벌 연령을 낮춰 엄벌주의를 강화하는 방향으로 개정된다는 사실은 상징적이다. 2007년과 2018년의 대통령은 시민과 민주주의의 힘을 앞세운 노무현과 문재인이고, 정부 여당은 공히 민주당이기 때문이다.

그렇다면 소년 범죄에 대한 처벌은 왜 강화하는 걸까. 첫째, 대중이 피해자의 고통에 자신을 잠재적 피해자로 동일시할 수 있는 매개가 과거보다 늘었기 때문이다. 피해자의 고통과 가해자의 비윤리성을 확증편향적으로 공유하게 하는 SNS와 커뮤니티는 대중이 자신을 피해자와 동일시하게 되는 중요한 도구다. 지난해 9월 발생한 부산 여중생 폭행사건이 대표적이다. 당시 사람들은 피해자가 무릎을 꿇은 채 폭행당하고 있는 장면이 담긴 영상과 사진을 SNS와 커뮤니티로 공유하면서 공분했고, 범죄 이후에도 가해자들이 죄책감 없는 SNS 댓글을 달고 있다는 주장이 나오면서 분노를 증폭했다. 물론 이 댓글은 사칭일 가능성이 큰 것으로 나타났다. 가해자들은 범죄 이후 바로 소년원에 갇혔기 때문에 휴대전화를 쓸 수 없었다.

둘째, 소년 범죄의 피해자 역시 나이가 어린 경우가 많다는 점도 대중의 공분을 자극하는 요소다. 한국 사회는 한 번 정상성에서 이탈하면 다시 재기할 기회를 주지 않는 곳이다. 이런 사회에서 범죄 피해를 당해 '정상성에서 이탈' 당하는, 그것도 '성공'에 도전할 기회를 충분히 누리지 못한 어린 소년 소녀에 대한 안타까움이 이 사회에 존재한다는 것이 역설적으로 드러난다.

셋째, 여기서 '순수한 피해자'라는 판타지도 함께 작동한다. 한국 사회는 범죄 피해자들에게 순수한 피해자다움을 갖추길 원한다. 특히 성폭력 사건에서 그러한데, 여기서 '순수한 피해자'란 '범죄를 당할만한 어떤 잘못도 저지르지 않은' 이를 일컫는다. 물론 '범죄를 당할만한 잘못'이라는 건 존재하지 않는다. 하지만 한국 사회에서 그런 것이 존재하느냐 여부는 중요하지 않다. 다만 10대의 어린 소년 소녀는 어른보다 상대적으로 순수하다고 여겨질 뿐이다. 그렇기 때문에 10대의 어린 소년 소녀는 어떤 잘못도 하지 않았는데 일방적으로 가해를 당한 '순수한 피해자'가 손쉽게 될 수 있다. 그러니 가해자에 대한 공분은 더 커진다.

넷째, 정의로운 사회에 대한 요구가 상대적으로 커졌기 때문이다. 앞서 말했듯, 소년법 개정이 11년 만에 민주당 정부에서만 이뤄지고 있다는 점은 이 지점에서 다시 한 번 상징적이다. 사람들은 재벌가와 정치인에 대한 공정하지 못한 처벌에 더욱더 분노를 쏟아내고 있다. 범죄에 대해 '눈에는 눈, 이에는 이'식으로 가해자에 대한 엄벌을 요구하는 여론은 공정하지 못한 처벌에 대한 분노처럼 즉자적인 정의를 이뤄내는 것처럼 보인다. 게다가 대중은 한국의 보수 정부에게 공정함과 정의로움을 요구하진 않는다. 그들에게 요구하고자 하는 건 따로 있기 때문이다.

문제는 소년 범죄에 대한 엄벌주의가 어떤 합리적 토론이나 과학적 분석 없이

민주주의라는 이름으로 정당화하고 있다는 점이다. 우선 정부가 앞서 내세웠던 촉법소년의 범죄 증가와 청소년의 강력범죄 증가는 의구심이 드는 통계다. 보통 범죄율은 통계적 착시를 방지하기 위해 인구 10만명당 범죄 건수를 바탕으로 분석한다. 하지만 정부가 내세운 통계는 단순히 나잇대와 범죄 숫자만 가지고 집계했다는 점에서 정확성에 의문이 든다. 게다가 민주사회를 위한 변호사 모임의 성명(민주사회를 위한 변호사 모임 성명 '형사미성년자 연령을 13세로 낮추는 정책에 반대한다')에 의하면, 정부의 집계 방식을 그대로 가져와도 2008년부터 2016년까지 검찰에서 사건 처리된 전체 소년 범죄자 가운데 14살 미만 범죄가 차지하는 비율은 2008년 2.8%, 2009년 1.8%, 2010년 0.4%, 2011년 0.4%, 2012년 0.8%, 2013년 0.5%, 2014년 0.04%, 2015년 0.1%, 2016년 0.1% 등으로 지속해서 줄어들거나 많이 증가하지 않았다. 경찰통계에서도 촉법소년의 수는 2012년 1만 2799명을 기점으로 해마다 줄어들어 2016년에 6788명에 그치고 있다.

처벌을 강화한다고 해서 범죄가 줄어들 것이라는 명제는 입증된 적이 없다. 되레 소년에 대한 엄벌주의는 부작용이 더 컸다. 미국에선 미성년자라고 하더라고 특정 범죄를 저질렀거나 재범의 위험이 크면 성인과 동일하게 처벌하는 '형사이송제도'를 해마다 확대해왔지만, 이 제도에 의해 성인과 동일하게 처벌받은 소년들이 소년법원에서 보호처분을 받은 소년들과 견줬을 때 재범 범죄의 수가 더 많았고 재범까지 걸린 시간도 더 짧았다. 소년에 대한 엄벌주의가 되레 직업적 범죄자를 양산하고 있는 것이다. 일본에서도 1997년 초등학생을 무참히 살해한 사카키바라 사건(아즈마 신이치로라는 14살 소년이 사카키바라라라는 가명으로 1997년 저지른 연쇄살인사건을 말한다. 동생의 친구인 11살 소년의 머리를 잘라 중학교 교문 앞에 두는 등의 사건을 저질러 일본은 물론이고 한국 사회에도 큰 충격을 줬다.)을 계기로

2002년에 소년형사처벌 연령을 16살에서 14살로 낮췄고, 이후에도 지속해서 소년에 대한 엄벌주의를 강화하는 방향으로 법 개정을 했지만, 이후에 소년 범죄가 줄었다는 보고는 한 번도 나오지 않았다.

그런데도 한국 사회는 소년 범죄에 대한 엄벌주의를 강화하는, 실효성도 없는 대책을 내놓고 자기 할 일을 다 했다는 포즈를 취하고 있다. 그것이 가난에 대한 책임을 빈곤을 낳는 사회 구조가 아니라 온전히 "노력하지 않고 투자하지 않은" 개인에게 묻는 것처럼, 성폭력에 대한 책임을 가해자와 피해자 사이의 권력관계가 아니라 "그 자리에서 즉각 저항하지 않은" 피해자에게 묻는 것처럼, 소년들의 범죄를 낳은 사회의 실패를 논하는 것보다 훨씬 간단한 방법이기 때문이다. 특히 그 실효성 없는 대책이 한국의 극심한 서열과 경쟁을 방치해온 교육부에서 나왔다는 점 역시 징후적이다. 이렇게 엄벌로 인해 사회에서 더 가혹하게 축출된 소년 범죄 가해자들은 더더욱 자신보다 약한 이들을 찾아내 또 다른 폭력을 가하는 데 열을 올릴 것이다. 뭔가 이상하다고? 이상하지 않다. 그게 지금 한국 사회가 '정의'와 '민주주의', 그리고 '교육'의 이름으로 이들에게 가르치는, 생존의 방법이기 때문이다.

- 이재훈, 「'민주'와 '정의'의 이름으로 소년들을 용서하지않겠다?」,
『뉴스민』, 2018. 9. 3. <http://www.newsmin.co.kr/news/33261/> (2018.10. 3)

# 요약문 쓰기

2. 다음 예시문을 읽고 단락별 소주제를 적고, 이를 바탕으로 400자 내외의 요약문을 작성해보자.

장 자크 루소는 급진적인 자유주의 국가론을 펼쳤다. 루소는 국가가 개인의 자유를 빼앗을 경우 사회계약을 파기할 수 있다고 주장했다. 국가의 해체 또는 혁명의 가능성을 사회계약론에 끌어들인 것이다. 그에게 자유는 단순한 가치가 아니라 인간의 본성이었다. 자유를 포기하는 것은 인간으로서 누릴 권리와 의무를 모두 버리는 것이다. 자유를 빼앗기면 행위의 도덕성도 제거된다. 루소에 따르면 공동사회 구성원들이 인간의 자격을 유지하려면 자유를 지켜야 하며, 자유로운 개인 없이는 국가주권도 성립하지 못한다.

루소는 정부가 법치주의를 위반하는 경우 인민에게 정부를 무너뜨릴 권리가 있음을 분명히 했다. 이런 논리를 펴기 위해 루소는 국가와 정부를 매우 엄격하게 분리했다. 정부는 국가와 주권자를 연결하는 중개단체일 뿐이다. 다시 말해 법률의 집행과 사회적, 정치적 자유를 유지할 책임을 맡은 중개단체라는 것이다. 군주는 개인이 아니라 중개단체인 정부를 총칭하는 말이다. 정부 또는 군주는 주권자인 국민에게 고용되어, 맡겨진 권력을 주권자의 이름으로 행사하는 대리자에 지나지 않는다. 만약 대리자에 불과한 정부가 주권자인 국민의 자유를 부당하게 침해한다면 국가가 해체될 수 있다. 국가를 수립한 사회계약이 파기되는 것이다.

그런데 국가와 정부를 엄격히 구분하는 것이 어떤 의미를 가질 수 있을까? 국가와 정부는 실제로 다른가? 그렇지는 않다. 국가와 정부의 구별은 우선 이론적인 문제이다. 실제로는 국가의 행위는 모두 정부의 행위이다. 국가의 의지에 효력을 부여하는 것은 정부이다. 국가 자신은 엄밀하게 말하면 결코 행동하지

## 요약문 쓰기

않는다. 국가정책을 결정할 권능을 얻은 사람들이 대신 행동하는 것이다. 그렇다. 국가가 아니라 정부가, 더 엄밀하게 말하면 정부를 구성하는 사람들이 행동한다. 국가의 의지는 그 사람들의 행동을 통해서 표현된다.

이렇게 보면 국가와 정부의 구분은 현실에서 중요한 의미를 지닌다. 정부가 국가 대신 행동하는 것이 사실이라면, 같은 국가도 정부가 바뀌면 행동이 달라질 수 있다는 말이 된다. 어느 시기에 국가가 악을 저지르는 경우 굳이 국가를 폐지할 필요가 없다. 정부 또는 정부를 구성하는 사람들을 교체함으로써 문제를 해결할 수 있다. 국가는 영속하는 가운데 정부를 교체하는 것이다. 정부를 교체함으로써 국가의 기능과 작동방식을 바꿀 수 있다면 굳이 폭력으로 권력을 탈취하여 사회의 기본질서를 일거에 바꾸는 사회혁명을 할 필요가 없다.

국가와 정부가 다르다는 것은 오늘날 상식에 속한다. 민주주의 사회라면 어디서나 국가가 영속하는 가운데 주기적인 선거를 통해 정부가 교체된다. 그러나 군주제가 일반적으로 존재했던 루소의 시대에는 그렇지 않았다. 당대의 현실을 고려하면서 살펴보면 루소의 견해는 매우 독창적이고 심오하다. 그는 정부가 법치주의에서 이탈하는 경우 국민의 저항권 또는 불복종투쟁이 정당하다고 주장했다. 즉 군주나 정부가 법률에 따라 통치하지 않고 주권을 찬탈하는 경우 국가가 해체되면서 그 내부에 또 다른 국가가 생성된다. 정부 요인들만으로 구성되는 이 국가는 일반 국민에게는 폭군에 지나지 않는다. 따라서 정부가 주권을 찬탈하는 순간에 사회계약은 파괴되고 모든 시민은 자연적 자유로 되돌아간다. 복종을 강요당해도 복종할 의무가 없다.

## 요약문 쓰기

## 설명하기

1. 다음 그래프를 설명하는 글을 작성하시오.

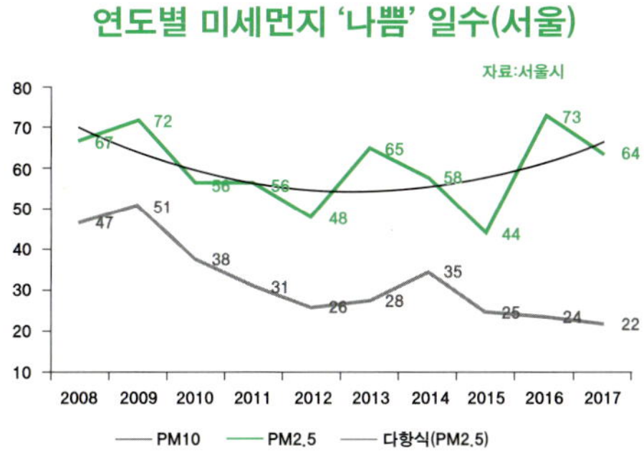


(*PM10: 미세먼지, PM2.5: 초미세먼지)

## 설명하기

2. 다음은 암 예방을 위한 권장사항 목록이다. 이 사항들을 계층적으로 분류하라.

(상위항목마다 소제목을 붙일 것)

① 편식하지 말고 영양분을 골고루 섭취한다.

② 황록색 야채를 위주로 과일, 곡물 등 섬유질을 많이 섭취한다.

③ 우유와 된장국을 많이 먹는다.

④ 비타민 A, C, E를 적당량 섭취한다.

⑤ 과식하지 않는다.

⑥ 지방분을 적게 섭취한다.

⑦ 너무 짜고 매운 음식과 뜨거운 음식을 피한다.

⑧ 불에 직접 태우거나 훈제한 생선과 고기는 피한다.

⑨ 술을 과음하거나 자주 마시지 않는다.

⑩ 곰팡이가 생겼거나 부패한 음식을 먹지 않는다.

⑪ 담배를 끊는다.

⑫ 태양광선, 특히 자외선에 지나치게 노출되지 않도록 한다.

⑬ 땀이 날 정도의 적당한 운동을 하되 과로는 피한다.

⑭ 스트레스를 피하고 즐거운 마음으로 생활한다.

⑮ 목욕이나 샤워를 자주 해 몸을 청결하게 한다.

# 설명하기

3. 아래 지문에서 마지막 단락을 비교의 설명 방법을 사용하여 완성하시오.(300자 내외)

인간의 삶에서 휴대성만큼 중요한 것도 드물다. 휴대성을 제공하는 물체는 인간의 삶을 확 바꾸어 놓는 경향이 있다. 황야의 건맨Gun-man이 서부 개척 시대의 상징이라면, 거리의 폰맨Phone-man은 정보 통신 문명 시대의 상징이다. 물론 건우먼에 대해 언급할 일은 거의 없지만, 오늘날 폰우먼을 거론하지 않으면 남녀평등 위반으로 비난받을지 모른다는 차이는 있다. 또한 서부의 건맨들은 총알을 쏘아대지만, 현대의 폰맨들은 폰을 뽑아들고 말을 쏘아대는 것도 다르다.

하지만 건맨과 폰맨의 유사점은 참으로 많다. 그것은 대부분 휴대성 때문에 파생된 특성들인데, 그들이 항상 휴대하는 건과 폰은 일종의 숭배 대상이 되기도 한다. 그래서 애지중지하며 잠시라도 몸에서 떼어놓지 않으려는 경향을 보인다. 그리고 그것을 장식하는 데 열을 올린다.

요즘 폰맨과 폰우먼들은 휴대전화 배터리를 하나 이상 가지고 다니기도 한다. 사용량이 많다 보니 갈아 끼울 필요가 생긴 것이다. 마치 건맨들이 총알을 줄줄이 끼운 탄띠 혁대를 차고 다녔던 것처럼 말이다. 또한 건맨들이 총을 손가락에 끼워 휘휘 돌리기도 하고 총집에서 뺐다 넣었다 했던 것처럼, 폰맨들도 폰을 다양한 방식으로 작동하고 만지작거리는 데에 쉼이 없다.

그리고 흔히 간과하는 것이지만 휴대성은 양의 변화를 급속하게 초래한다. 너무도 당연히 휴대성을 제공하는 물체는 각 단체나 각 가정의 숫자가 아니라, 각 개인의 숫자만큼 보급되는 경향이 있기 때문이다. 또한 휴대성은 곧바로 일상성에 연계된다. 매일 밤낮으로 가지고 다닌다는 말이다. 과다한 사용에 따라 공동체 생활 속에서 남에게 괜한 피해를 줄 수 있는 가능성 때문에 그에 따른 매너가 필요하다는 점도 둘 사이의 유사점이다. ____________________

## MEMO

## 논증하기

● 다음 글의 주장과 이유, 근거, 그리고 결론을 찾아보시오.

최근 노키즈존을 선언한 매장들이 생기면서 사회적 이목을 집중시켰다. 노키즈존이라는 말은 어린아이의 입장을 불허하는 개념이다. 이렇게 어린이를 입장 불허하는 것은 어린이들이 들어올 때 문제를 일으킨다는 인식 때문이다. 즉 다른 손님에게 피해를 주기 때문에 이를 원천적으로 막는 것이다.

소란스럽거나 안전사고를 일으키는가하면 눈살을 찌푸리게 만드는 행동이 일어날 수 있다는 것이겠다. 그동안 많은 공공의 장소에서 일어난 사례들 때문에 이에 호응이나 지지를 보내는 사람들이 있는 것도 사실이다. 노키즈 매장의 조치는 고객의 편의와 입장을 생각해서 따로 구분하는 서비스를 제공하는 것일 수도 있다. 하지만 자칫 현행관련법이나 인권 침해의 요소가 있을 수 있다.

우선 노키즈존이라는 말은 공공의 장소에 개나 고양이 같은 애완동물을 출입금지시키는 행위를 연상시킨다. 향후 문제를 일으킬 소지가 있다며 아예 원천적으로 입장을 금지시키고 있다. 잠재적인 행위가 예상되기 때문에 입장 자체를 금지시키는 것은 적절한 수준을 벗어난 과잉조치일 수 있다. 더구나 애완동물이야 집에 두고 나온다고 하지만 유아들을 집에 두고 나올 수 없는 경우는 얼마든지 있다. 오히려 애완동물보다 그 보호자들에게 가혹해보인다.

일부에서는 공정거래법에서 일반 불공정거래의 거래 거절과 차별적 취급에 해당하는 것으로 보기도 한다. 거래거절은 사업자가 정당한 이유 없이 거래의 개시를 거절하거나, 계속적인 거래관계를 중단하거나, 거래하는 상품이나 용역의 수량·내용을 현저히 제한하는 행위 (공정거래법 23조 ①항 1호)이다. 차별적 취급은 사업자가 거래상대방에 대해 거래지역이나 가격, 기타 거래조건을 차별하여 경쟁사업자나 거래상대방의 지위를 약화시켜 자신의 지위를 유지·강화하는 행위 (공정거래

## 논증하기

법 23조 ①항 1호)이다. 이런 법적인 관점에 따르면, 노키즈존이 정당한 이유 없이 거래를 거절하고 있으며, 거래조건을 차별화하여 자신들의 지위를 유지 강화하고 있다는 것이다. 물론 노키즈존 매장이 스스로 아무런 이유 없이 어린이 입장을 거절한 것은 아니다. 즉, 관건은 그것에 타당성과 설득력이 있는가의 문제이다.

무엇보다 노키즈존은 어린이를 인격적인 존재로 보지 않는다. 어떤 유해한 사물이나 동물과 같은 대상으로 규정하고 있다. 이 때문에 반인권적이다. 그들이 출입제한을 받으려면 그 출입제한으로 얻는 이득이 있어야 한다. 예컨대, 정서적 육체적으로 해가 되는 서비스에서 보호하는 것이 대표적이다. 유해콘텐츠나 상품의 소비에서 발생할 수 있는 피해를 줄이기 위해서 제한을 가하는 경우에는 차별이 될 수 없다. 하지만 노키즈존은 이러한 고려가 없다. 영업을 하는 이들과 그 영업장소의 서비스를 이용하는 특정인들만을 위하려는 것이다.

또한 출입금지 연령 기준이 자의적이고 포괄적이다. 공연장에서는 입장연령 제한을 작품의 유형에 따라 구분하지만, 노키즈존 매장은 일률적으로 13세 미만의 아동은 들이지 않는다. 사실상 초등학생은 들어갈 수 없는 공간인 셈이다. 이 기간은 아동이나 부모에게 매우 오랜 시간이다. 특정 공간에 잠재적 피해나 위협이 초래될 것이라는 이유만으로 금지시키는 것은 수치심과 모멸감을 유발할 수 있다. 어린이가 마치 질서 교란자나 파과자인 것으로 인식될 수 있기 때문에 교육적으로도 바람직하지 않다.

무엇보다 노키즈존이라는 말은 책임을 어린이에게 전가하고 있다. 공공의 공간에서 어린이가 문제를 일으킨다고 해도 그것은 어린이 스스로의 문제라기보다는 보호자의 책임이 클 것이다. 어린이를 제대로 관리 보호하지 못한 책임은 그 보호자에게 물을 수 있어야 한다. 책임 없는 행동을 스스로 만들어 주지 못한 상황에서 어린이들에게 책임을 오로지 묻는 듯한 노키즈존이라는 말은 적절하지 않다. 다른 성인들을 위해 어린이들을 문제시하는 일은 세대통합적인 관점에도 배치된다.

잠재적 위험을 판단하는 기준이 개별적인 대상을 기준으로 판단하는 것이 아니라 오로지 연령으로만 판단하는 것은 평등성의 원칙에 어긋난다. 만약 이런 조치가 합리화된다면 고속버스와 같은 공공교통수단에 유아들의 입장이 금지될 것이다. 잠재적인 소란을 예상하기 때문이다. 잘못하면 초등학교 학생을 둔 부모들의 행복추구권을 지나치게 제약할 수 있다. 실제로 한국 현실에서 가족문화가 발달했기 때문에 노키즈존 공간의 확산은 이런 문화생활을 과도하게 위축시킬 수 있다. 출산과 양육 측면에서 부담을 주는 조치이기도 하다.

노키즈존은 모호하고 광범위한 판단과 자의적인 평가 기준을 통해 어린이와 그 보호자를 인위적으로 배제하고 있다. 문제를 일으킨 당사자가 책임을 져야 할 것을 단지 어린이라는 이유만으로 사전에 배제하는 것은 차별적이다. 구체적인 행위에 따라 징벌적 배제가 이뤄져야 한다. 즉 특정 공간에서 다른 이들에게 피해를 준 개개인들에게 퇴장을 요구할 수는 있지만, 일률적으로 입장 금지 시키는 것은 과잉조치다. 어린이는 모두 위험한 존재가 아니며 인격적인 존재들이다. 실제로 벌인 위해한 그들의 행위에 대한 책임을 묻는 것이 법치국가이며, 인권국가의 원칙에 부합한다.

-김헌식, "'노키즈존' 천방지축 아이들은 개나 고양이?", <데일리안>, 2015. 8. 20

## 논증하기

❶ 논제:

논지:

❷ 이유 1:

근거 1:

❸ 이유 2:

근거 2:

❹ 이유 3:

근거 3:

❺ 이유 4:

근거 4:

❻ 이유 5:

근거 5:

❼ 이유 6:

근거 6:

# 문장 고치기

## 1. 문장 고치기 연습

❶ 우리나라에서도 공급 조절을 이용한 마케팅이 매우 성공적인 사례가 있다.

▶

❷ 간디는 상류 계층의 아들이었기 때문에 이런 차별에서 보호받고 딱히 경험해 본 적도 없었다.

▶

❸ 1983년 어느 국제 심포지엄을 통해 개를 인간에게 주는 여러 혜택을 존중하고 더불어 살아가는 동물로서 반려동물이라는 명칭이 제안되었다.

▶

❹ 사람들은 살면서 내가 언제나 지키고 생각해야 한 문구, 흔히 말하는 좌우명을 하나쯤은 마음속에 가지게 된다.

▶

❺ 고독한 미식가라는 말을 아는가? 쿠스미 마사유키라는 만화가가 그린, 혼밥의, 혼밥에 의한, 혼밥을 위한 만화라 하는 것이 이 만화를 가장 쉽게 설명한 것일 것이다.

▶

## 문장 고치기

❻ 영화는 가장 기본적으로 손쉽게 누구나 나가서 즐기는 여가활동 중 하나다.

▶

❼ 여가생활의 가장 스케일이 큰 것은 나는 여행이라고 생각한다.

▶

❽ 주목할 점은 최근 대학생들 중에 재학 중에 창업을 해서 자기 회사를 운영하는 경우가 많아지고 있다.

▶

❾ 청소 노동자들의 근무 여건을 개선시키는 것이 무엇보다도 시급하다.

▶

❿ 승강기를 탈 때 이상한 사람이 기다리는 것처럼 여겨지거나 낯선 사람과 단 둘이서는 타지 않는다.

▶

## 2.한글맞춤법 교정 연습

❶ 그 아이의 태도는 내 동생과는 상당히 대조적 이였다.

▶

❷ 작은 정보라도 계속 모이면 사생활이 모두 들어날 수도 있다.

▶

❸ 맛만 조금 바꾼다던지, 과자의 모양을 바꾼다던지 하면서 변형 제품을 내놓았다.

▶

❹ 전자책은 다양한 장점이 있어서 점차 상용화 되고 있다.

▶

❺ 이 질환은 잘못된 식습관과 수면 부족으로 인한 면역체계의 붕괴가 주원인 이라고 했다.

▶

❻ 우리가 꿈꾸면 꿈꾸는 데로 이루어질 것이다.

▶

❼ 높은 수준의 학문을 공부 하는데 2년의 공백은 치명적이다.

▶

## 문장 고치기

❽ 힘들 때 옆에서 가만히 위로 해주고 기쁠 때 함께 기뻐해주는 친구가 있었다.

▶

❾ 통째로 갈은 배가 들은 주스입니다.

▶

❿ 남을 자꾸 귀찮게 하면 안 되.

▶

⓫ 생각컨대 이 문제를 방치 하면 더욱 심각한 결과를 맞이할 것이다.

▶

⓬ 논증 방식이 가진 헛점을 보완할 수 있다면 좋은 보고서가 될 것입니다.

▶

⓭ 내가 수원에 온지 벌써 10년이 되었다.

▶

⓮ 왜 우리가 이 책을 읽어야 하는 지에 대한 설명이 필요합니다.

▶

⓯ 책 내용이 너무 어렵고 번역에 문제가 있어서 읽기 힘듬.

▶

## 주석과 참고문헌 작성하기

1. 다음 지문은 가~라의 자료를 직간접적으로 언급하면서 글을 기술하고 있다. 가~라의 자료가 언급되고 있는 부분에 각주 번호를 달고, 페이지의 하단에 참고한 자료의 출처를 밝히는 각주를 작성해 보자. 또한 별지에는 참고문헌을 작성해 보자.

한국 청년세대의 생존주의의 형성은, '서바이벌'이라는 특권적 '기표'를 통해 청년세대의 객관적 현실이 표상되어 재구성되고, 그 과제를 해결하는 데 가장 적합한 마음의 레짐을 구성하여 실천들을 조직하는 과정에서 가능했던 것으로 파악될 수 있다. [중략] 우선, 높은 청년 실업률과 '학업-직업school-work'의 연계 고리의 파괴가 야기한 취업 문제, 그리고 대학 등록금과 대출 그리고 주택자금의 문제, 즉 경제적 문제가 가장 중요한 것으로 부상했다. 안정적인 직장을 얻기 위해, 더 정확하게 말하자면 실업이라는 '실패상황'으로부터 벗어나기 위해 요구되는 '스펙'을 축적하는 것이 청년들에게 가장 중요한 과제로 인지되기 시작했으며 연애, 결혼, 임신, 출산, 육아로 구성되는 친밀성 영역이 합리적으로 관리되어야 하는 문제영역(리스크)으로 전환되어, 결혼과 출산이 삶의 필수적 과정으로부터 선택의 대상으로 전환되는 양상이 강화되기 시작했다. 사회적 삶의 두 축을 이루는 직업과 가족, 사회성의 영역과 친밀성의 영역에서 모두 자명했던 생애과정이 탈-표준화de-standardized됨으로써, 과거에는 당연시 되던 '취직-결혼-출산'의 '정상적' 삶이 고도의 노력과 능력을 요하는 과업으로 변화하고, 장기적 관점에서 삶의 서사를 세우고 미래를 전망하는 것이 어려워진 상태가 일반화된 것이다.

이런 상황에서 '생존'이란 용어는 이들 청년세대가 삶을 고민할 때 그것에 조회하게 되는 가장 핵심적인 문제설정의 틀로 등장하게 된다.▒ 동일한 시기에 생산된, 청년세대에 대한 다양한 담론들이 이 사실을 잘 보여주고 있다.▒ 가령 88만원세대론은 비정규직에 내몰리는 청년세대의 경제적 곤궁을 예리하게 관찰하고 있으며,▒ "삼포세대(三抛世代)"나 "이케아세대"라는 명칭하에 이루어진 관찰들은 20대 행위자들의 친밀성 영역에서 발생한 새로운 삶의 난관들을 식별해내고 있다.▒ [중략] 이런 곤경, 난관, 장애는 모두 이들의 기초적 삶의 과정에 발생한 생존 문제들에 유기적으로 연동되어 있다.▒ 특히, 2010년경부터 에세이, 웹툰, 다큐멘터리, 영화, 그리고 소설의 형식으로 청년세대가 스스로 생산한 자기관찰들은, 정글과 같은 삶에서의 생존 문제가 이들 삶의 중심을 차지하고 있음을 별다른 어려움 없이 간파할 수 있게 한다.▒ '생존/낙오'는 청년들의 마음의 작동의 기초코드다. 생존과 낙오를 가르는 상황의 전형이 바로 경쟁이다.▒

---

〈참고문헌〉

## 주석과 참고문헌 작성하기

**가** 이케아 세대가 선택한 그들만의 라이프스타일은 반발도 저항도 아닌 복수에 가깝다. 기성세대가 만들어놓은 피해와 박탈, 양보를 강요당하는 시스템에 맞선 집단적인 청년 역습이다. 기획된 불안정을 후세대에 강요하는 교묘한 착취 논리 속에서 가진 것 없는 청춘 세대가 버티고 살아내자면 맺지 않고(연애·결혼 포기) 낳지 않는(출산 포기) 삶을 선택할 수밖에 없다. 그리고 그 끝은 지속 가능성이 사라진 사회의 연쇄적인 붕괴다.

연애, 결혼, 출산을 포기한 이른바 '삼포세대'는 이런 점에서 청춘 복수의 또 다른 상징이다. 물론 이케아 세대와는 다소 차이가 있다. 빈곤·무능의 대명사로 포장돼 불필요한 잉여 집단의 부정적 이미지가 짙다는 점이 저소득에도 불구하고 고학력·고문화 지향성의 자발적(?)인 인생모델을 갖춘 이케아 세대와는 구분된다.

**가**의 서지사항은 다음과 같다. 위의 인용문은 이 책의 62-63쪽에 실려 있다.

| | |
|---|---|
| 자료유형 | 단행본(국내) |
| 서명책임사항 | 이케아 세대 그들의 역습이 시작됐다 / 전영수 지음 |
| 기타서명 | 결혼과 출산을 포기한 30대는 어떻게 한국을 바꾸는가 |
| 개인저자 | 전영수 |
| 발행사항 | 서울 : 중앙북스, 2013 |
| 형태사항 | 275 p. ; 22 cm |
| ISBN | 9788927805052 |
| 청구기호 | 301.0951 전64이 |
| 서지주기 | 서지적 각주 수록 |
| 키워드 | 이케아세대, 한국사회, 30대, 고령화문제 |

나 우리나라 전체 비정규직의 평균 임금(월급)은 약 119만원이다. 여기에 전체 임금과 20대의 임금 비율을 곱해서 숫자를 뽑아보니까, 우연의 결과지만 딱 88만원이 나왔다. 물론 이건 '세전(稅前)' 임금이다. 실제 20대의 평균 임금은 정규직으로 취직에 성공한 경우 훨씬 노을 것이고, 여기에 대학생 등 아직 경제활동인구에 편입되지 않은 비율을 고려해야 할 것이다. 하지만 800만 명 정도의 비정규직 인구를 감안하면 세금을 제하고 평균적으로 손에 넣을 수 있는 임금은 대체로 여기에서 크게 벗어나지는 않을 것이다.

88만원? '88 꿈나무도 아니건만 아무튼 숫자는 그렇게 나왔다. 20대 비정규직 임금 평균이 별도로 집계되지 않는 현 상황에서 약간의 논란거리가 있기는 하겠지만, 우리는 상징적인 의미를 더해 지금의 20대를 '88만원 세대'로 부르기로 하였다. 국민소득 2만 달러 시대에 이 무슨 뚱딴지같은 임금이란 말인가!

나의 서지사항은 다음과 같다. 위의 인용문은 이 책의 20-21페이지에 실려 있다.

| 자료유형 | 단행본(국내) |
| --- | --- |
| 서명책임사항 | 88만원세대 : 절망의 시대에 쓰는 희망의 경제학 / 우석훈 ; 박권일 [공] 저 |
| 개인저자 | 우석훈, 박권일 |
| 발행사항 | 서울 : 레디앙 미디어 : Redian : 레디앙, 2007 |
| 형태사항 | 328p. : 도표 ; 23cm |
| ISBN | 9788995995204 |
| 청구기호 | 330.02 우548팔 |
| 일반주기 | 20대여, 토플책을 덮고 바리케이드를 치고 짱돌을 들어라. |

다 위험의 의미론이 친밀함의 차원에까지 침투해 가는 것을 종합적이고 집요하게 검토해 온 벡-게른스하임은 아이의 의미가 전통적인 "신의 선물"에서 "다루기 어려운 대상"으로 전환되었음을 보여준다.[1] 후기 현대 사회에서 아이를 갖는다는 것이 여성들에게 중요한 성찰과 결정의 대상이 되는 한, 아이는 그녀의 말처럼, 해결해야 할 어려운 문제가 된다. 간단히 말해서, 아이는 의미론적 차원에서 위험을 구체화한다.[2]

---

1) Elizabeth Beck-Gernsheim, "Life as a Planning Project," Scott Lash, Bronislaw Szerszynski and Brian Wynne(eds.), *Risk, Environment & Modernity*, London: Sage Publications, 1996, pp.143-4.

2) Elizabeth Beck-Gernsheim, *Die Kinderfrage. Dritte, erweiterteAuflage*, Beck: München, 1988; *Was kommtnach der Familie*, Beck: München, 1998.

다의 서지사항은 다음과 같다. 위의 인용문은 이 글의 324페이지에 실려 있다.

| | |
|---|---|
| Title | Risk or Totem?: Semantics of Child in Korean Risk Society |
| Source | *Development and Society*. 42(2): 309-329 |
| Publication Year | 2013 |
| Document Type | research-article |
| Language | English |
| Author Affiliations | Seoul National University |
| ISSN | 15988074 |
| Access URL | https://openlink.ajou.ac.kr:8443/link.n2s?url=https://www.jstor.org/stable/deveandsoci.42.2.309 |
| Rights | © 2013 Jnstitute fiv Social Devrlopment and Poling Research |

**라** 삶이 덜 예측 가능해지고, 덜 집단적으로 결정되고, 덜 안정되고, 덜 질서정연해지는 한편, 더 유연해지고, 더 개인화되었다는 것은 선진 사회에서 가장 일반적으로 받아들여지는 인식 중 하나가 되었다.[1] 개인 생활과 가족 형태는 다원화되었으며, 회사와 직업의 이동성이 증가하는 등, 직장 생활은 더욱 불안정해졌다고 한다.[2] 교육과 훈련의 기간은 더 연장되었으며, 더 비연속적으로 진행되게 되었다. 좀 더 일반적으로 말하자면, 교육, 직장, 은퇴로 이어지는 전통적인 삶의 순서는, 사람들이 직장 생활을 하다가 다시 교육 기관으로 돌아가거나, 안식년을 취하거나, 중년에 직업을 바꾸거나, 일과 여가 생활을 병행하며 최종적인 은퇴를 늦추는 식의 비표준화된 de-standardized 삶의 과정에 자리를 내주게 되었다고 한다.[3]

1) T. Held, "Institutionalization and deinstitutionalization of the life course," *Human Development 29*, 1986, pp. 157-162; M. Buchmann, *The script of life in modern society: Entry into adulthood in a changing world*, Chicago/London: University of Chicago Press, 1989; J. Myles, "Is there a Post-Fordist life course?" W. R. Heinz (ed.), *Institutions and gatekeeping in the life course*, Weinheim: Deutscher Studien-Verlag, 1993, pp. 171-185.

2) U. Beck, *Risikogesellschaft. Auf dem Weg in eine andere Moderne*. Frankfurt am Main: Suhrkamp Verlag, 1986. [English translation: *Risk society. On the road to another modernity*]; W. R. Heinz, "From work trajectories to negotiated careers: The contingent life course," J. T. Mortimer & M. J. Shanahan (eds.), *Handbook of the Life Course*, New York: Kluwer Academic, 2003, pp. 185-204.

3) M. W. Riley, R. L. Kahn & A. Foner, *Age and structural lag: Society's failure to provide meaningful opportunities in work, family, and leisure*, New York: Wiley, 1994.

**라**의 서지사항은 다음과 같다. 위의 인용문은 이 글의 28 페이지에 실려 있다.

| Title | DE-STANDARDIZATION OF THE LIFE COURSE |
|---|---|
| Authors | Brückner, Hannah<br>Mayer, Karl Ulrich |
| Source | Advances in Life Course Research; 2005, Vol. 9, p27-53, 27p |
| Publication Year | 2005 |
| ISSN | 15694909 |
| DOI | 10. 1016/S1040-2608(04)09002-1 |
| Accession Number | 18178196 |

## 주석과 참고문헌 작성하기

2. 동일한 지문의 인용 부분을 저자연도 방식의 내주로 표시하고, 그 출처를 참고문헌으로 작성해 보자.

한국 청년세대의 생존주의의 형성은, '서바이벌'이라는 특권적 '기표'를 통해 청년세대의 객관적 현실이 표상되어 재구성되고, 그 과제를 해결하는 데 가장 적합한 마음의 레짐을 구성하여 실천들을 조직하는 과정에서 가능했던 것으로 파악될 수 있다__________. [중략] 우선, 높은 청년 실업률과 '학업-직업school-work'의 연계고리의 파괴가 야기한 취업 문제, 그리고 대학 등록금과 대출 그리고 주택자금의 문제, 즉 경제적 문제가 가장 중요한 것으로 부상했다__________. 안정적인 직장을 얻기 위해, 더 정확하게 말하자면 실업이라는 '실패상황'으로부터 벗어나기 위해 요구되는 '스펙'을 축적하는 것이 청년들에게 가장 중요한 과제로 인지되기 시작했으며 연애, 결혼, 임신, 출산, 육아로 구성되는 친밀성 영역이 합리적으로 관리되어야 하는 문제영역(리스크)으로 전환되어, 결혼과 출산이 삶의 필수적 과정으로부터 선택의 대상으로 전환되는 양상이 강화되기 시작했다__________. 사회적 삶의 두 축을 이루는 직업과 가족, 사회성의 영역과 친밀성의 영역에서 모두 자명했던 생애과정이 탈-표준화de-standardized됨으로써__________, 과거에는 당연시 되던 '취직-결혼-출산'의 '정상적' 삶이 고도의 노력과 능력을 요하는 과업으로 변화하고, 장기적 관점에서 삶의 서사를 세우고 미래를 전망하는 것이 어려워진 상태가 일반화된 것이다__________.

이런 상황에서 '생존'이란 용어는 이들 청년세대가 삶을 고민할 때 그것에 조회하게 되는 가장 핵심적인 문제설정의 틀로 등장하게 된다__________. 동일한 시기에 생산된, 청년세대에 대한 다양한 담론들이 이 사실을 잘 보여주고 있다. 가령 88만원세대론은 비정규직에 내몰리는 청년세대의 경제적 곤궁을 예리하게 관찰하고 있으며, "삼포세대(三抛世代)"나 "이케아세대"라는 명칭하에 이루어진 관찰들은 20대 행위자들의 친밀성 영역에서 발생한 새로운 삶의 난관들을 식별해내고 있다. [중략] 이런 곤경, 난관, 장애는 모두 이들의 기초적 삶의 과정에 발생한 생존 문제들에 유기적으로 연동되어 있다. 특히, 2010년경부터 에세이, 웹툰, 다큐멘터리, 영화, 그리고 소설의 형식으로 청년세대가 스스로 생산한 자기관찰들은, 정글과 같은 삶에서의 생존 문제가 이들 삶의 중심을 차지하고 있음을 별다른 어려움 없이 간파할 수 있게 한다. '생존/낙오'는 청년들의 마음의 작동의 기초코드다. 생존과 낙오를 가르는 상황의 전형이 바로 경쟁이다.

〈참고문헌〉

NO.______________

NO.

NO.____________

NO.

NO.____________

NO.____________

NO.______________

NO.

NO.____________

NO.____________

NO.______________

NO.______________

NO.________

NO.

NO.____________

NO.

NO.______________